SARKOZY, SES BALIVERNES ET SES FANFARONNADES

DU MÊME AUTEUR

L'Amitié judéo-arabe, Bordas, 1973.
Cent millions d'Arabes, Elsevier, 1974.
Avec les otages du Tchad, Presses de la Cité, 1975.
Le Martyre du Liban, Plon, 1976.
Les Rebelles d'aujourd'hui, Presses de la Cité, 1977.
La Corse à la dérive, Plon, 1977.
La Poudre et le Pouvoir, Nathan, 1977.
Mitterrand, un socialiste gaullien, Hachette, 1978.
Sadate, pharaon d'Égypte, Marcel Valtat, 1981.
Premières nouvelles, La Table ronde, 1981.
Un inconnu nommé Chirac, La Table ronde, 1983.
Nouvelle-Calédonie : ils veulent rester français, Plon, 1985.
Les Chiraquiens, La Table ronde, 1986.
La Soirée du Sémiramis, La Table ronde, 1987.
Ni le temps ni l'absence, Flammarion, 1993.
L'Aventure de sœur Emmanuelle, Éditions n° 1, 1994.
Pasqua, portrait étonnant d'un ministre surprenant, Éditions
    n° 1, 1994.
L'homme qui n'aime pas les dîners en ville, Éditions n° 1, 1995.
Lettre au Président sur le grand ras-le-bol des Français, Fixot,
    1995.
Lettre au Président à propos de l'immigration, Fixot, 1996.
Le Cancre, Robert Laffont, 1997.
Lettre au Président sur les malheurs de la France, Fixot, 1998.
Le Scandale de l'Éducation nationale, Robert Laffont, 1999.
Arrêtez d'emmerder les Français ! Plon, 2000.
Chirac, réveille-toi ! Robert Laffont, 2001.
Si j'avais défendu la France, Plon, 2001.
La Décomposition française, Albin Michel, 2002.
La course au bonheur n'est pas une partie de plaisir, Plon, 2003.
Monsieur le Président, c'est une révolution qu'il faut faire !
    Albin Michel, 2004.
Laissez-nous travailler ! Plon, 2004.
Assez ! Lattès, 2006.
Galipettes et cabrioles à l'Élysée, Fayard, 2008.

Thierry Desjardins

Sarkozy, ses balivernes et ses fanfaronnades

Fayard

ISBN : 978-2-213-64356-4

Monsieur le Président,

Non, contrairement à ce que vous pensez, l'agitation dans tous les sens, la fébrilité permanente, les gesticulations les plus désordonnées, les coups de menton par-ci, les roulements de tambour par-là n'ont jamais constitué une politique ni permis de régler le moindre problème.

Il ne faut pas confondre l'art de gouverner avec les métiers du cirque, la gestion d'une crise – a fortiori si elle est mondiale – avec ceux du music-hall, et la scène internationale avec les tréteaux d'une foire à Neu-neu où un bateleur, grimé en clown, s'adresse à la foule des badauds.

Comme l'a dit Giscard : « La crise a été aggravée par l'incompétence et l'agitation. » Il faisait allusion à *votre* incompétence et à *votre* agitation. Alain Juppé, toujours plus réservé, susurrait quant à lui : « Ça part un peu dans tous les sens, parfois ça donne le vertige. » Et Jean Peyrelevade, qui s'y connaît, ajoutait : « Le capitaine tout puissant de l'équipe au pouvoir est, en matière économique, un amateur qui croit être un pro. »

Ce n'est pas en vous démenant comme un pauvre diable, en faisant n'importe quoi – tout et son contraire – et en essayant sans cesse de tirer la couverture à vous, que vous allez entrer dans l'Histoire et sauver la planète.

De Gaulle affirmait : « L'Histoire est triste. » C'est sûrement vrai. En tous les cas, en ce moment, elle n'a rien de très folichon. Mais ce qui est sûr, c'est que l'Histoire est sérieuse. Elle déteste les hâbleurs, les vantards, les bonimenteurs, les bluffeurs, les faiseurs ; et elle est sans pitié avec eux.

Depuis des mois, nous vous voyons à longueur de journée, de l'aube au crépuscule, et même parfois la nuit, gigoter sur tous les écrans de télévision, sur toutes les tribunes internationales, dans toutes les réunions de chefs d'État, sur tous les continents et jusque dans la moindre de nos sous-préfectures.

Partout, comme un cabri sautillant sur son tabouret, vous annoncez des plans de ceci, des plans de cela, des plans de sauvetage, des plans de relance, des plans de soutien, même des plans de paix, et toujours des plans de n'importe quoi.

Chaque jour, comme un camelot des Grands Boulevards, vous nous sortez de votre chapeau pointu une nouvelle recette de perlimpinpin, un *nouveau remède miracle* pour sauver les banques, l'épargne, l'économie, l'emploi, la France, les Français, l'Europe, la Méditerranée, la Guadeloupe, les départements d'outre-mer, l'univers. Ce n'est plus Sarko, c'est carrément Zorro !

Au cours des derniers mois, et alors que la crise économique commençait à faire ses ravages à travers le monde et notamment en France, vous nous avez déclaré que vous alliez sauver la Géorgie, le Liban, le Darfour, l'Afghanistan, Gaza et même le Nord-Kivu, arrêtant par votre seule (bonne) volonté et par un plan judicieux que vous auriez su élaborer, ici, les troupes russes, là, les querelles libanaises, là, les milices soudanaises, là, les Taliban, ailleurs les chars israéliens et plus loin encore les rebelles congolais soutenus par le Rwanda…, ce qui, selon vous, ne vous empêcherait pas, bien sûr, de sauver l'économie française en imposant vos idées à l'Europe, à l'Amérique, à la planète entière.

Mieux encore, partout et chaque jour, vous distribuez à la volée des milliards et des milliards. À tout le monde, aux banques, aux grandes entreprises, aux PME, aux constructeurs automobiles, aux entreprises du bâtiment, aux agriculteurs, aux ménages, aux jeunes, aux pauvres. Et parfois même aux Palestiniens ou aux pays miséreux d'Afrique. C'est Crésus dans la caverne d'Ali Baba.

Au hasard, en à peine deux mois de l'automne dernier, et pour nous limiter à la crise économique, vous avez annoncé :

Le 3 octobre 2008, un milliard d'euros pour sauver le groupe franco-belge Dexia ;

Le 11 octobre, 5 milliards d'euros pour acheter 30 000 logements dont la construction n'avait pas pu démarrer, faute de preneurs ;

Le 12 octobre, 20 milliards d'euros pour les PME ;

Le 13 octobre, 40 milliards d'euros pour la recapitalisation des banques et... 320 milliards d'euros pour la garantie interbancaire ;

Le 20 novembre, 20 milliards d'euros pour les entreprises menacées par des investisseurs étrangers et/ou ayant un intérêt stratégique ;

Le 2 décembre, 200 millions d'euros pour aider les constructeurs automobiles en créant une nouvelle prime à la casse ;

Le 4 décembre, 26 milliards d'euros pour un Plan de soutien à l'activité (plan qui reprenait d'ailleurs certaines mesures déjà annoncées) ; etc.

En quelques semaines, dans l'affolement le plus complet et une incohérence totale, pour tenter de faire face à la crise économique, vous avez claqué plus de 400 milliards d'euros. Quand on voit aujourd'hui les résultats, ça fait cher l'effet de manches et l'ouverture du journal télévisé de 20 heures !

Et d'autant plus que ça a continué. En janvier, un nouveau plan de 6 milliards d'euros pour l'automobile, et un autre, nouveau lui aussi, de 10 milliards d'euros pour les banques (à condition que les patrons renoncent à leurs bonus), et puis un autre de 5 milliards d'euros pour Airbus, un autre de 600 millions d'euros pour aider la presse écrite. Début février, encore un plan de 7,8 milliards d'euros pour sauver Peugeot (qui, le surlendemain, annonçait la suppression de 11 000 emplois), Renault et Renault Trucks (vous ignoriez sans doute que cette ancienne filiale de Renault appartenait depuis des années à... Volvo !), plan qui vous a fait accuser par Bruxelles et toutes les capitales européennes de vouloir faire du protectionnisme. Mi-février, un plan d'accompagnement social de 2,6 milliards d'euros et même un fonds d'investissement social qui pourrait atteindre les 3 milliards d'euros. Fin février, un plan de 580 millions d'euros pour l'Outre-mer... En deux mois, ça faisait 36 milliards d'euros de plus ! Plan, plan, rataplan ! Et ça continue de plus belle.

Mais il est vrai que si, par hasard, quelqu'un osait rappeler à mi-voix que vous nous aviez avoué vous-même, dans un moment de lucidité : « Les caisses sont vides », alors que votre Premier ministre nous déclarait de son côté : « La France est en faillite. Nous sommes au bord du gouffre », un de vos mameluks de service nous glissait toujours aussitôt à l'oreille que vos promesses, vos cadeaux, vos milliards étaient…. « virtuels », et qu'il ne fallait donc surtout pas attacher la moindre importance à ce que vous nous disiez.

En clair, vous nous disiez n'importe quoi, à nous, les braves gens, mais il ne fallait pas nous inquiéter, car si vous nous disiez n'importe quoi, ce n'était pas pour nous rouler dans la farine, non, c'était pour… « ramener la confiance », et surtout pour « rassurer » les banquiers et les plus hauts responsables de l'économie qui, eux, allaient sûrement gober vos balivernes.

Un simple citoyen dont on saurait qu'il n'a plus un traître sou, qu'il est même endetté jusqu'au cou, et qui, sur la place publique, s'engagerait ainsi, sur l'honneur, à distribuer des sommes aussi considérables, serait immédiatement interné.

Cela dit, votre mameluk de service avait raison. En regardant de près ces centaines de milliards que vous nous faisiez miroiter, on s'apercevait bien vite que, quand ils n'étaient pas purement *virtuels*, c'étaient, pour l'essentiel, des milliards qui avaient déjà été promis, ou bien des milliards qui n'étaient que des dettes de l'État qu'il allait enfin rembourser, ou bien des milliards que vous vouliez faire payer par les collectivités locales, ou bien encore des milliards qui ne seraient – éventuellement – débloqués que dans quelques années.

Prenons l'exemple du « Fonds d'investissement stratégique » dont vous avez annoncé la création le 20 novembre : 20 milliards, avez-vous dit, pour aider les entreprises françaises « stratégiques » menacées d'être victimes de fonds souverains étrangers. L'idée pouvait séduire les adeptes du patriotisme économique. Sauf que... Bercy prévenait tout de suite que sur ces 20 milliards annoncés, il n'y en avait que... 6 d'éventuellement disponibles (et encore, en ayant recours, bien sûr, à des emprunts). Sauf que... tous les experts savaient que 20 milliards pour protéger ne serait-ce que les entreprises françaises du CAC 40, étaient totalement dérisoires puisque ces seules entreprises étaient estimées à... 727 milliards d'euros.

Pour votre fameux « Plan de soutien à l'activité », lancé le 4 décembre 2008 à Douai à grands renforts de publicité, c'était pire encore. Vous avanciez le chiffre de 26 milliards d'euros (dérisoires par rapport aux besoins), mais vous ne précisiez pas que 22 de ces 26 milliards d'euros avaient déjà été... annoncés, promis, engagés (11 milliards d'euros n'étaient qu'un remboursement plus ou moins anticipé des dettes de l'État, et les 760 millions d'euros pour la prime de 200 euros à 3,8 millions de ménages avaient déjà été promis un mois plus tôt, de même que les 200 millions d'euros pour la prime à la casse de 1 000 euros, etc.).

Quant aux grands travaux d'infrastructure – autoroutes et TGV notamment – prévus dans ce plan de soutien, c'était évidemment une bonne idée, qu'on aurait dû avoir plus tôt, qui, entre parenthèses, était en totale contradiction avec le Grenelle de l'environnement (et c'était tant mieux), mais tout le monde savait pertinemment qu'ils ne pourraient être lancés que dans trois ou quatre ans, en raison des procédures administratives, des achats de terrains, des expulsions, des études, etc. Autant dire que ces grands travaux étaient une excellente idée pour... préparer la présidentielle de 2012, pas pour faire face à la crise de 2009.

Bref, entre balivernes et fanfaronnades, vos plans étaient des plans sur la comète, qui ressemblaient à s'y méprendre à des promesses de Gascon, et vous saviez aussi bien que nous que les rares initiatives qui allaient être mises en œuvre feraient passer le déficit du budget de l'État à (beaucoup) plus de 5 % du PIB, et donc aggraveraient encore considérablement la dette qui, elle, dépasserait sans doute les 70 % de notre PIB avant la fin de 2009.

La Cour des Comptes affirmait même que notre dette pourrait atteindre 83 % de notre PIB en 2012, pour la fin de votre quinquennat ! Autant dire qu'alors la France serait « dégradée » et qu'elle ne trouverait plus personne pour lui prêter de l'argent.

Un premier calcul rapide, en novembre 2008, évaluait le prix de vos plans à une augmentation du déficit public pour 2009 de 15,5 milliards d'euros ; en décembre, un nouveau calcul l'évaluait à 18,5 milliards d'euros. Or le déficit pour 2008 dépassait déjà les 56 milliards d'euros. Et ça allait continuer comme ça de mois en mois, les déficits se creusant de plus en plus au gré de vos « générosités ».

Vous avez beau nous répéter qu'« à situation exceptionnelle, mesures exceptionnelles », cela s'appelle de l'inconscience, et donc, à votre poste, de l'irresponsabilité.

Même quand on est président de la République, on n'a pas le droit de raconter n'importe quoi aux Français. Même en pleine crise économique, on n'a pas le droit de mentir aussi effrontément aux gens qui s'affolent et s'angoissent.

Et même chose sur le plan international. Vous avez raconté n'importe quoi à n'importe qui, et même à tout le monde. Que vous alliez convaincre les révolutionnaires marxistes des FARC de Colombie de libérer Ingrid Betancourt, pour vous faire plaisir ; Poutine et Medvedev de retirer leurs troupes de Géorgie, parce que vous le leur demandiez gentiment ; Angela Merkel d'accepter votre plan, parce qu'il était le meilleur, etc.…

Au tout début de cette année 2009, nous étions en pleine crise économique quand la guerre a repris de plus belle au Proche-Orient, à Gaza. Vous n'étiez plus président de l'Union européenne, mais cela ne vous a pas empêché de vous précipiter là-bas.

Pour quoi faire ? Pour demander poliment aux belligérants d'arrêter les combats. Au Hamas (avec lequel vous n'aviez pourtant aucun contact), d'arrêter de tirer des missiles sur Israël depuis Gaza ; aux Israéliens, de mettre un terme à la gigantesque opération militaire qu'ils avaient déclenchée contre Gaza, et qui, en trois semaines, avait déjà fait plus de 1 000 morts parmi la population palestinienne.

Pensiez-vous vraiment une seule seconde que vous aviez la moindre chance d'être écouté par les uns et par les autres ? Auquel cas, vous auriez fait preuve d'une naïveté et d'une prétention affligeantes. Ou n'espériez-vous pas plutôt que, Bush étant sur le départ et Obama n'étant pas encore arrivé, c'était le moment inespéré d'attirer sur vous les regards de la planète ? Auquel cas, c'était pitoyable et dérisoire.

Pourtant, vous auriez dû comprendre que votre démarche était ridicule. Les Israéliens venaient déjà de vous faire savoir sans ménagement qu'ils vous prenaient pour quantité négligeable.

Le 30 décembre – l'artillerie et l'aviation israélien-
nes pilonnaient déjà Gaza depuis plusieurs jours –,
vous aviez envoyé Kouchner à Jérusalem pour qu'il
demande aux Israéliens d'arrêter ces pilonnages particulièrement meurtriers. Kouchner avait eu du mal à
se faire recevoir. Finalement, Ehoud Barak, ministre
israélien de la Défense, l'avait reçu. Et Kouchner,
triomphant, en ressortant de l'entretien, avait affirmé
qu'il avait réussi à faire céder Ehoud Barak, et
qu'Israël était d'accord pour une « trêve humanitaire ». C'était du moins ce que Kouchner racontait.

Votre ministre des Affaires étrangères avait-il
menti (ce qui est loin d'être impossible), ou Ehoud
Barak lui avait-il raconté n'importe quoi pour s'en
débarrasser (ce qui n'est pas impossible non plus) ?
Toujours est-il qu'il n'y eut pas la moindre trêve, et
que, le 3 janvier, quatre jours après la rencontre
Kouchner-Ehoud Barak, Israël lançait sa gigantesque
opération terrestre avec des centaines de chars qui
envahissaient Gaza.

Et c'est à ce moment-là que vous êtes allé, la
bouche en cœur, demander aux uns et aux autres
d'arrêter les combats !

Le conflit israélo-palestinien est un drame qui dure
depuis plus d'un demi-siècle, depuis la création
d'Israël. Même les États-Unis, les seuls qui pourraient éventuellement, avec beaucoup d'argent et une

volonté de fer, imposer une solution pacifique, s'y sont découragés. Même les pays de la région, l'Égypte, le Qatar, la Turquie, qui ont des relations privilégiées avec les deux camps, ne parviennent plus à obtenir de trêves durables.

Ce n'est pas parce que vous vous dites « un ami d'Israël » que vous aviez la moindre chance de faire oublier aux Israéliens que le Hamas tirait sur leurs villes, et ce n'est pas parce que vous aviez invité Bachar el-Assad au défilé du 14 Juillet que les Syriens allaient expulser de Damas tous les dirigeants du Hamas qui s'y sont réfugiés, qu'ils soutiennent, qu'ils financent (avec l'argent du Golfe) et qu'ils arment.

Quand on pense que vous avez eu le culot de nous affirmer, sans rire, que le plan de Moubarak était un plan… « franco-égyptien », un « plan Sarkozy » ! Et Kouchner l'a naturellement répété sur toutes les ondes, et la presse française a été jusqu'à l'écrire noir sur blanc. On en sourit encore, du Nil au Jourdain.

La guerre s'est arrêtée – pour un temps – à Gaza le jour où les Israéliens avaient atteint leurs objectifs militaires, et, comme par hasard, la veille du jour où Barack Obama allait entrer à la Maison Blanche. Vous n'y étiez strictement pour rien. Et on ne peut d'ailleurs pas vous le reprocher. Quel moyen de pression auriez-vous bien pu avoir pour calmer le jeu ?

Mais cela ne vous a pas empêché de vous précipiter, de nouveau, au Caire et à Jérusalem, pour être... sur la photo ! Et, contrairement à ce que nous a raconté la presse française, vous n'étiez pas « à la tête » d'une délégation européenne qui aurait joué le moindre rôle dans cette trêve. Vous étiez, beaucoup plus modestement, *parmi* une délégation européenne qui comprenait Angela Merkel et Gordon Brown, et qui venait faire de la figuration devant le champ de ruines en se contentant de déclarer qu'elle espérait que les trêves décidées unilatéralement par les deux camps allaient pouvoir se prolonger.

Et l'ineffable Luc Chatel, porte-parole du gouvernement, vous félicitait alors officiellement pour avoir mis un terme aux combats...

Le lendemain – c'était le jour de l'intronisation de Barack Obama à Washington –, vous déclariez : « J'attends avec impatience qu'il prenne ses fonctions pour pouvoir changer le monde avec lui. » Vous êtes-vous rendu compte du ridicule de cette déclaration ? Ce n'est pas vous qui allez changer le monde et Barack Obama ne semble pas, pour l'instant, vous avoir demandé la moindre assistance ! Pas même un conseil ! J'ai bien peur qu'il n'ait pas besoin de vous...

*

Votre attitude a quelque chose de stupéfiant. Je ne mets pas en doute votre bonne volonté, ni votre désir frénétique de vous montrer toujours au centre de toutes les photos d'actualité. Ce que je mets en doute, c'est votre lucidité, votre... maturité. Vous vous comportez comme un enfant. À votre âge et surtout à la tête de l'État, c'est affolant.

Vous semblez réellement convaincu qu'il vous suffit d'apparaître, de taper à la fois du pied et sur la table, de prononcer quelques paroles plus ou moins magiques, abracadabrantesques, pour reprendre le mot de Chirac, de dire « je veux », « j'ai décidé », « je, je, je... », pour que tout rentre dans l'ordre, que les banquiers de la planète se mettent au garde-à-vous, que les déficits disparaissent miraculeusement, que l'économie française redémarre d'un seul coup de votre baguette magique, et même que des peuples qui se font la guerre depuis des décennies acceptent soudain de remiser leurs armes, leurs rancœurs et leur haine.

Cette folle présomption n'est pas nouvelle chez vous. Vous nous aviez déjà affirmé, lors de votre campagne électorale, que votre élection suffirait, à elle seule, pour faire revenir la croissance. Vous appeliez ça « le choc de la confiance qui fera redémarrer la croissance ». Je suis prêt à parier que vous en étiez réellement convaincu. C'est votre côté enfantin, amateur de dessins animés, de contes de fées, de westerns, qui aime jouer au Monopoly et aux petits soldats.

Mais souvenez-vous : ni la confiance ni la croissance ne sont revenues avec votre élection. N'est pas Dieu qui veut ! Le miracle n'a pas eu lieu et vous n'avez pu ni marcher sur les eaux, ni surtout multiplier les petits pains. Et le petit soldat qui, avec sa petite trompette, voulait sonner l'arrêt des combats, n'a pas été entendu, au milieu du vacarme des chars, par les états-majors des pays en guerre.

Vous nous aviez d'ailleurs aussi déclaré, pendant cette campagne et sur le même ton péremptoire : « Je serai le président du pouvoir d'achat », « Je ferai baisser les impôts », « Je m'attaquerai aux déficits et à la dette », « Je serai le président des Droits de l'homme », « Je réduirai le train de vie de l'État », « Je mettrai fin à la Françafrique », « Je, Je, Je… ». Rien que des balivernes !

On comprend que vous ayez été élu. Ce qu'on comprend moins, c'est que nous ayons été assez naïfs pour vous croire.

Mais soyons honnêtes, il n'y a pas qu'en campagne électorale que vous nous racontez n'importe quoi. Vous étiez déjà élu quand, le 5 septembre 2007, vous nous avez annoncé le plus sérieusement du monde : « La croissance, je ne l'attendrai pas, j'irai la chercher avec les dents. » Et même, car vous êtes toujours prêt à tout aller chercher : « J'irai chercher Ingrid Betancourt dans la jungle, s'il le faut. » Heureusement pour elle, les commandos colombiens ne vous ont pas attendu pour aller chercher Ingrid Betancourt, et malheureusement pour nous, vous n'avez toujours pas trouvé la croissance, avec ou sans vos dents.

Avec une naïveté stupéfiante et une prétention renversante, vous semblez croire que votre « volontarisme », un de vos mots clés, pourra toujours régler tous les problèmes. Vous êtes un peu comme le fakir qui, sur scène, tente d'hypnotiser une brave dame en répétant : « Je le veux, dormez, je le veux ! » Mais vous êtes pire que le fakir, car votre volontarisme frise très souvent le ridicule, pour ne pas dire l'absurde.

En quelques semaines, vous nous avez, en effet, déclaré que, par votre seule volonté, vous pourriez augmenter les salaires et... rendre leur compétitivité à nos entreprises ! Mieux encore, baisser les prélèvements obligatoires et... réduire les déficits et la dette ! Encore plus fort, mener une politique de l'offre et... une politique de la demande. N'importe quoi et... son contraire ! Le beurre et l'argent du beurre. Sans parler de la crémière !

C'est très joli, de faire preuve de volonté, voire de volontarisme, mais, avant cela, il faut réfléchir, regarder les réalités. La politique, c'est l'art de rendre possible le souhaitable. Ce n'est pas vouloir l'impossible. Ce n'est pas foncer tête baissée comme le taureau qui entre dans l'arène et qui va inévitablement se faire massacrer par toutes ces réalités qui s'appellent les picadors, les banderilleros et le matador.

Pour vous, ces réalités qui vous attendent dans l'arène s'appellent les déficits, la dette, la compétitivité de nos entreprises, le commerce extérieur, les délocalisations, le chômage, la précarité, les banlieues... Elles peuvent aussi s'appeler la haine que se portent des peuples voisins, les vérités historiques, les réalités économiques, les forces en présence, le poids des États.

C'est incroyable, mais vous n'avez toujours pas compris qu'il y a des vérités, des réalités, des évidences contre lesquelles on ne peut rien, qui sont plus fortes que le verbe, que les slogans, que les tartarinades, et devant lesquelles il est totalement inutile – et parfaitement ridicule – de faire les gros yeux, la danse du ventre, des sept voiles ou du scalp.

Ce n'est pas avec des formules incantatoires, des potions magiques dignes d'Astérix, ni même avec la meilleure volonté du monde qu'on empêche les faillites, les délocalisations, le chômage, qu'on évite la banqueroute, qu'on sauve une économie, qu'on arrête une guerre et qu'on incite les belligérants à s'asseoir autour d'une table pour faire la paix.

C'est avec une politique lucide, cohérente, impitoyable, difficile, et pour laquelle on accepte les mots *vrais* de « récession », de « rigueur », d'« austérité », de « concessions », sans essayer, comme vous le faites, de se cacher derrière son tout petit doigt, même s'il est menaçant.

*

Politique « cohérente » ? Ça fait des mois que vous pataugez dans l'incohérence la plus complète et que nous ne comprenons plus rien à votre politique. Et je ne parle ici que de votre politique face à la crise économique. Nous parlerons du reste plus tard.

Face à la crise, c'est, depuis des mois, deux pas en avant, un pas en arrière, un saut périlleux, un coup à gauche, un coup à droite. C'est un mélange de valse hésitation et de tango argentin sur un air endiablé de Charleston. Comme un ivrogne qui voudrait inventer de nouveaux cocktails explosifs, vous mélangez libéralisme et étatisme, mondialisation et protectionnisme, investissement et consommation. C'est n'importe quoi ! Tous les marins vous le diront : on n'avance pas à la godille par gros temps.

Nous avons tous vu qu'à peine la tempête s'était levée, vous avez, sans qu'on comprenne pourquoi, fait une superbe volte-face, trahissant, dans la panique, tous vos grands principes, tous vos engagements, et par là même tous vos électeurs. C'est votre fameux, mémorable et pitoyable discours de Toulon du 25 septembre 2008.

Vous aviez été élu (triomphalement, mais contre Ségolène Royal, ce qui était tout de même plus facile) en vous présentant en libéral, en « ultralibéral », disaient vos adversaires. Vous alliez, aviez-vous prétendu pendant toute votre campagne, « libérer » la France de ses entraves socialistes, de son passé socialo-communiste, de ses souvenirs soixante-huitards, « libérer » les Français de cet État omniprésent, omnipuissant, oppresseur, persécuteur, stérilisateur, castrateur, en faisant baisser les prélèvements obligatoires, en réduisant le rôle et le nombre des salariés de la collectivité, en abrogeant les textes liberticides. En un mot, en remettant l'État à sa place, celle qu'il n'aurait jamais du quitter, et en permettant à chacun de « pouvoir enfin s'épanouir librement ». Nous le souhaitions tellement que nous avons été assez naïfs pour vous croire sur parole.

Et, brusquement, du jour au lendemain, sans crier gare, ce 25 septembre 2008, les choses se gâtant un peu, vous avez retourné votre veste tout en baissant votre pantalon, renié tout votre passé, trahi toutes vos promesses et, sans craindre le ridicule, vous êtes devenu... socialiste, ou presque !

Vous découvriez soudain tous les charmes de l'État, ce pouilleux qui nous avait fait tant de mal. « Il nous faut un nouvel équilibre, affirmâtes-vous soudain, ce soir-là, à Toulon, entre l'État et les marchés. Un nouveau rapport doit s'instaurer entre l'économie et le politique à travers la mise en chantier de nouvelles réglementations. L'autorégulation pour régler tous les problèmes, c'est fini. Le laisser-faire, c'est fini. Le marché tout puissant qui a toujours raison, c'est fini. Aucune institution financière, aucun fonds ne doit être en mesure d'échapper au contrôle d'une autorité de régulation. »

Vous n'aviez plus que trois mots à la bouche : « l'État », « les réglementations » et « la régulation ». Adieu la liberté ! Le libéralisme aux oubliettes et les fers aux pieds ! Le PS n'en avait jamais demandé autant.

On avait ironisé quand, en 1983, Mitterrand avait été obligé de faire le tournant de la rigueur, et quand, fin 1995, Chirac avait dû abandonner tous ses beaux rêves. Mais vous, dans votre volte-face, vous faisiez bien pire. Vous ne vous contentiez pas de capituler en rase campagne, comme vos prédécesseurs, vous passiez carrément chez l'ennemi avec armes et bagages !

Admiratifs, stupéfaits devant ce saut périlleux dans le vide, les socialistes applaudissaient : « Quel dommage que cet homme ne soit pas au pouvoir ! » lâchait Didier Migaud, président (socialiste) de la commission des finances de l'Assemblée nationale.

À la manière d'un prestidigitateur sur scène, devant vos spectateurs médusés, vous faisiez ressortir l'État de sa boîte de diablotin. Coucou, c'est lui, le revoilà, l'État-providence, l'État-protecteur, l'État-régulateur, l'État-acteur économique ! L'ancien libéral que vous étiez voulait soudain que l'État qu'il avait fustigé pendant des années avec gourmandise s'occupe à nouveau de tout, des banques, des grandes entreprises, de l'industrie automobile, du bâtiment. L'État allait, de nouveau et mieux encore que par le passé, tout contrôler, tout régenter !

Pas une seconde vous ne vous êtes souvenu des catastrophes en cascade que la France avait connues quand, dans les années 1981-1983, l'État de Mitterrand et de Mauroy avait voulu prendre en main les banques et les grandes entreprises. Vous aviez soudain oublié que, par définition même, l'État et ses ronds-de-cuir ont toujours été incapables de gérer la moindre entreprise, ont toujours été totalement incompétents dès lors qu'il s'agissait d'économie.

Vous étiez devenu... étatiste ! C'était incompréhensible. C'était sans doute parce que vous étiez devenu chef de cet État et que vous avez la fâcheuse habitude de toujours répéter : « Quand je ne m'occupe pas moi-même de tout, ça foire. » Alors, comme ça « foirait » un peu, vous vouliez soudain tout régenter, tout règlementer, tout réguler. « L'État, c'est moi, nous disiez-vous en substance, et vous allez voir ce que vous allez voir, quand je m'occupe de quelque chose... » Vous vouliez nous faire, au nom de l'État, un coup de main sur toute l'économie.

Et vous mettiez aussitôt en pratique votre soudaine conversion en augmentant de 60 000 le nombre des « contrats aidés » qui dépassaient alors les 300 000, ces fameux contrats qui permettent de maquiller les chiffres du chômage, qui coûtent une fortune, qui ne servent en rien à l'économie, et que vous aviez toujours condamnés avec violence et raison dans votre vie antérieure.

Pas une seconde vous n'aviez eu l'idée d'alléger réellement les charges, d'abaisser la TVA (Gordon Brown, dont vous avez voulu vous approprier le plan a, lui, baissé la TVA de 2,5 points, quitte à laisser filer le déficit public jusqu'à 8 %), d'augmenter les salaires. Ç'aurait coûté moins cher, ç'aurait fait redémarrer la consommation, et donc la croissance.

Et vous avez continué à voltiger dans l'incohérence.

Le 4 décembre, en nous présentant votre plan de soutien à l'activité, vous nous aviez longuement expliqué qu'il ne fallait jouer « que » l'investissement et que jouer la consommation aurait été la pire des erreurs.

Le 5 février – après, il est vrai, une journée de mobilisation générale des syndicats, le 29 janvier –, nous nous annonciez la suppression de la taxe professionnelle, voire celle de la première tranche de l'impôt sur le revenu, et vous vous disiez prêt à discuter du taux d'indemnisation du chômage. Vous commenciez à faire volte-face.

Le 18 février, après une table ronde à l'Élysée avec tous les syndicats, vous nous annonciez que les 4 millions de ménages relevant de la première tranche de l'impôt sur le revenu n'auraient pas, cette année, à payer leurs deux derniers tiers. C'était, selon vous, une mesure en faveur des « plus défavorisés ». Or, je vous rappelle qu'en France ceux qui paient l'impôt sur le revenu, même la première tranche, ne font pas partie des plus défavorisés puisqu'il y a déjà 52 % des Français qui ne paient pas l'impôt sur le revenu et qui sont, évidemment, encore plus défavorisés. Va-t-on maintenant dire qu'il y a 35 millions de Français qui sont « défavorisés » ?

Ce même jour, vous nous annonciez aussi que les indemnités pour le chômage partiel passeraient de 60 à 75 %, que tout chômeur ayant travaillé deux mois (et ne touchant pas d'indemnités de chômage faute d'avoir cotisé assez longtemps) recevrait une prime de 500 euros, que 1,27 million de ménages recevraient des « bons d'achats de services à la personne », que 3 millions de familles modestes recevraient des primes de rentrée et des aides exceptionnelles, etc. Et tout ça pour 2,6 milliards d'euros ! Vous jetiez vos aumônes à la volée.

Vous étiez soudain passé de la priorité à l'investissement à la priorité à la consommation. Mais c'était sous la pression de la rue. Vous ne saviez plus ce que vous vouliez. Nous non plus, et nous ne comprenions plus rien à votre politique, si ce n'est qu'elle était résolument incohérente. Nous en reparlerons, car nous n'en sommes pas sortis.

*

Jouant les Pères Noël en dilapidant ainsi à tout va des centaines de milliards (heureusement « virtuels », pour ne pas dire fictifs, de la vraie monnaie de singe pour gogos), vous vous êtes aussi mis à jouer les... ordonnateurs de réceptions. Une autre nouvelle vocation. Vous vous êtes lancé dans ce qu'on appelle « l'événementiel ». Une sorte de Potel et Chabot au petit pied. Vous n'avez pas fait dans les « Noces et banquets », non, vous avez fait dans les... « G. » Plein de G !

Nous avons eu droit à toutes les formules : G 4, G 5, G 6, G 7, G 8 et même G 20. Une cascade de G. Il en sortait de partout, comme des lapins d'une poche, pendant que, de l'autre poche, vous nous sortiez des conférences sur le Liban ou le Darfour, des sommets sur la Méditerranée, la protection de la planète, sur tout et n'importe quoi.

Alors que le monde entier était penché sur les chiffres, vous, vous aviez l'air de faire de la publicité pour une agence de voyages. On vous voyait partout sur la scène internationale, tout autour de la terre : derrière un horse-guard à Londres, à côté du Manneken-Pis à Bruxelles, avec des cosaques à Moscou, avec une danseuse du ventre dans le Golfe, avec des cow-boys à Washington... Vous faisiez preuve d'un don d'ubiquité stupéfiant mais, bien sûr, toujours avec une coupe de champagne à la main et en embrassant goulûment toutes les joues qui se présentaient, quand ce n'était pas en tapant familièrement sur le dos de vos homologues que vous vouliez considérer en copains comme cochons.

Cette propension irraisonnée pour le « raout international » serait presque amusante si elle n'était pitoyable. Vous croyez réellement que vous avez un prestige tel que, simplement pour vous faire plaisir, Gordon Brown vous donnera toujours raison, que vous avez un charme tel qu'Angela Merkel (qui ne vous supporte pas) ne pourra qu'accepter, pour vos beaux yeux, de faire payer par l'Allemagne les dérives françaises, et que ni les Russes, ni les Chinois, ni les Américains ni les émirs du Golfe ne pourront jamais rien vous refuser.

« Allô, Poutine, allô, le Chinois, allô, Berlu, allô Zapa, c'est ton pote Nicolas. T'as vu, ça continue à se déglinguer de partout, c'est le raz-de-marée, le tsunami, l'hécatombe. Bon, on ne peut rien faire, mais si on se faisait... une petite bouffe, la semaine prochaine ? Entre copains. On prendrait une photo de groupe. Ça serait très chouette ! »

Nous reparlerons de votre politique étrangère, mais, là encore, vous êtes totalement ridicule, parce que vous vous entêtez à ignorer les réalités, les rapports de force, le poids réel des États, et que vous vous imaginez que votre volontarisme, votre agitation, vos façons (qui choquent tous vos interlocuteurs) de tutoyer et d'embrasser tout le monde suffiront à vous faire gagner la partie et à imposer à tous ce que vous avez décidé. C'est à pleurer.

Je ne vous donnerai qu'un seul exemple qui date d'avant la crise : vos relations avec les Russes et l'affaire de la Géorgie.

Vous avez eu le culot de nous affirmer que vous aviez fait reculer les Russes de Géorgie tout simplement parce que vous auriez su enjôler Medvedev et vous le mettre dans la poche.

Or, détail ennuyeux, contrairement à l'accord que vous prétendiez avoir arraché à Moscou, les Russes n'ont évacué ni l'Ossétie du sud, ni l'Abkhazie, et, en reconnaissant officiellement leur indépendance, ils ont même totalement annexé ces deux provinces géorgiennes qu'ils reluquaient depuis longtemps et qui font désormais partie de la CEI, cette espèce de petite reconstitution de l'URSS de jadis qui n'ose pas dire son nom.

Pis encore, depuis ce pseudo-accord, Medvedev fait savoir à la terre entière qu'il vous prend pour… un clown ridicule et prétentieux.

Vous a-t-on dit que le 16 novembre 2008, à Washington, au cours d'un grand banquet officiel et devant un auditoire international trié sur le volet, ce Président russe s'est amusé, comme un vulgaire imitateur, à vous singer, en dodelinant de la tête et en agitant les bras, ce que vous faites si bien, en gesticulant à la manière d'un hurluberlu, en parlant du nez et en affirmant, dans un anglais très approximatif, être « très ému et bouleversé à la seule idée de pouvoir enfin parler à une tribune, même et surtout pour dire n'importe quoi » ? La salle pleurait de rire.

C'était la première fois, dans les annales de la vie internationale, qu'on voyait un chef d'État oser ainsi, sans pudeur ni retenue, ridiculiser en public un de ses homologues. Et pourtant, Medvedev n'a pas la réputation d'être un rigolo. Autrefois, on se serait déclaré la guerre pour moins que ça. C'était bien pire que le coup de chasse-mouches du Bey d'Alger !

Le calme étant revenu dans la salle et Medvedev ayant recouvré tout son sérieux, il a alors, bien sûr, tenu à préciser que vous n'étiez « strictement pour rien » dans l'arrêt des combats en Géorgie, et encore moins dans le recul des troupes russes puisqu'elles... n'avaient pas reculé.

Il paraît que, depuis, à chaque grande réunion internationale, Gordon Brown, Angela Merkel et même Berlusconi demandent à Medvedev de leur faire une petite imitation du *Frenchie*, pour se détendre un peu.

Avouez que ça la fout mal pour l'image de la France que vous vouliez soi-disant restaurer. Jamais aucun chef d'État étranger n'avait ridiculisé (du moins en public) ni Chirac ni Mitterrand.

La presse mondiale a raconté l'anecdote mais la presse française l'a passée sous silence.

Pas plus d'ailleurs qu'elle n'a raconté une autre anecdote tout de même terriblement révélatrice.

Quand vous avez pris la présidence de l'Union européenne, en juillet 2008, Angela Merkel n'arrivait toujours pas à vous cerner, à vous comprendre. Vous étiez pour elle une énigme, un mystère. Elle a donc réuni à Berlin un certain nombre de spécialistes allemands de la politique française, et notamment plusieurs anciens ambassadeurs d'Allemagne à Paris, en leur demandant de lui expliquer qui vous pouviez bien être.

Et savez-vous ce qu'ils ont trouvé pour lui faire comprendre « le mystère Sarkozy » ? Ils lui ont fait projeter, dans la salle privée de la Chancellerie, des extraits de deux films de… Louis de Funès, *Oscar* et *La Grande Vadrouille* ! La Chancelière a beaucoup ri, a reconnu que c'était « assez ressemblant », mais vous n'êtes pas remonté dans son estime pour autant.

Aucun étranger, expert en politique française, n'aurait jamais eu l'idée de faire projeter *Les Branquignols* pour expliquer de Gaulle.

La presse française n'en a pas dit mot non plus.

*

Il est vrai que, depuis, vos flagorneurs habituels, possédant – on ne sait comment – des cartes de presse, ont affirmé froidement « Sarkozy a donné un sens à l'Europe », « Tout le monde est d'accord avec le plan Sarkozy » (qui était, en fait, le plan Gordon Brown, mais on ne devait pas le savoir à Paris), « Sarkozy réunit tous les Grands à Washington » (c'est-à-dire chez… George Bush).

Il est vrai aussi – mais ceci explique sans doute cela – que vous aviez mis depuis longtemps la presse française à votre botte en lui allouant même ce qu'il lui fallait de brosses, de cirage et de peaux de chamois.

Alors qu'aux yeux des Britanniques vous étiez devenu un « agité insupportable », aux yeux des Allemands un « voyou mal élevé » et aux yeux des Américains un « vassal bien encombrant », la presse française, qui s'était très rapidement mise à l'école de la presse gabonaise, nous affirmait à longueur d'éditoriaux et d'émissions spéciales que vous étiez désormais… « le maître du monde » (je n'invente rien), « le patron incontesté de l'Europe » et le bienfaiteur de l'univers. La dernière fois qu'on avait dit d'un Français qu'il était « le maître du monde », c'était à propos de Jean-Marie Messier. Ça ne lui avait pas réussi.

Quand je pense qu'un de vos parlementaires a alors osé nous dire textuellement et sans rigoler : « Napoléon et de Gaulle se sont révélés dans l'épreuve ; Sarkozy s'est lui aussi révélé dans la crise » !

Je veux croire que vous allez le faire entrer au gouvernement à la première occasion, ce qui lui permettra de rejoindre Jean-Louis Borloo – qui a déclaré sans rire : « Sarkozy est peut-être en train de sauver le monde » (le « peut-être » était sûrement un lapsus) – et Laurent Wauquiez – meilleur dans la lèche que dans la lutte contre le chômage dont il est en principe chargé – qui n'a pas hésité, lui, à nous dire : « Le président de la République a montré l'image d'un capitaine Courage tenant fermement la barre. » La barre ? Quelle barre ?

C'était précisément la semaine où on annonçait :
- 45 000 chômeurs de plus (la France refranchissait la barre des deux millions de chômeurs),
- Un déficit record de notre commerce extérieur (nous franchissions la barre des 55,7 milliards d'euros !)
- Et où, à la Bourse de Paris, le CAC 40 passait sous la barre des 3 000 points.

Une chance pour vous, les Français maîtrisent mal les langues étrangères. Du coup, ils ne savent pas ce que le monde entier pense de vous (et donc, hélas, de nous), ni comment il juge votre comportement.

Toujours cette même semaine, l'*International Herald Tribune* dressait, il est vrai en anglais, un bilan de vos six derniers mois. C'était épouvantable.

Je traduis et je résume. Votre appel à une gouvernance économique des pays de l'Euro ? « Un bide. » Votre tentative de prendre la tête de l'Eurogroup ? « Un flop. » Votre espoir de faire adopter une charte pour un nouvel ordre financier lors du G 20 de Washington ? « Un fiasco. »

Et, dans la foulée, le *Herald* ironisait sur les balivernes que vous nous aviez racontées en créant l'Union pour la Méditerranée, « oubliée depuis longtemps », et sur vos fanfaronnades à propos de la crise de Géorgie que vous prétendiez avoir réglée, « ce qui avait été démenti à la fois par Medvedev et par les faits ». Vous devriez lire de temps en temps, ou au moins vous faire traduire le *Herald Tribune*.

Vous ne vous rendez pas compte à quel point l'esbroufe dont vous faites preuve pour tenter de regagner quelques points dans nos sondages d'opinion vous a déconsidéré aux yeux de la planète entière, et notamment aux yeux de tous vos homologues dont vous êtes devenu la risée.

Cela dit, pensez-vous vraiment une seule seconde que les citoyens de la planète soient assez naïfs pour croire qu'il faille (et qu'il suffise) que quatre, cinq, six ou même vingt chefs d'État se réunissent pour qu'ils trouvent une solution devant un tel cataclysme ?

Nous savons tous qu'il y a... le téléphone, les ambassades, les émissaires et que ce n'est pas parce que vous allez sabler le champagne entre vous et vous raconter les dernières blagues à la mode que le *schmilblick* avancera d'un pouce. Pourquoi diable nous faire un show permanent ? Pour vous mettre en avant ? Pour nous faire croire que vous maîtrisez la situation ?

L'ennui, dans ce genre de raout, c'est qu'après la photo de famille et avant de reprendre l'avion, il est de bon ton de prononcer quelques déclarations bien senties pour faire croire à la piétaille qu'on ne s'est pas gobergé pour rien. L'idéal, c'est bien sûr de pouvoir annoncer que tout le monde s'est mis d'accord sur quelques décisions concrètes. Mais là, personne n'a jamais été d'accord sur rien, surtout avec vous, et, mis à part l'annonce de quelques nouvelles centaines de milliards (toujours « virtuels ») à distribuer à la ronde, aucune vraie décision bien concrète n'a jamais pu être prise.

Vous étiez revenu triomphant du G 20 de Washington. À vous entendre, on aurait pu croire que vous aviez mis au pas les dix-neuf chefs d'État des pays les plus importants de la planète, que vous aviez pu imposer votre idée (relevant de la science-fiction) d'une « gouvernance économique mondiale ». C'est ce jour-là que certains de vos courtisans, ministres ou journalistes, n'ont pas hésité à affirmer que vous étiez devenu « le maître du monde », que, grâce à vous, à votre volontarisme et à votre lucidité face à la crise, tous les autres avaient décidé de... De quoi ? On ne nous le disait pas.

Mais le communiqué final le précisait : les 20 avaient décidé – d'un commun accord, bien sûr – de... se revoir en avril prochain à Londres ! Autant dire que *votre* G 20 de Washington avait été un G 20 pour rien. Tout le monde avait été d'accord pour dire qu'avant de prendre la moindre décision, il fallait évidemment attendre que le nouveau président des États-Unis, Barack Obama, soit entré en fonction. Vous aviez espéré que votre présence aurait suffi à remplacer l'absent. Et personne n'avait remarqué votre présence...

*

Vous, pour expliquer la crise et, bien sûr, la résoudre, vous aviez rapidement trouvé votre petite théorie personnelle, votre petit refrain préféré. Vous seriniez à Paris, à Bruxelles, à Londres, à New York, à Washington, partout, qu'il fallait avant tout... « moraliser le système ». C'était votre grand truc. Chic et de bon goût. C'était toujours Sarko-Zorro, mais c'était, en plus, Sarko-le Chevalier blanc.

Cela vous permettait aussi de désigner à la vin-dicte populaire et planétaire – sans toutefois les nommer – ces « salauds de banquiers et ces salauds de patrons » qui s'étaient goinfrés en affamant la planète. Vous aimez toujours stigmatiser des forces maléfiques imaginaires. Ça ne mange pas de pain et ça vous donne si ce n'est bonne conscience, du moins le beau rôle.

Dès votre discours de Toulon, vous nous les aviez montrés d'un doigt vengeur, ces salauds de banquiers, en vous écriant : « Les responsables de ce naufrage doivent être recherchés, doivent être sanctionnés, au moins financièrement (cet "au moins financièrement" laissait entendre que la guillotine n'était pas exclue). L'impunité serait immorale. Qui pourrait admettre que tant d'opérateurs financiers s'en tirent à bon compte alors que, pendant des années, ils se sont enrichis en menant tout le système financier dans la situation où il se trouve ? »

Vous n'étiez pas seulement devenu socialiste, vous étiez devenu un véritable sans-culotte. Belle colère, parfaitement démagogique, totalement ridicule et un rien dangereuse. Imaginez en effet que, sur vos conseils, on se mette à sanctionner tous les responsables, politiques et autres, ayant conduit le pays à la ruine… On commencerait par scander « Les banquiers à la lanterne ! » et on finirait par manifester dans les rues aux cris de « Sarko, le peuple aura ta peau ! », sous prétexte que « l'impunité serait immorale ».

On ne l'a pas su en France, mais le plus drôle, c'est que vous aviez déjà rodé votre numéro, votre attaque en règle contre les banquiers et les financiers de tous poils, deux jours avant votre discours de Toulon, dans le lieu qui s'y prêtait le moins et devant l'auditoire qui s'y attendait le moins.

C'était le 22 septembre, à New York, au cœur de Manhattan, dans l'un des restaurants les plus chers de la planète, *Le Cipriani*, installé, comme par hasard, dans l'antique décor d'une ancienne banque désaffectée. Vous y receviez très curieusement le Prix humanitaire de la Fondation Elie Wiesel. Il y avait là tout le gratin des grands patrons de la planète et de la finance internationale, en smokings et robes longues. On reconnaissait, côté français, Martin Bouygues, Maurice Lévy, Anne Lauvergeon, Lindsay Owen-Jones, Renaud Dutreil, nouveau représentant de LVMH aux États-Unis, et même Jean-Marie Messier, l'ancien « maître du monde » en semi exil. Chaque convive avait payé son dîner... 75 000 dollars, mais c'était pour une bonne œuvre. Ces gens-là ont leurs pauvres (en l'occurrence, c'était Elie Wiesel).

Et soudain, après avoir fait l'éloge des États-Unis, d'Israël et d'Elie Wiesel, vous vous étiez écrié : « Aujourd'hui, des milliers de gens à travers le monde ont peur pour leurs économies, leur appartement, l'épargne qu'ils ont mise dans les banques. Qui est responsable du désastre ? Que ceux qui sont responsables soient sanctionnés et que nous, les chefs d'État, assumions nos responsabilités ! »

Certains banquiers présents vous trouvèrent très mal élevé, regrettèrent leurs 75 000 dollars, et la presse new-yorkaise en fit des gorges chaudes. Il vous arrive souvent de manquer de tact et vous n'avez jamais le sens du ridicule.

*

Autant vous dire que votre nouveau personnage de « Père-la-morale » n'a convaincu personne, ni à New York, ni à Toulon, ni ailleurs. Sarko-la-morale, c'est comme Sarko-la-pudeur, ça ne passe pas. Tout le monde, et jusqu'au fin fond du Cantal, connaît parfaitement maintenant les raisons de la catastrophe, et personne n'a cru un seul instant aux balivernes que vous nous racontiez.

À vous entendre, la crise « immorale » qui faisait vaciller la planète aurait eu pour origine... les « parachutes dorés » et les « *stock-options* » que certains PDG incompétents se seraient généreusement attribués. Plus tard, vous y avez rajouté les

« bonus ». Dans le genre n'importe quoi (genre que vous affectionnez particulièrement), on ne pouvait pas faire mieux. Vous repreniez là les thèmes chers à Arlette Laguiller et à Besancenot. Tout était de la faute de ces « salauds de riches », ceux qui ont sans doute des yachts en Méditerranée, qui se paient des montres Breitling (et maintenant Patek), des Ray-Ban et des week-ends à Louxor ou à Pétra... Dans votre bouche, ça faisait sourire amèrement.

Tout le monde est, bien sûr, scandalisé par les « primes à l'échec » (souvent considérables) qu'empochent ces patrons qui ont conduit leurs entreprises au bord de la catastrophe. Mais de là à vouloir nous faire croire que ce sont ces parachutes dorés et ces *stock-options* qui ont creusé ce trou de plusieurs milliers de milliards de dollars ou d'euros qu'il faut colmater, il y a un pas que vous avez eu tort de franchir si allègrement.

Je vous signale que, pour ce qui est du seul « krach bancaire », une première estimation avance le chiffre de 2 000 milliards d'euros de pertes. Calculez le nombre de parachutes dorés et de *stock-options* qu'il faudrait pour arriver à un tel chiffre !

Non, la crise a une origine autrement plus simple. Et ce n'est d'ailleurs pas non plus celle qu'on nous raconte souvent encore aujourd'hui.

*

C'est vrai, les banques américaines se sont mises, à la demande de Bill Clinton (ce qu'on a oublié), à prêter aux pauvres pour leur permettre d'acquérir un logement. Au début, c'était sans risque. Comme il n'y avait pas assez de logements, les prix de l'immobilier ne cessaient de monter. Mais, bien sûr, à force de prêter aux pauvres pour qu'ils fassent construire des logements, il y a eu assez de logements et, du coup, les prix se sont stabilisés, puis ont commencé à s'effondrer. On est passé de la crise du logement à la crise de l'immobilier. Et on s'est alors aperçu que les pauvres ne pouvaient pas rembourser leurs emprunts, et que leurs logements, qu'ils n'avaient pas fini de payer, ne valaient plus rien. Tout cela est exact.

Disons-le franchement, l'erreur des banques américaines a été de prêter... aux pauvres. C'est bien connu, le bon sens populaire le répète depuis quelques siècles : « On ne prête qu'aux riches » ! « Moraliser le système », comme vous dites, ce serait donc ne plus prêter aux pauvres et en revenir à cet adage populaire qui, avouez-le, n'a rien de très moral, et qui ne peut qu'aggraver encore le fossé entre riches et pauvres, avec tout ce que cela pourrait avoir, demain, comme conséquences catastrophiques.

D'ailleurs, souvenez-vous, vous qui aujourd'hui fustigez ce « système fou » du crédit à l'américaine : en 2004, quand vous avez été un éphémère ministre des Finances, vous avez été le premier dans notre pays à proposer – et je vous cite – qu'« on développe en France le crédit hypothécaire rechargeable comme le font les Américains » (sic !). Heureusement que Chirac vous a aussitôt remis à l'Intérieur !

Mieux encore (ou pire), pendant votre campagne pour la présidentielle, en 2007, vous vous étiez engagé à faire de la France « un pays de propriétaires ». Ça voulait dire quoi ? Ça ne pouvait vouloir dire qu'une chose : que vous alliez développer le crédit immobilier afin que même les pauvres puissent accéder à la propriété…

Mais, à l'époque, vous étiez encore libéral, reaganien, thatchériste, et vous vouliez même, si, si, je m'en souviens parfaitement, « dépénaliser le droit des affaires » pour qu'on ne persécute plus ces « salauds de patrons » que vous voulez aujourd'hui envoyer aux galères.

Vous me direz qu'il n'y a que les imbéciles qui ne changent pas d'avis. C'est faux. Les imbéciles changent eux aussi d'avis.

Il est vrai aussi que si cette crise des banques américaines s'est répandue comme une traînée de poudre à travers toute la planète, c'est à cause de ce qu'on appelle la « titrisation », c'est-à-dire un système complexe (mais astucieux) de répartition des risques entre les banques, parfois d'un continent à l'autre. Or, contrairement à ce que vous nous affirmez du matin au soir, il n'y a, là non plus, rien d'immoral. Tout a été mondialisé et il est normal que les banques aient souhaité mondialiser aussi les risques qu'elles prenaient.

Bref, avec votre idée fixe de « moraliser le système », vous êtes totalement à côté de la plaque. Le système n'a rien d'immoral. Les parachutes dorés, les bonus et les *stock-options* n'ont joué qu'un rôle totalement dérisoire dans la crise ; prêter aux pauvres est plutôt moral, et mondialiser les risques n'a rien de scandaleux.

Mais le système est grippé, en panne, bloqué. Pourquoi ?

À cause de ces pauvres américains auxquels on avait fait croire, à tort, qu'ils pourraient, comme des riches, accéder à la propriété ? Non.

La crise des *subprimes* n'a été que le révélateur d'une crise autrement plus grave. Et c'est ici qu'on en arrive au vif du sujet, un sujet devant lequel, vous et la plupart de vos compères, vous vous entêtez à vous voiler la face. Or il serait grand temps de dire la vérité.

*

Il faut remonter un peu plus loin dans le temps. Tout n'a pas commencé avec la crise bancaire. Tout avait commencé bien avant, avec une crise autrement plus grave, avec une vraie crise économique. Hé oui, il faut avoir l'honnêteté de le dire : la vraie question n'est pas de savoir pourquoi les banques ont fait faillite, la vraie question est de savoir pourquoi leurs clients n'ont soudain plus pu payer leurs traites. Car tout est là.

Au-delà de tous les jeux d'écritures, de toutes les entourloupes, voire de toutes les magouilles auxquels elles peuvent se livrer, les banques ne sont finalement que le miroir, à peine déformant, de la réalité économique. Or, vos meilleurs experts ont totalement négligé un « détail ».

Si les pauvres américains n'ont plus pu faire face à leurs emprunts, ce n'est ni parce que les prix de l'immobilier se sont effondrés, ni parce que les taux ont monté, ni à cause des *stock-options*, ni à cause des parachutes dorés. C'est tout simplement – excusez du peu – parce qu'ils se sont brusquement retrouvés au chômage et qu'ils sont donc devenus encore beaucoup plus pauvres qu'ils ne l'étaient quand ils avaient contracté leurs emprunts.

La crise n'a pas pour origine la faillite des banques qui auraient agi inconsidérément. Elle a pour origine la ruine de leurs clients qui se sont retrouvés au chômage parce qu'il y avait, depuis des mois, une vraie, une énorme crise économique.

Le système du crédit, qui est un pari sur l'avenir et sur lequel reposait toute l'économie mondiale, n'a rien d'immoral, mais il a une exigence : la croissance. La planète vivait depuis des décennies à crédit parce qu'elle était convaincue que la croissance ne s'arrêterait jamais. Notre civilisation croit au progrès, le progrès c'est la croissance, mais croissance et crédit sont inséparables. La croissance a besoin du crédit, le crédit a besoin de la croissance. C'est vrai pour les États-Unis, comme c'est vrai pour nous.

*

Au lieu de vous affoler devant les faillites annoncées ou prévues des grandes banques, vous auriez dû, tous autant que vous êtes, vous préoccuper bien avant de la situation des grandes entreprises, notamment industrielles. Car ce sont elles qui ont provoqué la catastrophe.

On dit généralement que l'effondrement des banques a commencé avec la faillite de Lehman Brothers, le 15 septembre 2008. C'est faux. Tout avait commencé le 24 octobre 2007, quand la banque Merrill Lynch avait annoncé avoir perdu 2,3 milliards de dollars pour le seul 3e trimestre 2007 et que son PDG, Stanley O'Neal, avait dû démissionner. Mais personne n'y avait prêté la moindre attention. On ne s'est réveillé qu'avec la faillite de Lehman Brothers, presque un an plus tard. (Merril Lynch sera rachetée pour 50 milliards de dollars par Bank of America le jour même de la faillite de Lehman Brothers.)

Les pertes de Merrill Lynch et la faillite de Lehman Brothers étaient certes catastrophiques, mais elles n'étaient qu'anecdotiques à côté de la crise à laquelle avaient à faire face, depuis des années – depuis 2005, pour être précis – la General Motors, Chrysler ou Ford, ainsi que la plupart des grandes industries américaines. Un jour, retenez bien cette phrase, les historiens s'apercevront que « la grande dépression de 2008-2009 est partie de Detroit en 2005 ».

Quand Rick Wagoner, patron de la General Motors, Alan Mullaly, patron de Ford, et Robert Nardelli, patron de Chrysler, sont venus, fin novembre 2008, demander au Congrès américain 34 milliards de dollars d'aide pour « sauver Detroit » de la faillite, ils n'ont pas évoqué la crise bancaire, l'affaire des *subprimes*, l'imprudence des milieux financiers, les parachutes dorés ou les *stock-options*. Non, ils ont simplement rappelé que, depuis 2005, la General Motors avait perdu 72 milliards de dollars, Ford plus de 24 milliards de dollars, et Chrysler plus de 20 milliards de dollars. Depuis 2005 ! C'est-à-dire deux ans avant l'effondrement de Merrill Lynch, et trois ans avant la faillite de Lehman Brothers.

Là, c'était du réel, des centaines de milliers d'emplois condamnés (trois millions de chômeurs prévus, dit-on, rien que dans l'industrie automobile américaine), des régions entières dévastées. Or, cette crise de l'économie réelle a précédé de plus de soixante-douze mois la crise des banques. Et c'est elle, et elle seule, qui l'a provoquée.

Mais personne n'avait voulu voir, en 2005, en 2006, en 2007, que l'économie mondiale commençait à vaciller. Les banques ont fait faillite, par la suite, quelques mois plus tard, parce qu'elles avaient prêté de l'argent (en effet, un peu imprudemment) à des clients qui se sont retrouvés au chômage à cause d'une crise économique.

Jacques Attali a raison d'écrire : « Cette crise financière s'explique très largement par l'incapacité de la société américaine à fournir des salaires décents aux classes moyennes. » Et quand ces classes moyennes ou pauvres se retrouvent au chômage, ça ne peut être en effet que la catastrophe pour les banquiers.

Jean-Paul Fitoussi avait lui aussi parfaitement raison quand, lors du fameux colloque « Nouveau monde, nouveau capitalisme », organisé à Paris le 8 janvier dernier, il déclarait : « La crise financière n'est que le symptôme d'une crise latente qui existait depuis les années 1980, une crise de la répartition des revenus : pour pouvoir maintenir les niveaux de consommation, il a fallu que les ménages et les États s'endettent. Cet endettement était pain bénit pour le système financier qui a prêté à ceux qui ne pouvaient plus consommer. Et c'est là que le déséquilibre financier s'est révélé. On ne peut pas prêter à ceux qui ne peuvent pas rembourser. »

Les dates sont formelles. L'industrie américaine – les *Big Three* et les autres – a commencé à plonger en 2005. Or, deux ans plus tard, Citigroup, numéro un mondial des banques, pouvait encore annoncer, le 11 avril 2007, qu'elle avait fait… 21,5 milliards de dollars de profits au cours de l'année 2006, preuve évidente que la crise bancaire a été très largement postérieure à la crise économique.

Ce n'est qu'à partir de la mi-septembre 2007 que les choses se sont vraiment gâtées pour toutes les banques américaines, Lehman Brothers d'abord, qui fait faillite le 15 septembre, puis, le 4 novembre, Citigroup qui annonce 11 milliards de dollars de pertes (son président Charles Prince démissionne), puis, le 7, Morgan Stanley qui annonce qu'elle a perdu 2,5 milliards de dollars. Enfin, le 19 novembre, Goldman Sachs chiffre à 2 000 milliards de dollars les pertes du secteur bancaire.

Je vous rappelle d'ailleurs qu'en décembre 2008, quand le Département du travail des États-Unis a annoncé que 533 000 emplois avaient été détruits au cours du seul mois de novembre (ce qui faisait 1,9 million d'emplois détruits depuis le début de l'année), si George Bush déclarait avec une bêtise confondante : « Notre économie est en récession parce que l'immobilier, le crédit et notre marché financier connaissent de graves problèmes », Barack Obama, autrement mieux conseillé, affirmait, lui : « Cette crise s'est développée depuis plusieurs années. Il est temps de réagir avec détermination et célérité pour remettre les gens au travail et relancer notre économie. »

Alors que le Président sortant continuait à nous raconter n'importe quoi, le Président élu avait compris, lui, que c'était une crise économique et non pas financière qui était à l'origine de tout, et que cette crise avait commencé « depuis plusieurs années ». Sa

53

première idée n'était pas de sauver les banques, mais bien de « relancer l'économie ».

*

Même chose en France. C'était bien beau de s'affoler devant les malheurs de Dexia et d'investir en catastrophe un milliard d'euros pour sauver ce groupe franco-belge, le 3 octobre 2008, puis, dix jours plus tard, d'annoncer 40 milliards d'euros pour recapitaliser les banques, et 320 milliards d'euros pour les garantir. Mais il aurait mieux valu se préoccuper, bien avant, de la crise qui avait touché de plein fouet notre économie réelle.

Le vrai problème, c'était Renault, Peugeot, Citroën, ArcelorMittal et tous les autres qui connaissaient, depuis des mois, une crise redoutable, et qui allaient devoir mettre leurs salariés en chômage technique ; c'étaient des centaines de PME qui, après des mois de difficultés, déposaient leur bilan ; c'était l'économie « réelle » qui s'effondrait. Pas à cause des banques, mais à cause d'une vraie crise économique qui allait, elle, dévaster les banques.

Là aussi, les dates sont formelles. C'est le 8 février 2007 – vingt mois avant l'affaire Dexia – que Carlos Ghosn, le PDG de Renault, a annoncé que les bénéfices de Renault avaient chuté de 14,8 % en 2006. Le

26 avril 2007, PSA Peugeot-Citroën rendait public un plan de réduction d'emplois avec 4 800 départs volontaires. La crise économique avait donc bel et bien commencé chez nous dès 2006.

Et pourtant, en avril 2007, nos banques se portaient encore très bien puisque BNP Paribas affichait des profits de 7,3 milliards d'euros (profits multipliés par deux en sept ans) et la Société Générale des profits de 5,2 milliards d'euros (profits multipliés par deux en trois ans), preuve donc que, contrairement à ce que vous nous répétez, ce n'était pas la crise des banques qui avait provoqué la crise de l'économie. C'était évidemment le contraire. Comme aux États-Unis. Comme partout dans le monde. Les dates sont là pour le prouver.

La croissance (en France comme ailleurs) a commencé à baisser, le chômage à remonter, le pouvoir d'achat à dégringoler bien avant que les banques ne soient touchées et ne soient contraintes à limiter les crédits, ce qui, naturellement, a tout aggravé.

Comme l'a écrit Pierre-Alain Muet, député du Rhône et ancien président du Conseil d'analyse économique : « Les causes de la crise des *subprimes* ne sont pas seulement dans la dérégulation, elles sont aussi dans la stagnation salariale qui a conduit les plus modestes à recourir au crédit de façon excessive. La France était en crise avant que la crise financière n'éclate. La situation était calamiteuse bien avant la crise. Le pouvoir d'achat des ménages se dégradait depuis 2002. »

Le 4 février 2008, surlendemain de votre mariage avec Carla, vous êtes allé à Gandrange, en Moselle, voir les ouvriers d'ArcelorMittal qui venaient d'apprendre que 595 emplois sur 1 000 allaient être supprimés dans leur usine. Je passe sur la plaisanterie douteuse que vous avez cru devoir faire devant ces pauvres gens désespérés : « Gandrange, il faut avouer que comme voyage de noces, il y a mieux ! » Avouez que comme phrase de réconfort pour des habitants de Gandrange qui avaient tout perdu, il aurait aussi pu y avoir mieux !

Mais ce qui est plus grave encore, c'est que vous avez déclaré à ces ouvriers sur le point d'être licenciés : « Soit nous arrivons à convaincre Lakshmi Mittal et nous investissons avec lui, soit nous trouvons un repreneur et nous investissons avec lui. »

Vous n'aviez donc rien compris. Vous n'aviez pas compris que si Mittal licenciait, ce n'était pas parce qu'il y avait une crise financière, c'était parce que l'acier était entré dans une crise sans précédent (à cause de la crise automobile, à cause de la crise économique mondiale) et que, quels que soient vos talents de persuasion, vous ne pourriez jamais convaincre Mittal de garder des salariés dans une entreprise qui n'avait plus de clients, et que vous n'aviez aucune chance non plus de trouver un repreneur. On n'a pas le droit de raconter des balivernes à des gens qui ont tout perdu.

Vous aviez promis aux sidérurgistes de Gandrange que vous reviendriez les voir. Vous aviez même dit : « En avril prochain », ajoutant : « Je ne vous laisserai jamais tomber. » Vous n'êtes jamais revenu, et Gandrange va fermer définitivement... Les gens de Gandrange ne vous le pardonneront jamais. Et ils auront raison.

Quoi qu'on en dise, la Bourse reflète la bonne (ou la mauvaise) forme de l'économie, mais toujours avec un certain retard. Or, je vous rappelle qu'en mai 2007, le CAC 40 était à 6 000 points. À peine aviez-vous été élu qu'il commençait sa descente infernale. Dès août 2007, c'est-à-dire plus d'un an avant l'affaire Dexia : 5 265 points. Pour en arriver aujourd'hui à faire du yoyo autour des 2 700 points.

Je ne vous accuse pas d'avoir fait s'effondrer la Bourse par votre seule élection. Je vous accuse de n'avoir pas vu que cette dégringolade vertigineuse de toutes les Bourses mondiales signifiait qu'on était entré, depuis déjà quelque temps, dans une crise économique redoutable qui allait bien sûr entraîner une crise financière.

Seulement voilà, il est beaucoup plus facile de tricher un peu sur le calendrier de la catastrophe, de dire au bon peuple que la planète est prise dans un tourbillon catastrophique à cause de l'inconscience de quelques banquiers américains plus ou moins véreux (voire de quelques PDG peu scrupuleux), plutôt que de reconnaître que l'économie est en panne sèche, qu'elle l'était déjà depuis des mois et qu'on n'a rien fait pour tenter de redresser la situation quand il en était encore temps.

La réaction bien tardive de tous nos dirigeants a été très révélatrice. Elle a clairement démontré que les politiques s'intéressaient moins au sort des travailleurs, de l'économie réelle, qu'à celui des banquiers, du virtuel. Ce en quoi ils ont grandement tort, car ce sont les travailleurs qui produisent les richesses, pas les banquiers.

Les grands patrons de l'économie française ne sont d'ailleurs pas plus conscients des réalités que les politiques. 2007 a été, on vient de le voir, le début de la crise économique en France. Or, au cours de cette même année 2007, alors que les orages commençaient à affluer, 76 % des grands patrons français augmentèrent leurs rémunérations de plus de 40 %... Les banques continuant à faire d'énormes bénéfices, ils auraient eu tort de se priver !

Le problème n'était donc pas de savoir comment résoudre cette crise « financière ». On le savait, et on allait y répondre en injectant des milliards de monnaie de singe. Le problème était de savoir pourquoi il y avait cette crise « économique ». Pourquoi la General Motors, Renault, ArcelorMittal et les autres ne vendaient plus de voitures, plus d'acier, pourquoi les PME ne trouvaient plus de clients, pourquoi toute l'économie mondiale était en panne. Et cela, c'était beaucoup plus difficile.

Au Café du Commerce, on disait que c'était à cause de la concurrence « sauvage » des pays dits « émergents », qui avaient d'ailleurs émergé depuis longtemps. C'était sûrement un peu vrai. Quand la Chine a une croissance à deux chiffres, des salaires dérisoires, une monnaie sous-évaluée et déverse ses produits sur le monde entier, les vieux pays riches s'appauvrissent, leurs usines ferment et ils n'ont plus qu'à acheter des produits chinois jusqu'au jour où ils n'auront même plus de quoi les acheter. Alors les Chinois n'auront plus qu'à fermer eux aussi leurs usines. Mais cette explication est un peu courte.

Il faudrait sans doute se demander si la croissance pouvait être éternelle, si cette espèce de course en avant n'allait pas finir par s'essouffler... Les arbres grandissent, mais ils ne montent pas jusqu'au ciel. C'est précisément un proverbe chinois.

*

Cela dit (mais il fallait le dire), cette crise mondiale aurait pu être… une chance inespérée pour vous, car elle aurait pu vous permettre de faire oublier tous les échecs de la première année de votre quinquennat. Pris dans la tourmente universelle, vous n'étiez soudain plus responsable de rien. C'était « la faute aux autres », « la faute aux banquiers », « la faute à l'Amérique », la faute à « pas de chance ».

Personne ne pouvait plus vous reprocher de n'avoir tenu aucune de vos promesses, de nous avoir affirmé que vous seriez « le Président du pouvoir d'achat » (qui s'effondrait), que vous iriez chercher la croissance (qui dégringolait) « avec les dents », que vous apureriez l'essentiel de la dette (qui augmentait considérablement) « avant 2012 », que la France atteindrait, grâce à vous, le plein emploi « avant 2012 » (alors que le chômage remontait). La crise vous absolvait de toutes vos fanfaronnades. Le pauvre, aurait-on pu dire, il n'a vraiment pas de chance.

François Hollande a d'ailleurs cru que c'était la carte que vous alliez jouer quand il a déclaré : « Nicolas Sarkozy instrumentalise la crise afin de renoncer à tous ses engagements en matière de fiscalité, de baisse du chômage, de pouvoir d'achat et d'équilibre des finances publiques. »

Hélas, voulant comme d'habitude jouer les « gros bras », le « plus malin que tout le monde », vous n'avez pas su profiter de tous les alibis inespérés que cette crise vous offrait. Dressé sur vos ergots, vous nous avez affirmé, promis, juré, que vous alliez tout arranger, que vous saviez ce qu'il fallait faire, que vous aviez les solutions, que votre politique était la bonne, que vous alliez la continuer en multipliant les réformes. Qu'il ne fallait surtout pas nous inquiéter, qu'il nous suffisait de vous faire confiance. Vous nous avez bernés et vous vous êtes ridiculisé. Vous auriez mieux fait de faire le dos rond en cherchant des solutions réalistes plutôt que de jouer les paons.

En fait, le vrai problème de la France d'aujourd'hui, c'est moins d'avoir un chef d'État qui s'agite comme un pantin désarticulé (et présomptueux) que d'être dans un état tel qu'elle ne peut tenter le moindre sursaut, qu'elle n'a, par exemple, aucun moyen d'imaginer un vrai plan de relance.

Nous sommes ruinés. Et ce qu'on peut vous reprocher, c'est de n'avoir rien fait pour nous sortir de là pendant la première année de votre quinquennat, alors qu'il en était peut-être encore temps. Au contraire, même. Vous nous avez un peu plus enfoncés.

Les crises – économique, puis financière – ont touché de plein fouet tous les pays de la planète, mais nombreux sont ceux qui ont encore les moyens de rebondir. L'Allemagne peut s'offrir un vrai plan de relance de 82 milliards d'euros ; la Grande-Bretagne, un vrai plan de relance de 50 milliards d'euros ; l'Espagne, un vrai plan de relance de 27 milliards d'euros ; le Japon, un vrai plan de relance de 300 milliards d'euros ; la Chine, un vrai plan de relance de 500 milliards d'euros ; les États-Unis, un double plan de relance : 250 milliards d'euros décidés par Bush, auxquels vont s'ajouter 611 milliards d'euros annoncés par Obama, etc. Nous, rien. Les caisses sont vides, c'est vous-même qui l'avez dit.

Et votre plan « de soutien à l'activité » (que vous n'avez pas osé appeler plan « de relance ») n'est que du vent, nous venons de le voir. La meilleure preuve en est d'ailleurs que vous en avez confié la mise en œuvre à Patrick Devedjian. Sans doute pour le « plomber » à tout jamais, et peut-être pour désavouer publiquement François Fillon et Christine Lagarde qui auraient, évidemment, dû être aux manettes.

Même s'il a été jadis, pendant quelques mois, ministre délégué à l'Industrie, ce que tout le monde a oublié, Devedjian n'a aucune compétence économique, aucun prestige aux yeux des ministres avec lesquels il devrait travailler, aucune autorité sur l'administration. Il est d'ailleurs curieux que vous ayez choisi comme ministre de la relance un type dont vous vouliez vous débarrasser à la tête de l'UMP parce qu'il y avait tout raté. Mais il fallait bien faire un petit plaisir à la fois à Isabelle Balkany et plus encore à Jean Sarkozy en essayant de faire sortir Devedjian des Hauts-de-Seine...

Bref, nous sommes « à poil et les pieds dans le béton », au milieu de la tempête, selon l'expression d'un des grands patrons de Bercy. Or, cela faisait tout de même plus d'un an que vous étiez au pouvoir, et avec vraiment *tous* les pouvoirs. « À la barre », comme dirait Wauquiez. Or, pendant cette première année, bien des signaux qui auraient dû vous avertir étaient devenus « clignotants ». Tous les feux passaient même carrément au rouge. Vous n'avez pas voulu les voir et préparer le pays à la crise. Oui, ça, on peut vous le reprocher.

Comme le dit pudiquement Hervé Mariton, député UMP de la Drôme, mais surtout ancien polytechnicien : « Le gouvernement a manqué de discipline budgétaire. On n'a pas réparé la toiture avant l'orage. Du coup, on en est à mettre des seaux un peu partout. »

Souvenez-vous d'ailleurs : quand, à l'automne 2007, certains commençaient à s'inquiéter et osaient vous conseiller de freiner les dépenses, de vous préoccuper un peu des déficits et de la dette, voire d'amorcer discrètement une politique d'austérité que la conjoncture internationale imposait, vous les aviez rembarrés sèchement en vous écriant, le 5 novembre, à la Cour des Comptes : « Ce sont les réformes qui entraîneront la réduction des déficits, et non l'inverse ! » C'était absurde. Les réformes coûtent cher quand on les lance, et mettent des années avant de produire leurs effets ; or la tempête avait déjà éclaté.

*

Pendant la première année de votre quinquennat, au lieu de nous préparer pour la crise, de vous attaquer vraiment à nos déficits et à la dette, à notre manque de compétitivité et au déficit de notre balance commerciale, vous nous avez annoncé sur tous les tons, plus tonitruants les uns que les autres, des « réformes ». C'était votre grand mot : Réformes ! Réformes ! Réformes ! Personne n'a d'ailleurs remarqué que vous étiez passé subrepticement de « la rupture », qui avait été le slogan de votre campagne, à « la réforme », ce qui n'est pas du tout la même chose.

Les réformes, dans notre pays où les forces principales sont des forces d'inertie, ça consiste depuis des décennies à changer quelques mots, quelques sigles, à repeindre vaguement une façade, à nommer trois commissions de n'importe quoi et à coller deux rustines. Souvenez-vous, déjà Giscard en 1974 avait voulu « transformer la France en un grand chantier de réformes ». Le moins qu'on puisse dire est que ça n'avait vraiment pas cassé trois pattes à un canard.

Vos réformes à vous étaient naturellement de tout et, forcément, de n'importe quoi.

Quand la crise a éclaté au grand jour et qu'il était évident que nous entrions dans une zone de tempête, vous vous vantiez même d'avoir déjà fait (en réalité lancé) « plus de cinquante-cinq réformes » en douze mois. Ce qui faisait plus d'une réforme par semaine, vacances comprises, et prouvait moins votre activisme débordant que votre goût du travail bâclé.

François Fillon était même allé jusqu'à déclarer à l'occasion du premier anniversaire de votre élection, en mai 2008, devant quelques militants UMP rassemblés salle Gaveau, et avec le sérieux qu'on lui connaît : « Nicolas Sarkozy avait pris 490 engagements, 60 ont été réalisés, 187 sont en cours. Ça fait 50 % en un an, et il nous reste quatre ans. » À l'entendre, donc, la France était sauvée, tout allait pour le mieux, vous aviez déjà fait le plus gros, et vous n'aviez plus qu'à vous mettre en roue libre jusqu'à votre réélection forcément triomphale de 2012…

Quel dommage que vous n'ayez pas consacré cet activisme débordant à préparer le pays à la crise !

Un déluge de réformes :

- La loi TEPA, pour Travail, Emploi, Pouvoir d'Achat (avec la défiscalisation des 35 heures, la déductibilité des intérêts d'emprunts immobiliers, la quasi-suppression des droits de succession, le bouclier fiscal à 50 % des revenus, l'exonération d'ISF pour les investissements dans les PME, un encadrement très approximatif des parachutes dorés, etc.) ;
- La modification des contrats de travail ;
- Un service minimum dans les transports ;
- La fusion Unedic-ANPE ;
- La modification des allocations chômage ;
- La suppression des régimes spéciaux de retraite ;
- La loi sur l'immigration ;
- La carte judiciaire ;
- Les peines plancher ;
- La rétention ;
- Le non-remplacement de 50 % des fonctionnaires partis à la retraite ;
- L'autonomie des universités, qui n'est d'ailleurs pas le succès que vous nous racontiez ;

et j'en passe, sans parler du Traité simplifié pour l'Europe, du projet d'Union pour la Méditerranée, ou du Grenelle de l'environnement.

Un tourbillon qui donnait le tournis ! Nous n'avions même pas eu le temps de nous apercevoir que ces textes étaient généralement mal fagotés, incomplets, souvent sans grand intérêt.

Ce n'était pas la « rupture » tant annoncée (et espérée par beaucoup) que vous pratiquiez, ni même de vraies « réformes » : une petite touche par-ci, un gros pâté par-là. Rien, aucun dossier n'était pris à bras le corps. Même là où il était évident qu'il aurait fallu faire table rase du passé et tout reconstruire. Le touche-à-tout que vous êtes faisait du pointillisme !

Aujourd'hui encore, vous osez vous targuer de ces réformes et vous avez l'impudence de nous dire que « les choses ont déjà changé ». Mais faites donc comme les Français : ouvrez les yeux. Rien n'a changé, tout s'est plutôt dégradé et vos réformes n'ont été en réalité que des gadgets.

Jean Peyrelevade a évidemment raison d'écrire : « Les Français croyaient avoir élu un réformateur. Ils ont choisi un agitateur d'idées qui cache sous un vocabulaire de rupture et une multi-activité vibrionnante la continuité immobile de la démagogie et du laxisme chiraquiens. »

*

Regardez les 35 heures. Elles avaient été un des grands thèmes de votre campagne. À juste titre. Les

35 heures de Martine Aubry (en fait, imaginées par Dominique Strauss-Kahn qui avait repris là une vieille idée de Léon Blum) étaient à la fois l'un des meilleurs symboles de la fracture entre la gauche et la droite et une catastrophe pour l'économie française.

Or, vous vous y êtes attaqué... par la bande, sur la pointe des pieds, en catimini, en détaxant les heures supplémentaires. C'était, disiez-vous, pour permettre aux Français de « gagner plus en travaillant plus ». Mais ça ne tenait pas debout !

Cette détaxation des heures supplémentaires coûte 5,5 milliards d'euros par an à l'État (c'est vous-même qui l'avez déclaré), et, cette année, les 600 millions d'heures supplémentaires (vous en aviez prévu 900 millions) dont ont pu bénéficier les salariés ne leur ont rapporté que... 3,78 milliards d'euros. Le compte n'y est pas. D'autant moins que, selon les syndicats, pour la plupart, ces heures supplémentaires existaient déjà auparavant et elles étaient payées au noir.

Voilà ce qui s'appelle une réforme mal fagotée, autant dire ratée. Les patrons sont mécontents, car il leur faut toujours surpayer leurs salariés dès la 36e heure ; les salariés sont furieux, car leurs salaires sont toujours plus ou moins bloqués. D'ailleurs, vous aviez oublié que, pour pouvoir gagner plus en travaillant plus, il faut qu'il y ait davantage de travail. Nos entreprises ne manquent pas de travailleurs, elles manquent de commandes.

Les 35 heures, il fallait évidemment les abroger et ne pas se contenter de les « détricoter » un peu, en douce. Le « détricotage » n'a rien à voir avec la « rupture ».

Il ne fallait pas créer un bouclier fiscal à 50 % des revenus – ce qui, évidemment, allait permettre à la gauche de dire que vous protégiez vos amis les riches, même si cette mesure ne coûte que 250 millions d'euros à l'État. Il fallait faire une grande réforme de toute la fiscalité (ce que la France attend depuis des décennies) et supprimer purement et simplement l'ISF, autre symbole de la gauche, et qui, selon les experts de Bercy, a fait fuir plus de 100 milliards d'euros hors de France, un joli magot qui nous serait bien utile aujourd'hui.

La fiscalité française est la plus bête du monde. 52 % des Français ne sont pas soumis à l'impôt sur le revenu, et les plus riches sont épargnés soit par l'exil, soit désormais par ce bouclier fiscal que vous avez mis à 50 %. Ce qui fait, comble du comble, que quand vous augmentez les prélèvements obligatoires, ce qui est devenu une manie chez vous, les plus riches, cachés derrière leur bouclier, ne sont plus jamais touchés. Vous avez beau augmenter leurs impôts (comme pour les autres), ils ne paieront jamais plus de 50 % de leurs revenus. « C'est déjà beaucoup », dites-vous. Oui, mais ils ont de gros revenus...

Votre « paquet fiscal » coûte 15 milliards d'euros, bon an, mal an, au pays :

– 5,5 milliards d'euros pour les heures supplémentaires,

– 3,5 milliards d'euros pour les emprunts immobiliers,

– 2,5 milliards d'euros pour les droits de succession,

– 1,5 milliard d'euros pour le RSA,

– 250 millions d'euros pour le bouclier fiscal, etc.

C'est « la faute originelle » de votre quinquennat, disent les socialistes. Peut-être. En tous les cas, c'est une catastrophe pour le pays aujourd'hui. C'est en partie ce qui vous interdit d'imaginer un vrai plan de relance. Car ces 15 milliards d'euros annuels seraient bien utiles.

Vous me direz que la crise va considérablement réduire le nombre des heures supplémentaires et celui des emprunts immobiliers. C'est hélas vrai, mais ce n'est pas une consolation, car si cette crise va considérablement diminuer pour l'État le manque à gagner instauré par le paquet fiscal, elle va aussi abaisser considérablement les recettes, tout en augmentant les dépenses.

*

Regardez aussi la réforme de la justice, menée en dépit du bon sens par votre protégée d'alors – il paraît qu'elle ne l'est plus –, Rachida Dati. Comment peut-on là encore parler de « rupture » ?

Cette réforme s'est, pour l'essentiel, limitée – en violant tous les grands principes de la concertation, du consensus, de la régionalisation et de la proximité – à une réforme de la carte judiciaire qui a soulevé un tollé général aussi bien chez les magistrats et les avocats que parmi un grand nombre d'élus locaux.

Or, il faut bien dire que la carte judiciaire n'était pas l'une des premières préoccupations des Français qui, pour la plupart, se contrefoutent de la présence ou de la suppression des tribunaux d'instance dans nos sous-préfectures désertées.

Le vrai problème, énorme, essentiel et urgent, de la justice en France, est ailleurs et crève les yeux. Il est tout simplement que les Français n'ont, depuis longtemps déjà, plus aucune « confiance en la justice de leur pays », pour reprendre l'expression consacrée. Et qu'ils ont parfaitement raison.

« Y a plus de justice dans ce pays ! » À cause du rôle des petits juges d'instruction (dont vous voulez maintenant faire des juges « de l'instruction » ?) qui

71

règlent leurs comptes personnels et leurs fantasmes inavoués, de la médiocrité crasse de certains magistrats, des codes d'une autre époque où les textes s'accumulent depuis deux siècles et se contredisent, de la violation permanente du secret de l'instruction, de la lenteur des procédures, du nombre de détenus présumés innocents en détention préventive, du fait que le pouvoir judiciaire ne s'appelle plus « pouvoir » mais « autorité judiciaire » sans qu'on nous ait d'ailleurs dit ce que ce changement de mot signifiait, etc. Or, Mme Dati s'est bien gardée de s'attaquer à un seul de ces vrais problèmes.

Nous sommes en principe soixante millions de justiciables, et ce n'est ni la carte judiciaire, ni les peines plancher pour les multirécidivistes, ni la rétention pour les fous furieux, ni même le sort des criminels de douze ans qui nous intéressent, mais bien la restauration d'une justice digne de ce nom, que nous ne serions plus obligés de mépriser.

Les Français en ont assez des scandales qui déshonorent et donc discréditent leur justice. Depuis le scandale de Bruay-en-Artois, ils ont eu droit à l'affaire du petit Grégory, à celle des disparus de Mourmelon, à celle des disparues de l'Yonne, à celle des francs-maçons du Midi dénoncée par Éric de Montgolfier, à celle du Crédit lyonnais, à celle des vedettes de Taïwan, à l'affaire Elf, à l'Angolagate, que sais-je encore ? Et, pour finir en apothéose, au drame d'Outreau. Comment voulez-vous qu'une telle justice puisse être respectée ?

Et, en même temps, tous nos concitoyens savent qu'en France, il faut en moyenne 477 jours à la justice pour prononcer un simple divorce, alors qu'il n'en faut que 25 aux Pays-Bas, pays qui n'est pas considéré comme un pays de sauvages où la justice serait expéditive.

Au fond, vous avez répondu au scandale d'Outreau qui avait achevé de discréditer la justice française et avait scandalisé, à juste titre, tous les Français, en... supprimant quelques tribunaux d'instance. Avouez que c'est nul, même si maintenant – mais c'est un peu tard – vous évoquez la possibilité de supprimer les juges d'instruction !

Et d'autant plus que ce gadget sans intérêt de la réforme de la carte judiciaire va tout de même nous coûter au bas mot 550 millions (c'est le chiffre avancé par la Chancellerie), car il va bien falloir construire de nouveaux locaux et déplacer du personnel pour remplacer les 23 tribunaux de grande instance, les 176 tribunaux d'instance, les 55 tribunaux de commerce et les 67 tribunaux de prud'hommes que la pauvre Rachida en robe Dior s'est amusée à biffer d'un trait de plume de sa jolie main couverte de pierres précieuses.

Encore une réforme, une réformette qui n'a servi qu'à faire descendre dans la rue des gens mécontents.

Et on pourrait reprendre pratiquement toutes vos réformes pour s'apercevoir qu'il ne s'est agi le plus souvent que de broutilles qui n'étaient demandées par personne et qui ne faisaient que semblant d'aborder un sujet sérieux, alors qu'en effet il faudrait tout réformer dans notre pays, la justice mais aussi l'école, mais aussi les hôpitaux, mais aussi le système de protection sociale...

Nous reparlerons, par exemple, de votre fameuse réforme des institutions qui devait chambouler la Constitution et qui n'a accouché que d'une toute petite souris, et du Grenelle de l'environnement qui devait sauver la planète, avec des arguments souvent totalement démagogiques, et qui s'est volatilisé aux premiers orages de la crise.

Pardon de vous le dire, mais votre « rupture » n'a été que de l'esbroufe. Vous nous aviez dit que vous étiez prêt à « casser la baraque ». Vous n'avez fait, avec vos moulinets, qu'un peu de vent et la baraque vermoulue est toujours là.

Et, pis encore, vous avez totalement oublié les trois grands problèmes qui vous avaient servi de morceaux de bravoure pendant toute votre campagne, et qui, si vous leur aviez donné un début de solution, auraient pu nous requinquer pour faire face à la crise :

La dette, colossale, qui grève tout l'avenir de nos enfants, que vous avez aggravée alors qu'il faisait encore beau, et qui nous prive de toute marge de manœuvre, aujourd'hui, pour imaginer un véritable plan de relance, et que vous laissez filer maintenant sans retenue ni pudeur ;

Le chômage, qui est la pire des plaies dont nous souffrons, et qui va aggraver doublement les effets de cette crise, puisqu'il entraîne une baisse des recettes et une augmentation des dépenses sociales ;

Le pouvoir d'achat, dont vous vous étiez fait le héraut, si ce n'est le héros, qui a continué à s'effriter très régulièrement et qui dégringole maintenant, ce qui, bien sûr, ne va pas développer la consommation.

*

Bref, un an après votre entrée triomphale à l'Élysée et à la veille de la crise mondiale, l'état de la France et la vie quotidienne des Français ne s'étaient pas du tout améliorés, c'est le moins qu'on puisse dire.

Pour faire bonne mesure, ajoutons que contrairement à ce que vous nous aviez juré sur tous les tons, les prélèvements obligatoires n'avaient pas baissé, bien au contraire.

En un an, vous qui nous aviez promis sur l'honneur de faire baisser nos impôts, vous avez, avec un génie inventif hors du commun, créé une kyrielle de taxes nouvelles pour mieux nous assommer (sauf, bien sûr, pour vos copains-coquins auxquels vous aviez offert le bouclier fiscal à 50 %).

Je vous entends encore, dans les premiers mois de 2007, c'était il y a un siècle, en pleine campagne électorale, nous dire que l'État (que vous maudissiez alors) nous écrasait d'impôts et que ce n'était « plus supportable ». Comme vous aviez raison ! Comme c'était doux à entendre !

Je me souviens même que vous nous aviez juré de faire baisser, pendant votre quinquennat, « de 4 points du PIB les prélèvements obligatoires » – ce qui représentait 68 milliards d'euros – afin que la France, qui en était à des prélèvements de 44 % du PIB, « revienne à la moyenne européenne de 40 % ».

Or, en quelques mois de présidence, vous nous avez inventé de toutes pièces :
- Le malus auto,
- La taxe exceptionnelle sur les compagnies pétrolières,
- La contribution sociale sur les *stock-options*,
- La taxe sur les poissons, crustacés et mollusques,
- La taxe sur les huiles et lubrifiants à usage perdu,
- La taxe sur le charbon, les houilles et les lignites,

- La taxe sur les entreprises pharmaceutiques,
- La taxe sur les poids lourds,
- La taxe sur les revenus du capital,
- La taxe sur le chiffre d'affaires des assurances et des mutuelles,
- La taxe sur le chiffre d'affaires des opérateurs de téléphone,
- La taxe sur les revenus publicitaires des chaînes privées de télévision,

et vous avez augmenté les cotisations retraites de 0,3 %.

Et j'en oublie sûrement, et ce n'est sûrement pas fini. Puis-je, au passage, noter que vous nous aviez promis de supprimer l'imposition forfaitaire annuelle, la redoutable IFA, qui rapporte 1,6 milliard d'euros, et que vous avez totalement oublié cette promesse ?

Il est vrai qu'en même temps, vous qui vous étiez engagé à serrer les cordons de la bourse, à supprimer les déficits pour réduire la dette, à gérer enfin le pays en bon père de famille, vous n'avez pas hésité à jeter l'argent, notre argent, par les fenêtres. Sans doute votre côté flambeur de nouveau riche.

Je n'aurai pas l'inélégance de rappeler que, dès octobre 2007, vous vous êtes froidement augmenté de 172 %, faisant passer votre salaire de chef d'État de 7 084 euros à 19 331 euros − ce qui était d'une bêtise sans nom, comment avez-vous pu faire ça ? −

et que le budget de l'Élysée a de son côté augmenté de 11,5 %, passant de 100 millions d'euros à 112,3 millions d'euros, ce qui a permis à votre porte-parole de prononcer cette phrase d'anthologie digne d'*Ubu Roi* et qui aurait réjoui Pierre Dac : « Le budget de la Présidence de la République augmente, mais il ne progresse pas » (sic !).

Mais, au milieu d'une pluie d'allocations, de subventions et d'aides en tous genres, digne des meilleures années du socialisme triomphant et inconséquent, vous avez tout de même « balancé » – pour nous en tenir à ces tout derniers mois et sans parler, bien sûr, de vos plans de sauvetage et de soutien :

- 1,3 milliard d'euros pour financer le RSA,
- 150 millions d'euros aux chômeurs sous forme d'une prime exceptionnelle devant s'ajouter à la prime de Noël,
- 170 millions d'euros pour offrir une prime de 200 euros à 3,8 millions de foyers éligibles au RSA,
- 195 millions d'euros aux agriculteurs en instaurant un minimum garanti pour leurs pensions,
- 3 milliards d'euros (sur trois ans) aux handicapés,
- 160 millions d'euros aux SDF pour construire des hébergements d'urgence,
- 70 millions d'euros aux fous pour mieux contrôler les entrées et sorties des asiles et créer des unités pour malades difficiles, etc.

Ce qui ne vous a pas empêché de :
- Revaloriser le minimum vieillesse de 6,9 %,
- Revaloriser les pensions de reconversion de 11 %,
- Augmenter de 150 euros à 200 euros la prime à la cuve pour 700 000 familles,
- Annoncer un prêt bancaire pour les étudiants, garanti par l'État,
- Sans parler de votre idée absurde de supprimer la publicité sur les chaînes publiques de télévision, lubie qui va nous coûter la bagatelle de 800 millions d'euros, mais, il est vrai, rapportera beaucoup d'argent à vos amis patrons de chaînes privées.

On voit bien que ce n'est pas vous qui payez. Mais vous me répéterez que les plus riches sont protégés par le bouclier fiscal – encore merci pour eux ! – et que, de l'autre côté de l'échelle sociale, 52 % des Français ne paient pas l'impôt sur le revenu, tant pis pour eux…

Bien sûr, certaines de ces nouvelles dépenses s'imposaient, mais reconnaissez que, pour un type qui se disait sérieux et qui voulait rétablir les équilibres budgétaires, parce qu'il pensait à l'avenir de nos enfants et voulait redonner à l'État un minimum de marges de manœuvre, il y a de quoi être surpris. Dans un pays qui a déjà des prélèvements faramineux et une dette colossale, vous réussissez à augmenter et les prélèvements et la dette !

*

Du coup, votre budget 2009, tel que vous avez eu le culot de nous le présenter en novembre 2008, était épouvantable. Il faut s'y arrêter un instant, car il prouve à la fois votre naïveté et votre roublardise.

À vous entendre, le déficit pour 2009 devait être de 52,2 milliards d'euros (donc, il augmentait *un peu*, de 10,5 milliards d'euros, puisqu'il n'avait officiellement été *que* de 41,7 milliards d'euros en 2008), la dette atteignait 66 % du PIB, le taux des prélèvements obligatoires 44,2 % du PIB, et la dépense publique représentait un peu plus de 52 % de ce même PIB.

Comme l'a dit alors le président de la commission des Finances de l'Assemblée nationale : « C'est le budget de toutes les promesses non tenues » : les prélèvements et les déficits (et donc la dette) augmentaient, la croissance et le pouvoir d'achat baissaient.

La France semble être le seul pays au monde où, quand on augmente les prélèvements obligatoires, on augmente du même coup les déficits publics ! C'est à n'y rien comprendre ! Il y a sûrement un problème quelque part. Peut-être un problème de gestion des deniers publics. Mais ce ne sont pas des deniers, ce sont des milliards d'euros !

Mais le pire est que ce budget épouvantable de 2009 était, en plus, totalement ridicule, bidon, surréaliste. C'était vraiment n'importe quoi ! Il avait été préparé, imaginé, établi avec pour hypothèse une croissance de... 1,5 à 2 %. Or si nous en sommes à − 1 % ou − 1,5 %, nous aurons énormément de chance. La Commission européenne pense que nous serons à − 1,8 %, le FMI à − 1,9 %.

Mais c'est ici qu'apparaît votre roublardise : vous saviez parfaitement, lors de la présentation de ce budget 2009, que la croissance s'effondrait, que la crise avait plus que commencé, et surtout que tous les chiffres de 2008 avec lesquels vous faisiez des comparaisons presque flatteuses étaient faux, archi-faux. Pourquoi nous avoir raconté tant de balivernes ?

Vous saviez que la crise allait évidemment réduire considérablement nos recettes, et que tous vos plans de ceci et de cela − du moins ceux qui n'étaient pas totalement « virtuels » − allaient encore considérablement accroître nos dépenses.

Mais vous saviez aussi que vos chiffres de 2008 étaient faux, car quelques jours seulement après nous avoir présenté ce délirant budget 2009, Éric

Woerth avait bien été obligé d'avouer la vérité en nous présentant la loi de finances « rectificative » pour 2008.

Or, le moins qu'on puisse dire, c'est que les « rectifications » en question étaient importantes. La situation du pays était bien pire que ce que vous nous racontiez, et vous le saviez.

Selon cette loi rectificative, le déficit de 2008 n'avait pas été de 41,7 milliards d'euros, comme vous nous le disiez, mais de... 51,4 milliards d'euros, soit 23,3 % de plus. Une paille ! Comment alors imaginer qu'en 2009, avec la crise et vos pseudo-plans de relance estimés alors à 15 milliards d'euros, le déficit pourrait n'augmenter que de 800 millions d'euros ? En février 2009, on apprenait d'ailleurs que le déficit pour l'année 2008 avait été de... 56,5 milliards d'euros (contre 34,7 en 2007).

Bref, comme on s'apercevait bien tardivement que tous les chiffres de 2008 avaient été des balivernes, il était évident que tous les chiffres pour 2009 l'étaient davantage encore. Pourquoi nous avoir menti aussi effrontément ?

Cette loi de finances rectificative pour 2008 était d'ailleurs stupéfiante. En la lisant à la loupe, on s'apercevait en effet que c'était sur vos grands thèmes de prédilection, sur les dossiers que vous aviez prétendu vouloir privilégier, que vous aviez fait des économies (de bouts de chandelle). C'était totalement incohérent !

Vous aviez rogné les budgets pour lesquels vous nous aviez annoncé un effort substantiel :

- Moins 379 millions d'euros pour la recherche et l'enseignement supérieur,
- Moins 302 millions d'euros pour l'écologie et le développement durable,
- Moins 154 millions d'euros pour la rénovation urbaine.

Les promesses que vous aviez faites à Valérie Pécresse, Jean-Louis Borloo et Fadela Amara, mais aussi à nos chercheurs, à nos écolos et aux gosses de nos banlieues pourries étaient oubliées. Un pays qui réduit les crédits consacrés à la recherche est – surtout en période de crise – un pays qui se condamne.

Notons au passage qu'au moment où, assez content de vous, vous évoquiez pour 2009 un déficit de l'ordre de 52,2 milliards d'euros, votre Premier ministre, François Fillon, moins démagogue, estimait que ce déficit 2009 pourrait atteindre… 76 milliards d'euros, et reconnaissait qu'il était clair que la France allait « laisser filer les déficits ». Évoquant un déficit de 4 % du PIB, c'est-à-dire 1 % de plus que ce qu'autorise Maastricht, Fillon ajoutait, résigné : « Nous n'avons pas le choix. »

Quelques jours plus tard, dans une sorte de surenchère infernale, Éric Woerth estimait, lui, le déficit 2009 à 83 milliards d'euros... Bien loin, donc, de vos 52,2 milliards d'euros. Et il ajoutait, *mezza voce*, que la France serait en récession pendant au moins les six premiers mois de l'année 2009, ce que confirmait l'INSEE.

La Commission européenne allait encore plus loin, en janvier, en annonçant pour la France un déficit public d'au moins 4,4 % du PIB puis, en février, un déficit d'au moins 5,4 % ! Elle vous rappelait alors à l'ordre.

Les chiffres de Bruxelles semblaient exacts puisque les recettes de 2009 allaient encore baisser beaucoup plus qu'en 2008. Si on comparait la loi de finances initiale de 2008 et la loi de finances rectificative de 2008, on s'apercevait que les recettes avaient déjà, en 2008, baissé de 6,9 milliards d'euros par rapport à ce qui avait été prévu. En février 2009, on apprenait que les recettes de 2008 avaient été de 221 milliards d'euros (contre 232 en 2007) et que les dépenses avaient été de 278 milliards d'euros (contre 271 en 2007). Et ce n'était qu'un début...

En mars, François Fillon avouait que le déficit budgétaire serait de plus de 100 milliards d'euros (le double de ce que vous nous aviez raconté) et que le déficit public atteindrait les 5,5 % de notre PIB, avec une croissance négative de − 1,5 %. Et vous vous entêtiez à nous dire que nous nous en sortions beaucoup mieux que tous les autres !

*

Vous allez me dire que les Français comprennent parfaitement que vous avez des difficultés à « joindre les deux bouts » (ils savent ce que c'est), et que, d'ailleurs, ils ont d'autres soucis en tête que de lire en détail le budget. C'est peut-être vrai.

Mais ils ont tout de même réalisé dès l'automne 2008 qu'après plus de seize mois de pleins pouvoirs, de fausse rupture et de réformettes en tous genres, vous n'aviez pas amélioré la situation du pays, vous aviez aggravé leur vie quotidienne, et, surtout, vous n'aviez pas préparé la France à affronter la crise mondiale qui venait de déferler.

Les Français ne peuvent peut-être pas tous comprendre ce que représente une dette de... 1 500 milliards d'euros (certains disent 2 000 milliards d'euros en ajoutant les engagements pris par l'État). Ils ne savent pas toujours que les seuls intérêts de cette dette nous coûtent plus de 50 milliards d'euros par an (et peuvent, demain, exploser avec une montée des taux). Mais, inconsciemment, ils savent que cela représente tout de même 50 000 euros pour chaque Français ayant un emploi (selon le calcul de la Cour des Comptes).

Ils savent aussi, parce qu'ils en croisent parfois quelques-uns dans la rue :

- Qu'il y a 7,5 millions de Français (plus de 12 % de la population) qui, dans une misère effroyable, tentent de survivre sous la « ligne de pauvreté » (681 euros par mois pour une personne seule, 1 703 euros pour un couple avec deux enfants de plus de 14 ans) ;
- Qu'il y a officiellement 3,5 millions de mal logés dans notre beau pays (dont 900 000 sont « sans domicile personnel »), sans tenir compte, bien sûr, des SDF dont on ne peut pas, par définition, connaître le nombre exact mais qu'on évalue à 80 000 ou 100 000 ;
- Qu'à côté des deux millions de chômeurs officiels, il y a 1,4 million de salariés à temps partiel qui souhaiteraient l'être à temps plein ;
- Qu'il y a 1 160 000 RMistes (497 euros/mois) ;
- Et que la France est le seul pays d'Europe – avec la Bulgarie, qui n'est tout de même pas un exemple très flatteur ! – à avoir 17 % de ses salariés au SMIC (915 euros/mois), alors qu'il y a quinze ans – du temps de Chirac et Juppé – ceux-ci n'étaient que 8,6 %.

Ces chiffres désespérants se sont pratiquement tous aggravés depuis votre arrivée à l'Élysée.

Vous me dites que les Français ne lisent pas les chiffres. Tant mieux pour vous, parce que, sinon, ils auraient aussi appris que :

- Le déficit du régime général de la Sécurité sociale a dépassé les 17 milliards d'euros (Roselyne Bachelot nous avait annoncé un déficit de l'ordre de 4 milliards d'euros), ce qui porte le déficit des comptes publics à beaucoup plus de 100 milliards d'euros ;
- Celui du commerce extérieur a atteint les 55 milliards d'euros, alors pourtant que le prix du baril de pétrole s'est effondré (de 150 dollars à moins de 50 dollars) et que l'euro a été sérieusement déprécié.

Or, depuis des mois, on nous racontait que le déficit de notre commerce extérieur n'était dû qu'à la flambée des prix du pétrole et à la faiblesse du dollar, sans nous expliquer pour autant pourquoi le commerce extérieur allemand était, lui, très largement excédentaire (+ 174 milliards d'euros) alors que l'Allemagne paie le pétrole le même prix que nous, et qu'elle est elle aussi dans la zone euro.

En lisant ces chiffres abominables, les Français auraient aussi compris pourquoi votre attitude de matamore, vos allures de grand chef, de génie sauveur de l'humanité, faisaient rigoler tous vos homologues de la planète (à commencer par Medvedev, on l'a vu) à chaque grande rencontre de chefs d'État.

Dans le dernier classement des 26 pays les plus riches du monde, la France arrive désormais en... 24e position, juste devant le Portugal et la Turquie. Une honte absolue pour un pays qui prétend être encore l'une des grandes puissances de la planète et qui possède l'un des cinq sièges permanents au Conseil de Sécurité de l'ONU !

Comment voulez-vous qu'Obama, Medvedev, Poutine, Angela Merkel ou Gordon Brown vous prennent au sérieux quand ils vous voient gesticuler et qu'ils vous entendent proférer vos élucubrations ?

*

Tout cela n'est pas entièrement votre faute, bien sûr. Vous avez hérité d'une situation déjà catastrophique, de trente ans d'errements, gauche et droite confondues. Tout a commencé à se déglinguer avec Giscard, vous n'aviez pas 20 ans à l'époque.

Mais cela va faire deux ans que vous êtes au pouvoir, un pouvoir quasi-absolu ; vous vous y étiez préparé pendant des années et vous saviez parfaitement quelle était la situation du pays puisque – dois-je vous le rappeler ? – vous faisiez déjà partie des équipes dirigeantes.

Vous ne pouvez pas nous dire qu'il n'y a jamais eu que des imbéciles à Bercy : vous y avez été à deux reprises, de 1993 à 1995 puis en 2004. Vous ne pouvez pas nous dire non plus que le parti au pouvoir n'était qu'un ramassis de jean-foutre : vous en étiez le patron.

Et vous ne pouvez pas nous demander d'attendre jusqu'en 2012 pour juger les résultats de votre politique. Essayez donc de dire qu'il faut patienter encore trois ans aux dizaines de milliers de types qui se sont retrouvés au chômage depuis que vous êtes à l'Élysée, ou aux familles qui ont basculé dans la précarité et qui font désormais la queue aux Restos du Cœur, ou aux classes moyennes qui voient chaque jour leur fameux pouvoir d'achat se dégrader. Pour eux, la rupture annoncée a signifié la dégringolade.

Nous sommes donc en droit de nous dire et de vous dire que si, en deux ans, vous n'avez pas été « foutu » de commencer à remettre un peu le pays sur pieds, il n'y a plus grand-chose à attendre de votre quinquennat, et d'autant moins que ce n'est pas en pleine crise mondiale que vous allez pouvoir redresser le cap.

Oui, la crise mondiale aurait pu être une chance pour vous. La tempête permettait de faire oublier toutes les promesses non tenues, tous les cafouillages, toutes les volte-face. Hélas, au lieu de vous mettre sérieusement au travail, de réfléchir, de consulter, d'analyser froidement, le naturel revenant toujours chez vous au galop, vous êtes reparti en campagne électorale et vous nous avez à nouveau assommés à coups de balivernes et de fanfaronnades.

Pourtant, vous nous aviez juré, une fois de plus, que vous aviez changé en nous présentant vos vœux pour 2008. « J'ai fait des erreurs, qui n'en fait pas ? », aviez-vous même déclaré dans un éclair de lucidité…

Mieux même, dans une interview au *Figaro*, vous nous affirmiez le 6 mars 2008 : « On porte toujours sa propre part de responsabilité. J'aime l'engagement, j'aime prendre mes responsabilités. Je suis quelqu'un qui ne triche pas, alors ça peut surprendre, voire déranger parfois. Pour autant, le rôle du chef de l'État c'est de garder une certaine distance par rapport au quotidien. Il n'a pas le droit de céder à l'agitation. Mon devoir est d'envisager les choses dans la durée, avec du recul, du sang-froid. Qui serais-je si je ne reconnaissais pas mes erreurs ? On en commet, j'en ai commis. »

C'était superbe, émouvant, à vous tirer des larmes des yeux. La seule question qui se posait était de savoir lequel de vos collaborateurs avait bien pu écrire ce texte. Quoi qu'il en soit, vous n'avez pas changé et vous avez continué à faire des erreurs.

Mais reprenons. La première année de votre quinquennat avait été catastrophique, épouvantable. Et là, uniquement par votre faute.

À peine aviez-vous été élu (triomphalement, je vous l'accorde, mais ça n'a fait qu'aggraver les choses, car la déception n'en a été que plus grande), et alors que vous n'aviez pas même encore pris vos fonctions, les Français ont découvert, horrifiés, votre nature profonde, votre (mauvais) goût, votre attirance pour le fric, les nouveaux riches, le show-off, le show-biz, tous les shows, l'épate, le tout agrémenté d'un fâcheux penchant pour l'exhibitionnisme le plus vulgaire.

Ceux qui vous connaissaient n'ont pas été surpris, mais, pour la très grande majorité des Français, ce fut un choc. Le « petit Chose » prometteur n'était qu'un « gros beauf » inquiétant.

On a tout dit sur l'effet déplorable provoqué par votre fiesta au *Fouquet's*, le soir même de votre victoire, par votre voyage de milliardaire à bord du yacht de votre ami Bolloré (on nous avait promis que vous vous reposeriez des fatigues de la campagne en faisant... une retraite dans un couvent !), par vos joggings en petite tenue entouré par vos gorilles, par vos lunettes de soleil de star hollywoodienne, par vos bracelets-montres de « petit mac » levantin.

Tout ça vous a totalement et immédiatement « démoli » aux yeux des Français. À peine couronné, vous étiez « grillé ».

« Ce sont vraiment tous des cons ! » auriez-vous dit quand un de vos collaborateurs a eu le courage de vous faire savoir que vous choquiez « peut-être un peu » la France profonde, les classes pauvres ou laborieuses, la petite bourgeoisie, la paysannerie, la grande bourgeoisie, la moyenne, la province, Paris, les vieux, les chômeurs et même le bas clergé breton. Et vous auriez ajouté : « Je m'en fous, je suis élu pour cinq ans, il faudra bien qu'ils s'y habituent. »

Nous ne nous y sommes pas habitués et vous avez eu tort de vous en foutre. Votre style (si tant est qu'on puisse appeler ça un style), disons plutôt vos manières, vos mauvaises manières, furent évidemment la raison essentielle de votre mémorable dégringolade dans les sondages.

Au fond, vous nous aviez prouvé, en quelques jours à peine, que vous n'aviez rien compris à ce qu'étaient les Français. C'était très ennuyeux pour quelqu'un qui s'installait dans le bureau du général de Gaulle, ou même, beaucoup plus modestement, dans celui de Jacques Chirac. Élu, vous aviez soudain l'air d'être un usurpateur. Vous installant à l'Élysée, vous aviez l'air d'un squatteur !

En simplifiant un peu, on pourrait dire, d'une part, que nous sommes tous de petits bourgeois louis-philippards qui ne pensent qu'à l'argent mais qui détestent qu'on en parle – ça ne se fait pas, dans nos familles ! – et plus encore qu'on l'affiche, et, d'autre part, que nous sommes tous de farouches républicains, désespérément nostalgiques de la royauté ou du moins convaincus que notre chef de l'État doit avoir une certaine dignité, voire une certaine grandeur, et, en tous les cas, un minimum de savoir-vivre pour pouvoir assumer sa charge.

Je ne pense pas que nous soyons vraiment nostalgiques des Bourbons ou des Orléans, mais de Gaulle nous a sûrement redonné l'envie de voir à l'Élysée un personnage un peu historique, sachant se tenir.

Souvenez-vous, Giscard lui-même avait choqué ses électeurs quand, pour « faire peuple », ce faux aristocrate élégant et bien élevé avait cru devoir remonter les Champs-Élysées à pied, comme un péquenaud, le jour de son intronisation. Sans parler de son petit déjeuner avec les éboueurs, de ses poignées de main avec des « taulards », ou de ses dîners chez les Français moyens. Le peuple n'aime pas ceux qui tentent de… « faire peuple ».

C'est peut-être ridicule, mais nous sommes comme ça. Y a-t-il d'ailleurs, dans le monde, un seul pays où le peuple souhaite voir son chef, son roi ou son président se comporter comme le dernier des ploucs ?

La fonction ne peut pas s'assumer sans un minimum d'allure, de dignité, de distance. C'est ce qu'on appelle la dignité de la fonction. L'Église a perdu tous ses clients quand elle n'a plus voulu parler latin et que ses curés ont jeté leur soutane par-dessus les moulins. Le pouvoir exige un minimum de décorum, de protocole, de théâtralisation pour faire croire en sa réalité.

*

Mais rassurez-vous, il n'y a pas eu que vos allures de nouveau riche mal dégrossi pour faire regretter à quelques millions de Français d'avoir voté pour vous. Il y a eu aussi votre goût effréné pour l'exhibitionnisme sentimental.

Si l'on en juge par le tirage des magazines *people*, les Français adorent les histoires de cul des gens un peu célèbres, les romances, les brouilles, les retrouvailles, les drames amoureux des starlettes, des présentatrices de télévision, des chanteurs yéyé, rock ou pop, voire de la famille princière de Monaco.

Mais nous n'aimons pas le mélange des genres. Que tel ou tel sous-prince ait des enfants naturels un peu partout nous fait éventuellement sourire, mais Mitterrand, qui connaissait son monde (et les Français), a attendu l'ultime fin de son second mandat pour nous présenter Mazarine.

Vos démêlés avec Cécilia nous ont peut-être amusés, voire passionnés, mais ils nous ont surtout scandalisés, de la tribune de la place de la Concorde, le soir du triomphe (où elle est arrivée comme un chien battu en voulant ostensiblement nous faire comprendre à tous qu'elle n'avait pas voté pour vous), à la salle des fêtes de l'Élysée, le jour de votre intronisation, où elle tirait une gueule invraisemblable.

Que vous, à qui soi disant tout réussissait, soyez devenu soudain le plus célèbre mari bafoué de France pouvait apitoyer certains, mais ne grandissait pas votre image. Le cocu a toujours fait rire dans notre répertoire, mais Feydeau ne se joue pas dans les palais de la République où les portes ne devraient pas claquer et où les placards ne sont pas faits pour les amants en caleçons longs. Vous avez mal su gérer vos infortunes. Un peu de discrétion de bon aloi eût été la bienvenue.

D'autant plus qu'avec votre manie de vouloir toujours rebondir et d'avoir toujours le dernier mot, vous avez tout aussi mal su gérer un bonheur qui vous tombait, miraculeusement et bien opportunément, sur la tête et dans les bras.

Vous nous avez bien vite, beaucoup trop vite, présenté Carla, et, là encore, dans les pires conditions, avec une vulgarité épouvantable. Vous aviez rencontré Carla chez un publicitaire connu, Séguéla ; vous auriez dû lui demander de gérer l'annonce de votre nouveau bonheur.

Les images de Disneyland, de Louxor et de Petra sont inoubliables et font froid dans le dos, tout comme votre sortie en pleine conférence de presse, le 8 janvier 2008 : « Avec Carla, c'est du sérieux ! » Dis donc, Coco, où donc que t'as été éduqué ?

C'était moins de trois mois après l'annonce officielle de votre divorce avec Cécilia, le 18 octobre 2007. Et vous avez été d'autant plus maladroit – mais c'était plus que de la maladresse, c'était de l'inconscience absolue – qu'en même temps, ce même 8 janvier 2008, vous nous annonciez que les caisses étaient vides.

Rien que du bonheur pour vous, rien que du malheur pour nous ! Comment avez-vous pu commettre une telle goujaterie de gougnafier ? Vous ne l'étiez plus, mais c'étaient nous, les cocus !

*

Mais il y avait eu, toujours au cours de ces premiers mois, au moins aussi grave et peut-être plus sérieux : la formation de votre gouvernement, une vraie douche froide pour vos électeurs, et la découverte de la conception que vous vous faisiez de votre charge – un coup de massue sur la tête des républicains amateurs de droit constitutionnel.

Sur le thème de la rupture, vous avez voulu nous présenter un gouvernement... « d'ouverture ». Vous pensiez sans doute que cela faisait moderne, élégant, que cela nous plairait. Rupture, ouverture, en plus ça rimait. Mais ça ne nous a pas plu du tout !

Vous ne pouvez pas imaginer à quel point cette idée saugrenue (qui n'avait d'ailleurs rien de très nouveau, cette fâcheuse expérience de l'ouverture avait déjà été tentée par le passé à maintes reprises) a choqué vos électeurs et fait rigoler vos adversaires.

Vous aviez fait toute votre campagne en tirant à boulets rouges sur la gauche, l'union de la gauche, la gauche plurielle, l'idéologie socialiste, le pourrissement de toute la société française par l'assistanat généralisé, par le Tout-État, reprochant même à vos prédécesseurs (de droite) de n'avoir jamais eu le courage de balayer cet héritage de l'après-guerre et cet

99

état d'esprit soixante-huitard qui nous avaient, l'un et l'autre, si profondément gangrenés.

Jamais aucun candidat de la droite (parlementaire) ne s'était affiché, affirmé, assumé avec autant de détermination – et presque de provocation – comme étant de droite. De la « racaille » au « karcher », on avait l'impression que, sourire aux lèvres, vous buviez du petit lait quand vous entendiez les loubards crier sur votre passage : « Sarko facho ! »

Vous vouliez incarner une droite pure et dure, fière de l'être et totalement décomplexée. Et ça vous avait parfaitement réussi. Votre programme était d'ailleurs résolument de droite, et c'est ce qui avait fait votre succès.

Or, à peine élu – et bien avant votre conversion toulonnaise à l'étatisme –, qu'avez-vous fait ? Vous nous avez tout benoîtement déclaré que le clivage droite/gauche n'avait aucun sens, que tout ça, c'était du pareil au même, « blanc bonnet, bonnet blanc », comme aurait dit Duclos, qu'on pouvait parfaitement mélanger les serviettes et les torchons, la chair et le poisson, la chèvre et le chou, le jour et la nuit, Barrès et Jaurès, dirait peut-être votre ami Guaino qui, lui, a un minimum de culture générale.

Vous vouliez un gouvernement d'ouverture, ouvert à tous les vents, et de préférence avec des gens qui vous avaient craché à la gueule depuis des années.

En clair, vous avez immédiatement renié tous les thèmes de votre campagne (et trente ans de combats politiques) en faisant ostensiblement comprendre à vos électeurs que vous les aviez pris pour des gogos (et nombreux sont ceux qui ne vous l'ont toujours pas pardonné) et en offrant la soupe à tous vos adversaires de la veille. L'Élysée devenait une auberge espagnole où tous les vagabonds pouvaient s'installer à table avec leurs plats réchauffés.

Quelques-uns s'y sont naturellement précipités goulûment. Ah, le fumet du pouvoir ! La jouissance des palais dorés de la République ! Le plaisir des voitures officielles avec cocarde et chauffeur ! Se faire appeler « Monsieur le Ministre » par un huissier à chaîne et se faire servir par des larbins stylés dans de la porcelaine de Sèvres ! Pour certains, ça vaut bien toutes les trahisons, tous les reniements. D'après Shakespeare, Richard III aurait échangé son royaume contre un cheval. De nos jours, il y en a qui sont prêts à échanger le peu de dignité qui leur reste contre une limousine officielle et un demi-maroquin.

Vous vouliez nous faire croire que vous souhaitiez « mobiliser toutes les énergies » pour sauver la France, quitte à appeler à vos côtés tous ceux que vous aviez désignés pendant des années comme les responsables de tous nos malheurs. Balivernes, bien sûr ! Vous espériez simplement – c'était gros comme une maison

– déstabiliser un peu la gauche, et notamment le parti socialiste. C'était doublement absurde.

D'abord parce que la gauche et en particulier le PS étaient déjà dans la plus totale déconfiture et n'avaient vraiment pas besoin de vous pour s'enfoncer davantage encore dans le marasme et l'incohérence. Ensuite et surtout parce que les traîtres, les renégats, les Saxons ne sont jamais, par définition, que de seconds couteaux un peu rouillés.

Pensez-vous vraiment que c'est parce que Kouchner, Jouyet, Besson, Bockel et Hirsch sont venus vous manger dans la main que le PS est parti en capilotade ? Franchement, je ne le crois pas, et j'ai même l'impression que ces petites trahisons ont été beaucoup plus mal ressenties au sein de l'UMP, où on se demandait ce que ces ennemis d'hier venaient faire à la table du banquet, qu'au sein du PS où on était ravi d'être ainsi débarrassé d'inutilités à problèmes. Un homme qui trahit son camp se déshonore beaucoup plus lui-même qu'il n'affaiblit ses anciens amis. Et il déshonore toujours un peu ceux qui l'accueillent à bras ouverts.

Croyez-vous vraiment qu'un seul dirigeant ou même simplement un militant du PS ait pleuré en apprenant la trahison de Kouchner ? Cela faisait des années qu'ils ne voulaient plus de lui, sans savoir comment s'en débarrasser.

D'ailleurs, à la réflexion, pouvez-vous nous dire en quoi a été utile ce « sang neuf venu d'ailleurs » ? Quel est, aujourd'hui, le bilan de cette « ouverture » dont vous étiez si fier et qui rendait hystériques vos vrais amis ? En quoi a-t-elle servi la France et vous a-t-elle aidé à affronter la crise ?

Kouchner est considéré comme un jean-foutre maladroit, à la fois par tous ses interlocuteurs, dans toutes les chancelleries, et par tous ses collaborateurs au Quai d'Orsay. Il a, avec une constance stupéfiante, accumulé les gaffes diplomatiques et les erreurs de jugement dans pratiquement tous les dossiers qu'il a voulu entrouvrir : le Liban, le Darfour, le Tchad, l'Irak, l'Iran, la Géorgie, le Proche-Orient.

Souvenez-vous, il nous avait dit qu'il fallait « nous préparer au pire, c'est-à-dire à la guerre » contre l'Iran. Un fou ! Et, en plus, un imbécile. L'ancien « *french doctor* » est devenu l'un des plus redoutables va-t-en-guerre de la planète. Il avait applaudi à la guerre américaine contre l'Irak, il voulait faire la guerre à l'Iran. C'est dangereux, des types comme ça ! Surtout comme ministre des Affaires étrangères. La diplomatie est sans doute le dernier domaine où le ridicule peut encore tuer un homme. Kouchner est mort et enterré depuis longtemps.

Par sa bêtise, il s'était suicidé avant même que la France entière n'apprenne qu'il était aussi, en plus, et surtout, un… « businessman », un docteur consultant aux consultations hors de prix, âpre au gain et aux clients inattendus, de Total à Bongo. Un « *business doctor* ».

Vous l'avez d'ailleurs, depuis des mois, totalement marginalisé, et il ne fait plus que de la figuration muette en trottinant obséquieusement derrière vous de capitale en capitale. Il est passé du *droit d'ingérence* (une monstruosité intellectuelle, qui n'est rien d'autre que la résurgence du pire des colonialismes) au *droit à l'image*, avec ou sans sac de riz (ou sac de billets) sur l'épaule gauche. Et, ce qui est une chance, on ne l'entend plus pérorer. Lui qui croyait devenir un porte-drapeau, voire un porte-parole, ne vous sert plus que de porte-valise. Et quand on le voit débarquer quelque part, on se demande maintenant s'il ne va pas vérifier que soient relevés les compteurs de ses anciennes petites entreprises. (Comment avez-vous pu laisser nommer sa compagne à la tête de l'audiovisuel extérieur, et son ex-associé ambassadeur de France ?)

Jouyet, lui, a disparu corps et biens sans qu'on l'ait jamais vu, alors pourtant qu'il était chargé de l'Europe et que la France présidait l'Union européenne en pleine crise mondiale. « Il faisait, dit-on à l'Élysée, les couloirs. » À force de faire les couloirs, il a trouvé la porte de sortie et vous l'avez recasé. À l'armée, on dirait qu'il est « mort aux pluches ». Ce n'est pas très glorieux.

Besson rase les murs et bafouille dès qu'on l'interroge sur ce qu'il a osé faire, et même sur ce qu'il était censé faire (« de la Prospective, de l'Évaluation et de l'Économie numérique » ! Sans doute le ministère le plus ridicule depuis la création de la Première République, le 22 septembre 1792). En voilà un qui a raison de ne pas se regarder dans la glace quand il gravit les escaliers et les échelons de l'UMP.

Et vous l'avez même promu. Le transfuge est maintenant à l'Immigration. À la place de l'ami fidèle, Hortefeux, qui remplace Xavier Bertrand au Travail, lequel, dans ce petit jeu des chaises musicales, a pris la direction de l'UMP. Et c'est la pauvre Nathalie Kosciusko-Morizet qui se retrouve placardisée à la Perspective...

La première initiative de Besson à l'Immigration a été, pour lutter contre l'immigration clandestine, d'imaginer une prime à... la délation ! On ne se refait pas.

Bockel a été viré sèchement de l'Afrique parce que, selon un de ses rares amis, « il a essayé de faire ce qu'il avait cru comprendre que Sarkozy lui demandait de faire ». Visiblement, il n'avait pas compris. À moins que ce ne soit vous qui ayez changé d'avis. Toujours est-il qu'à la demande de

Bongo – un des clients de Kouchner – vous l'avez envoyé en punition aux Anciens Combattants. Comme le dernier poilu de 1914 est mort l'année dernière, il n'est pas débordé, même s'il lui reste encore les survivants de 39-45 et des dernières guerres coloniales. Mais il n'a pas eu la dignité élémentaire de vous jeter sa démission au visage. Il trouve que la soupe est bonne, même si ce n'est plus que du rata.

Seul Martin Hirsch semble tout content en s'imaginant que son RSA va permettre de sortir quelques malheureux de la grande pauvreté, ce qui doit faire sursauter l'Abbé Pierre, son ancien patron, du haut du Ciel.

Vous lui aviez demandé de « réduire la pauvreté en France d'un tiers en cinq ans »... Le calcul est simple à faire. Nous avons 7,5 millions de pauvres « officiels ». Ça ferait 2,5 millions de pauvres de moins avant la fin de votre quinquennat. Ce qui serait bien. Nous devrions donc avoir déjà un million de pauvres en moins. Ce n'est hélas pas le cas, loin de là !

Du coup, vous l'avez chargé en plus des jeunes. Curieuse idée. À croire que, d'après vous, les jeunes font aussi partie des laissés-pour-compte, des handicapés, des grands blessés de notre société, de nos cas sociaux. Il est ravi. Il sait que si les pauvres resteront pauvres, les jeunes finissent toujours par ne plus l'être. Sauf que quand les pauvres ne sont pas contents, ça n'a guère d'importance, alors que quand les jeunes deviennent furieux, ils descendent dans la rue.

Bref, l'ouverture n'a servi à rien d'autre qu'à prouver à vos électeurs que vous n'aviez aucune colonne vertébrale, et que, pour faire un coup médiatique, vous étiez prêt à les trahir et même à vous trahir vous-même.

Il paraît que vous voulez remettre ça. Allègre, Lang et quelques autres se pourlèchent déjà les babines, haletants, sur le pas de la porte, porte qu'ils sont tout à fait prêts à franchir d'un bond dès que vous les sifflerez. On ne veut plus d'eux chez eux. Ce sont les SDF de la politique.

On a l'impression que vous avez un penchant pour les traîtres. Est-ce parce que vous méprisez l'espèce humaine ? Est-ce parce qu'on vous a longtemps considéré vous-même comme un félon ? Je ne sais. Toujours est-il que la promotion de Besson, le traître absolu, et en même temps l'entrée au gouvernement de Bruno Le Maire, le petit traître, paraissent démontrer qu'à vos yeux, les traîtres sont les domestiques les plus malléables – ce qui est sans doute vrai – et donc les plus précieux, ce qui est moins sûr.

Le Maire devait toute sa carrière à Villepin dont il avait été le bras droit au Quai d'Orsay, au ministère de l'Intérieur puis à Matignon. Il devait son siège de député à Jean-Louis Debré qui lui avait laissé sa circonscription d'Évreux. Autant dire qu'a priori ce normalien énarque n'était pas de votre camp. Mais il avait eu la bonne idée d'écrire avec talent un livre dans lequel il bavait copieusement sur Chirac et sur Villepin. Du coup, vous lui avez trouvé toutes les qualités et vous l'avez nommé à la place de Jouyet pour s'occuper de l'Europe. Vous n'auriez pas dû faire ça.

*

Il faut bien dire que le reste de votre gouvernement n'était pas très emballant non plus.

Fillon – le premier Premier ministre à être entré à Matignon après avoir déclaré publiquement qu'il fallait supprimer le poste de... Premier ministre ! – n'a jamais fait rêver dans les chaumières.

Il a vraiment fallu que vous soyez, à un moment, totalement rejeté par l'opinion pour qu'on lui trouve soudain toutes les qualités pour devenir un jour, éventuellement, peut-être, on ne sait jamais, et faute de mieux, candidat à la Présidence. Ce que, bien sûr, vous ne lui avez toujours pas pardonné. Vous l'aviez choisi parce qu'il haïssait Chirac et qu'il n'y avait aucun risque qu'il vous fasse jamais de l'ombre, et voilà que, dans le crépuscule des sondages, il vous en faisait en devenant presque étincelant. C'est drôle, la vie !

Beaucoup d'autres nominations n'étaient que des « gadgets en marketing ». Rachida Dati à la Justice, Fadela Amara à la politique de la Ville, Rama Yade aux Droits de l'Homme. C'était beaucoup plus de la « discrimination positive » (l'une de vos marottes les plus idiotes) que du recours aux compétences. D'ailleurs, ce n'est pas en nommant trois femmes plus ou moins de couleur au gouvernement qu'on résoudra le problème du racisme ni celui de l'immigration.

Là aussi, regardez le bilan !

Rachida a fait l'unanimité contre elle. Pendant des mois, on ne s'est posé que deux questions à son sujet : quand donc alliez-vous nous en débarrasser ? et quel pouvait bien être le père de son enfant ? Vous auriez pu au moins répondre à la première question. Elle était plus importante que la seconde. Finalement, vous allez la recaser aux européennes, comme numéro 2 de la liste UMP en Île-de-France, derrière le Savoyard Michel Barnier. Est-ce vraiment une promotion ? Elle ne semble pas en être convaincue, et pourtant je vous soupçonne de lui avoir laissé croire que ce serait pour elle le meilleur moyen de devenir la candidate de la droite à la mairie de Paris.

En tout cas, vous avez enfin compris qu'elle n'avait pas sa place au gouvernement.

Fadela a disparu elle aussi corps et biens, en même temps que toutes les belles promesses que vous nous aviez faites d'un « plan Marshall » pour les banlieues. Ni pute ni soumise mais ignorée, méprisée, piétinée dans l'indifférence générale. Est-elle retournée dans sa banlieue ? Personne n'en sait rien.

Et Rama Yade a, au terme d'un long calvaire, été fusillée à bout portant, et avec votre bénédiction, par son ministre de tutelle, Kouchner, qui, après dix-huit mois, a fini par trouver qu'un secrétariat d'État chargé des Droits de l'Homme… « ce n'était pas une bonne idée », ce qui, pour « un tiers mondiste deux tiers mondain » comme lui, était tout de même curieux.

Le courtisan au sac de riz avait compris que Rama Yade n'était plus en odeur de sainteté auprès de vous (elle avait osé refuser de se lancer dans la campagne des européennes où vous vouliez aussi la recaser, histoire de lui faire quitter le gouvernement) et, avec son élégance habituelle, Kouchner tenait absolument à être le premier à lui donner le coup de pied de l'âne, faute de pouvoir lui asséner le coup de grâce.

Dans le genre élégant, la petite Morano, votre sous-ministre de la Famille, n'a pas été mauvaise non plus. Pour enfoncer plus encore Rama Yade, elle a, sur les pas de Kouchner, affirmé : « La diversité ne doit pas être un bouclier pour les membres du gouvernement », ce qui, traduit en bon français, voulait dire : « Ce n'est pas parce qu'elle est une négresse que cette Sénégalaise ne peut pas se faire virer. » Ignoble petite vilenie.

Mais l'élégante et si distinguée Morano a fait plus fort encore en ajoutant « pour pouvoir remplir des fonctions gouvernementales, il faut avoir fait l'expérience du suffrage universel ». Là, Morano nous révélait un sens de l'humour que nous ne lui soupçonnions pas. Certes, Rama Yade n'avait pas fait d'étincelles lors des dernières municipales à Colombes, mais, lors de ces mêmes municipales, Nadine Morano, elle, s'était carrément ridiculisée à Toul, sa liste arrivant... en troisième position, ce qui vous avait curieusement incité à la faire entrer au gouvernement. Elle a donc, elle, l'expérience du suffrage universel !

Là encore, pouvez-vous nous dire à quoi ont bien pu servir ces trois jeunes femmes-gadgets ?

L'ouverture et les gadgets ont, comme on pouvait s'en douter, totalement échoué.

Vous vous retrouvez dans une situation tout à fait inédite. Votre Premier ministre n'existe plus. Il dérive, avec sa tête de cocker malheureux, comme un chien crevé au fil de l'eau. Borloo et Alliot-Marie ont disparu sans laisser d'adresse, Kouchner est totalement discrédité, Bertrand est parti, Barnier, Dati et sans doute Rama Yade sont en partance, Darcos et Pécresse sont claquemurés dans leur ministère de peur d'avoir à affronter les manifestations de rue et sont maintenant remplacés par des « négociateurs ». Bref, vous n'avez plus de gouvernement.

*

Cela dit, au fond, que vos ministres aient disparu et soient « tous des cons », comme vous l'avez si élégamment affirmé à plusieurs de vos interlocuteurs (y compris à quelques-uns de vos ministres) – en ajoutant : « Mais, après tout, je n'avais qu'à pas les nommer » – est sans la moindre importance.

Nous avions très rapidement compris qu'avec vous, nous étions entrés en… « mono-archie », pour ne pas dire en monarchie. Le pouvoir n'avait plus qu'une seule tête, la vôtre, et il n'était pas question qu'une autre puisse dépasser. Ni parmi le gouvernement ni au Parlement.

Il faut reconnaître que, là au moins, vous nous aviez prévenus. En pleine campagne, le 14 janvier 2007, vous nous aviez déclaré textuellement : « La démocratie irréprochable, c'est un président qui gouverne. C'est un président qui assume. On n'élit pas un arbitre, mais un leader. » Et même, sans doute, un líder… maximo, comme on dit à Cuba. Mais Cuba n'est peut-être pas une démocratie irréprochable !

Toujours est-il que les ministres, à commencer par le premier d'entre eux, ne comptaient plus que pour du beurre, et le Parlement pour des nèfles. C'était justement ce que vous aviez appelé « une démocratie irréprochable » !

Le gouvernement était remplacé par votre entourage immédiat, votre cour personnelle, vos petits marquis : Guéant, un préfet aux allures de croquemort, Guaino, un hurluberlu bourré d'idées farfelues, le « fou du Roi », Levitte, un diplomate de qualité mais qui vous avait séduit parce qu'il haïssait Villepin, Soubie, l'éternel conseiller de tout le monde, Chirac, Barre, etc. pour les affaires sociales, Pérol, un ancien gérant associé de la banque Rothschild, et quelques autres, sans parler d'une folledingue, crapaud de bénitier, Emmanuelle Mignon, dont vous avez fini heureusement par vous débarrasser.

C'étaient ces « conseillers du Prince », ces « maréchaux du Palais », ces grands chambellans, ces eunuques du harem qui prenaient la parole, qui paradaient à la télévision, qui prenaient des initiatives, qui transmettaient vos ordres aux membres du gouvernement tétanisés par la peur de déplaire à la cour et de tomber en disgrâce.

Le Parlement, lui, était remplacé par une kyrielle de commissions – plus d'une centaine ! – que vous aviez nommées à tour de bras et qui avaient pour mission de vous suggérer des idées – à croire que vous n'en aviez pas vous-même – sur tous les grands problèmes du pays, et d'imaginer des projets de réformes.

On aurait presque pu croire que vous redoutiez le Parlement que vous dépossédiez ainsi de son rôle essentiel. Or, vous y aviez une majorité très confortable, à votre dévotion, et qui vous aurait évidemment permis de faire ce que vous vouliez.

Là, j'ouvre une parenthèse. Vous avez l'habitude de déclarer que *vos* députés vous « doivent tout, et à commencer par leur élection ». À vous entendre, on pourrait croire que c'est votre élection triomphale à la présidence qui aurait provoqué un raz de marée en faveur des candidats UMP lors des législatives qui l'ont suivie. C'est complètement faux.

En 2002, Chirac avait, dans la foulée de sa réélection, fait élire ou réélire 365 députés UMP. En 2007, vous n'en avez fait élire ou réélire que 321. Puisque vous voulez toujours vous attribuer tous les mérites, on est bien obligé de constater que vous avez fait perdre 44 sièges à l'UMP. On l'a rarement remarqué. Cela dit, ces 321 députés vous laissaient tout de même les mains très libres.

Oui, mais comme vous aviez l'intention de mener une politique contraire à celle pour laquelle vous et ces godillots aviez été élus, il n'était pas impossible que certains, pensant déjà à leur réélection (ce qui est humain), ne se mettent à traîner un peu les pieds. Alors, autant les oublier dans leur chambre d'enregistrement et faire préparer les textes par des gens plus sûrs et sans aucune légitimité.

Curieuse, cette idée de commissions ! Là encore, vous faisiez jouer l'ouverture et les courants d'air, puisque c'était à des hommes comme Attali, Lang, Védrine, Schrameck, Olivier Duhamel, Guy Carcassonne ou même Michel Rocard, les anciennes étoiles de la constellation Mitterrand, que vous confiiez, avec d'autres, il est vrai, le soin de déterminer les grandes lignes de votre quinquennat commençant. La droite au pouvoir mettait en quelque sorte la gauche aux commandes.

Peut-on se permettre de vous demander aujourd'hui à quoi ont servi toutes ces fameuses commissions avec lesquelles vous nous avez fait un cinéma incroyable pendant des mois ?

Celle qui a fait le plus de bruit, c'est, bien sûr, la commission Attali qui devait vous trouver des idées pour « libérer la croissance ». Choisir l'ancien gourou de Mitterrand, c'était évidemment narguer, défier même, voire insulter au-delà du supportable vos par-

115

lementaires, votre parti, vos électeurs. Vous faisiez avec délectation de la provocation, ce qui peut être amusant au cours d'un dîner de bobos bling-bling à Neuilly (ou au Cap Nègre), mais ce qui ne se pardonne jamais en politique.

Attali ayant beaucoup de relations et quelques amis (dont certains sont de qualité, si, si ! j'en connais un), sa commission comptait... 60 membres, ce qui était peut-être beaucoup. Et comme il a aussi beaucoup d'idées, il vous fit... 316 propositions plus ou moins honnêtes, ce qui était sans doute trop.

Il vous remit son rapport le 23 janvier 2008. Un an plus tard, pouvez-vous me dire aujourd'hui laquelle de ces 316 propositions – et il y en avait de tout à fait intéressantes – a vraiment été mise en œuvre ? Aucune !

Il faut dire que tous vos amis ont immédiatement tiré à boulets rouges sur toutes ces propositions (suppression des départements, de la carte scolaire, des niches fiscales, des tribunaux de commerce, développement de l'immigration, etc.) et se sont fait un malin plaisir de monter en épingle les moins intéressantes comme, par exemple, la multiplication des taxis afin de faire baisser leurs tarifs. Du coup, tollé des chauffeurs de taxis, manifestations de rue, blocage des autoroutes et... reculade précipitée de votre part, avec, pour vous faire pardonner, l'autorisation donnée aux taxis... d'augmenter leurs tarifs !

Aujourd'hui, le seul résultat tangible des travaux de la commission Attali reste cette augmentation substantielle des tarifs des taxis. Ça n'a pas vraiment libéré la croissance du pays !

On peut faire le même constat pour la commission chargée de la réforme des institutions. Elle avait pour mission de réactualiser la Constitution de 1958, vieille d'un demi-siècle et chahutée par d'innombrables modifications (de l'élection du Président au suffrage universel à l'instauration du quinquennat) qui lui avaient fait perdre sa cohérence et l'avaient dénaturée, au point qu'on ne savait plus si nous étions déjà dans un régime présidentiel ou encore dans un régime parlementaire.

Une vraie réforme s'imposait d'autant plus que vous nous aviez vous-même déclaré, nous venons de le voir, que vous n'entendiez pas être un président « arbitre » (comme le prévoit l'article 5 de la Constitution), mais bien « un président qui gouverne » (ce que l'article 20 de cette même Constitution réserve au gouvernement). On aurait donc pu imaginer que vous auriez eu à cœur de faire modifier cette Constitution que vous violiez en permanence.

Vous aviez confié cette commission de réflexion à Balladur. Vous lui deviez bien ça. Elle comptait 13 membres et vous fit, le 20 octobre 2007, 77 propositions généralement de bon sens. Quand la réforme arriva devant le Congrès, quelques mois plus tard, en juillet 2008, on ne retrouvait que 2 de ces 77 propositions. Les autres étaient passées à la trappe.

Autant dire que la commission Balladur n'a pas été plus utile que la commission Attali. Du spectacle, des promesses en l'air, des fariboles !

Et que reste-t-il des travaux de la commission sur le métier d'enseignant, présidée par Marcel Pochard (de laquelle Rocard, totalement écœuré, finit par démissionner), ou de ceux de la commission sur l'hôpital, présidée par Gérard Larcher ? Rien. Strictement rien.

Comme toujours, Clemenceau avait raison : « Quand on veut enterrer un problème, il suffit de créer une commission »… Vous, vous en avez créé plus de cent.

Ces commissions n'ont servi qu'à épater la galerie, qu'à amuser le tapis et qu'à occuper à mi-temps quelques demi-soldes de droite et de gauche.

*

Il ne fallait donc pas vous étonner de votre dégringolade dans les sondages. Les Français ne vous pardonnaient ni le *Fouquet's*, ni vos Ray-Ban, ni le yacht de Bolloré, ni les turpitudes de Cécilia, ni les vôtres avec Carla, ni votre ouverture, ni votre conception de l'exercice du pouvoir.

En août 2007, dans l'euphorie de votre victoire, vous aviez eu 69 % de bonnes opinions, selon l'IFOP, et même 71 %, selon la SOFRES, le plus beau score pour un président de la République depuis de Gaulle.

Neuf mois plus tard, le temps d'une gestation, en mai 2008, pour le premier anniversaire de votre élection, vous n'aviez plus que... 30 % d'opinions favorables ! Record absolu de dégringolade dans les sondages, record absolu d'opinions défavorables pour un président depuis les débuts de la Ve République. Même Giscard, à la fin de son mandat, même Mitterrand ou Chirac au terme de leur second mandat, n'avaient pas fait aussi mal.

En mars 2008, vous avez naturellement perdu les élections cantonales (la gauche a gagné 8 départements et en détenait désormais 58 contre 43 à la droite) et municipales (la droite a perdu 43 villes de plus de 30 000 habitants : Rouen, Blois, Périgueux, Laval, etc.) et 4 de vos ministres ont été battus : Xavier Darcos, Christine Lagarde, Christine Albanel et Rama Yade. Mais, soyons honnêtes, les élections intermédiaires sont toujours mauvaises pour le pouvoir en place.

Curieusement, vous aviez alors ajouté à votre répertoire un nouveau numéro qui était un savant dosage d'autosatisfaction, comme toujours, mais aussi d'autoflagellation, ce qui était totalement inédit.

Le 24 avril 2008, à la télévision, vous avez été éblouissant, dans le genre : « Les prix ont davantage augmenté en France que dans les autres pays d'Europe, avez-vous reconnu. Les salaires sont trop bas, mais on ne peut pas les augmenter, pour ne pas tuer la compétitivité de nos entreprises, avez-vous concédé. Les enseignants ne gagnent pas assez, les retraites sont trop basses, avez-vous ajouté avant de conclure : Je vois les mécontentements, mais je sais où je vais, et puis j'essaie de corriger mes erreurs. Nous avons fait des erreurs de communication. »

C'était surréaliste. Vous étiez depuis un an au pouvoir, vous faisiez un état des lieux épouvantable, vous reconnaissiez que les Français avaient de quoi être mécontents, mais, à vous entendre, vous n'aviez fait que des erreurs de… communication !

Visiblement, les Français pensaient qu'il n'y avait pas que la communication qui avait été désastreuse.

*

Il faut dire qu'entre-temps, au-delà de votre image qui n'était qu'une insupportable caricature, de votre vie de patachon étalée sur la place publique, de votre idée absurde de l'ouverture à tout vent, et de votre conception du pouvoir, nous avions eu droit à... tout.

Au milieu d'un déluge de réformes-réformettes dont on s'était aperçu au fil des semaines qu'elles étaient sans grand intérêt, mal ficelées ou même contre-productives, il y avait eu des pluies de couacs, des tombereaux de déclarations idiotes, des trombes de maladresses. Et surtout quelques cyclones d'énormes erreurs politiques. Ce n'étaient pas que des erreurs de communication. Nous avions eu amplement de quoi déchanter.

Je vous épargnerai l'inventaire exhaustif des couacs en tous genres, mais souvenez-vous tout de même :

- Martin Hirsch vous avait traîné dans la boue à propos des franchises médicales que vous veniez d'instaurer ;
- Éric Woerth avait déclaré que vous n'aviez rien compris à la déduction des impôts pour les emprunts immobiliers prévue dans le paquet fiscal ;
- Christine Lagarde avait dû, sur vos instructions, retoquer l'idée d'une TVA sociale avancée inconsidérément par Borloo et par Fillon ;
- La même Christine Lagarde avait parlé d'un « plan de rigueur », ce que Guéant puis Fillon

avaient aussitôt démenti en poussant des cris d'horreur et d'effraie (et non pas, comme vous vous entêtez à le croire, d'orfraie ; l'orfraie est un rapace diurne qui ne pousse pas de cri ; l'effraie est une sorte de chouette aux cris affreux) ;

- Bernard Kouchner avait – on l'a dit, mais il faut le répéter – déclaré qu'on devait « se préparer à la guerre » contre l'Iran, ce que vous aviez dû démentir ;
- Fadela Amara avait trouvé que l'histoire des prélèvements d'ADN pour les immigrés était... « dégueulasse » ;
- Rama Yade avait annoncé que vous mettiez trois conditions à votre présence à l'ouverture des Jeux olympiques de Pékin, ce que vous aviez dû démentir ;
- La même avait déclaré pendant la visite de Kadhafi : « Notre pays n'est pas un paillasson, la France ne doit pas recevoir ce baiser de la mort » ;
- Nathalie Kosciusko-Morizet avait traité de « lâches » son ministre de tutelle, Borloo, et le président du groupe UMP à l'Assemblée, Copé, sans se faire virer du gouvernement ;
- On avait annoncé la suppression de la carte « Famille nombreuse » créée en 1921 et dont bénéficient 2,2 millions de familles, pour économiser les 700 millions d'euros que l'État verse à

la SNCF au titre des tarifs sociaux, puis... on avait démenti. Mieux encore, quelques mois plus tard, vous avez créé une nouvelle carte, cette fois pour familles modestes ou monoparentales, et dont bénéficient désormais 6 millions de familles !

- Roselyne Bachelot (qui n'en loupe jamais une) avait annoncé le déremboursement des lunettes, puis... on avait démenti ;
- Vous aviez longtemps fait la gueule à votre Premier ministre, puis Fillon et Xavier Bertrand, puis Fillon et Copé, puis Copé et Bertrand s'étaient entredéchirés en public, faute de pouvoir s'entretuer en coulisses ; etc.

Tout cela avait fait un peu... désordre. Nous avions eu droit à un superbe et ininterrompu concert de couacs. À nous en crever les tympans !

*

Mais il y avait eu pire. Certes, vous n'avez pas été le seul à faire des déclarations idiotes, mais nous avons cru, un moment, que vous ne pouviez plus ouvrir la bouche sans lâcher une bourde.

À Dakar, devant un auditoire d'Africains attentifs, vous vous étiez longuement étendu sur... « l'homme africain immobile », incapable de faire quoi que ce soit. C'était maladroit et ça n'avait pas vraiment plu à l'assistance.

À New York, vous aviez parlé d'un « New Deal économique et surtout écologique à l'échelle planétaire pour construire un nouvel ordre mondial », ce qui avait fait éclater de rire votre auditoire.

À Moscou, devant Poutine, le 10 octobre 2007, vous aviez concédé : « La France ne souhaite donner à personne de leçons sur les droits de l'homme. » Ça n'avait fait plaisir qu'à Poutine. Mais vous aimiez bien faire plaisir au tsar massacreur de Tchétchènes. Vous avez même été, deux mois tard, le premier à le féliciter très chaleureusement pour sa victoire à des législatives truquées, ce qui avait un peu choqué.

À l'Élysée, devant Al Gore, vous aviez affirmé que la France allait se lancer dans « une révolution écologique », ce qui avait carrément fait rigoler Al Gore.

Pis : lors d'un dîner du CRIF, vous nous aviez sorti l'histoire idiote et scandaleuse de « la mémoire des enfants martyrs de la Shoah » que vous vouliez confier à nos gosses de CM2, ce qui avait « glacé les sangs » de Simone Veil.

À Rome, vous aviez appelé de vos vœux l'avènement d'« une laïcité positive », ce qui avait surpris jusqu'à Sa Sainteté, déjà estomaquée par la présence dans votre délégation de la mère de votre maîtresse officielle et du comique le plus vulgaire de France.

C'est au cours de ce même discours romain que vous avez eu l'idée saugrenue de déclarer : « Dans l'apprentissage de la différence entre le bien et le mal, l'instituteur ne pourra jamais remplacer le curé et le pasteur. » Comment avez-vous pu dire ça ?

En Arabie saoudite, vous aviez sidéré le roi Abdallah en prônant « la diversité des religions », et surtout en célébrant « un Dieu qui n'asservit pas l'homme, mais le libère », ce qui ne correspond pas tout à fait à l'idée que le Gardien des Lieux saints et Guide suprême de l'Islam, qui vous recevait, se fait d'Allah.

Puis, de retour à Paris, vous vous étiez enlisé dans « la politique de civilisation », une vieille idée d'Edgar Morin que vous avait refilée Guaino, mais que vous n'aviez visiblement pas bien assimilée et à laquelle nous n'avions rien compris.

Sans parler, bien sûr, du mémorable « Casse-toi, pauv'con ! » du Salon de l'Agriculture, le 23 février 2008, qui nous avait fait comprendre que vous parliez comme un charretier, et, pis encore, que vous ne saviez pas contrôler vos nerfs.

Avouez que ça faisait beaucoup. En quelques mois, vous aviez rejoint Mac Mahon au palmarès des présidents cumulant le plus de « conneries ». Et encore, les vôtres étaient bien pires que son « Que d'eau, que d'eau ! », ou que son « C'est vous le nègre ? Alors continuez ! » (Il faut d'ailleurs savoir que « le nègre » est le surnom que les élèves de Polytechnique donnent au major de leur promotion, ce qui excusait Mac Mahon, même si le nègre en question de cette promotion-là était quelque peu basané…)

*

Plus grave encore, il y avait eu :
- Vos vacances de milliardaire aux États-Unis pendant l'été 2007. Vous n'aviez donc toujours pas compris la leçon du yacht de Bolloré ;
- Vos fanfaronnades, en veux-tu en voilà, à propos d'Ingrid Betancourt que vous étiez prêt à aller chercher vous-même dans la jungle de Colombie sous les tirs des rebelles des FARC, après avoir envoyé là-bas un avion qui était rentré bredouille et vous être un peu déconsidéré en faisant des courbettes à Hugo Chavez, le président vénézuélien ami de Castro, en envoyant des messages à Manuel Marulanda, le chef des FARC, tout en vous fâchant avec Alvaro Uribe, le président colombien, sous prétexte qu'il était convaincu que seule une opération militaire pourrait libérer l'otage franco-colombienne (comme la suite des événements allait le prouver) ;

126

• Vos fanfaronnades à propos du Darfour et du Liban. C'était déjà votre manie du raout. Vous aviez organisé à Paris, le 25 juin 2007, et à La Celle-Saint-Cloud, le 14 juillet 2007, des conférences réunissant la plupart des protagonistes (sauf les principaux) de ces deux conflits, vous leur aviez prodigué des conseils, vous leur aviez demandé de se serrer la main, ils avaient souri devant les photographes, puis ils étaient repartis chez eux et ils avaient recommencé à s'entretuer de plus belle ;

• Vos fanfaronnades, en avril 2008, à propos de l'affaire du *Ponant*, ce yacht de luxe qui avait été capturé par des pirates au large de la Somalie, puis libéré par nos commandos de marine. À vous entendre, on aurait pu croire que, déguisé en homme-grenouille, vous aviez été à la tête de ces commandos. Or l'affaire avait failli très mal tourner, en raison de la vétusté du matériel dont disposaient nos hommes ;

• Vos fanfaronnades à propos de l'affaire de l'Arche de Zoé, pour laquelle, faisant comme d'habitude votre cinéma dans le rôle de Zorro, oubliant que vous étiez président de la République et vous croyant toujours en campagne, vous vous étiez précipité à N'Djamena pour exiger la libération des « zozos » qui avaient tenté de récupérer des orphelins du Darfour, lesquels n'étaient en définitive ni orphelins ni du Darfour. Idriss Debby, le tyran local, ne pouvant rien vous refuser (vous l'aviez déjà sauvé face à sa rébellion), vous avez eu gain de cause contre la promesse implicite de le sauver de nouveau à la prochaine occasion ;

• Vos fanfaronnades à propos de la vente de 3 % du capital d'EDF pour financer un vaste plan quinquennal de modernisation de nos universités, estimé à 5 milliards d'euros. Hélas, comme vous l'avaient annoncé tous les spécialistes, vous n'avez pas trouvé preneurs de plus de 2,40 % dudit capital, et vous n'avez pu récolter que 3,7 milliards d'euros ;

• Vos fanfaronnades à propos du Grenelle de l'environnement dont vous avez applaudi inconsidérément (malgré les protestations de bon nombre de députés UMP) les conclusions qui étaient bien souvent à la fois délirantes et totalement démagogiques, comme, par exemple, la décision de réduire de 50 % le traitement des cultures, l'engagement d'avoir, en 2020, 20 % d'agriculture biologique, ou, pis encore, l'engagement d'arrêter immédiatement l'augmentation des capacités routières et aéroportuaires.

*

Et puis impardonnables, en tous cas non pardon-
nées, il y avait eu les vraies grandes erreurs politiques :

- Votre Traité « simplifié » pour l'Europe, dont le
  seul but était de contourner la volonté que les
  Français avaient très clairement exprimée en refusant le Traité constitutionnel lors du référendum ;
- L'envoi de 700 soldats français de plus en
  Afghanistan, pour mieux marquer encore votre
  alignement inconditionnel derrière George Bush,
  tout en prouvant que vous ignoriez tout du dossier afghan ;
- Le voyage de Kadhafi à Paris, pour payer cash le
  petit succès personnel que vous aviez cru devoir
  offrir à Cécilia...

Aujourd'hui encore, vous êtes particulièrement
fier, me dit-on, d'avoir obtenu, le 13 décembre 2007,
à Lisbonne, le blanc-seing de vos vingt-six homologues européens pour votre traité simplifié.

À vous entendre, la France de Chirac avait (avec
les Hollandais) fait capoter le Traité constitutionnel
de Giscard et bloqué le processus européen, mais,
heureusement, la France de Sarkozy, grâce à
Sarkozy, sur une idée de Sarkozy, et avec le volonta-

risme de Sarkozy, aurait réussi à remettre le train sur les rails.

Oui mais voilà : les Irlandais avaient fait dérailler de nouveau le joli petit train, le 12 juin 2008, en votant non à 53,4 % des voix, lors du référendum qui leur demandait de modifier leur constitution afin que votre texte (déjà ratifié par 18 pays) puisse être approuvé.

Depuis, vous répétez à l'envi que les Irlandais sont des « cons », eux qui ont été les plus grands bénéficiaires de l'Europe – « Ils nous ont coûté bonbon, ceux-là », dites-vous à juste titre – et qui ont rejeté votre texte « parce que leurs curés avaient peur qu'on les oblige à faire des avortements ».

« Je m'en fous, ajoutez-vous, on les fera revoter indéfiniment jusqu'à ce qu'ils disent oui. » Vous avez d'ailleurs obtenu, lors du dernier sommet européen que vous présidiez à Bruxelles, en décembre 2008, qu'un nouveau référendum soit organisé en Irlande, sans qu'on comprenne pourquoi les Irlandais voteraient oui ce coup-ci, même s'ils ont arraché quelques garanties de détail supplémentaires (à propos de leur neutralité, de l'avortement et de la présence d'un commissaire européen irlandais).

C'est une curieuse idée que de vouloir faire revoter indéfiniment des électeurs jusqu'à ce qu'ils donnent la bonne réponse ! Est-ce vraiment très démocratique ?

Quand on évoque devant vous l'hypothèse d'un nouveau non irlandais, vous avez cette réponse fabuleuse : « Ils ont dit non en 2008 parce que je n'avais pas eu le temps d'aller moi-même faire campagne chez eux pour le oui »... Vous vous préparez donc à aller faire campagne sur les marchés irlandais pour ce prochain référendum, à l'automne 2009. Je veux croire que vous serez entouré par un sérieux service d'ordre, car votre voyage risque fort d'être mouvementé.

Aux yeux des Irlandais, qui sont de solides gaillards joueurs de rugby et amateurs de tavernes, votre projet d'ingérence dans leurs affaires n'est qu'une insupportable provocation, et les Irlandais n'aiment pas qu'on les provoque. Imaginez d'ailleurs qu'un Irlandais vienne faire campagne chez nous pour nous dire ce qu'il faudrait voter, nous trouverions cela insupportable.

Vous ne vous êtes, semble-t-il, jamais dit que si les Irlandais avaient été les seuls à rejeter votre Traité simplifié, c'était tout simplement parce qu'ils avaient été les seuls auxquels on avait demandé leur avis.

Partout ailleurs, votre Traité simplifié a été approuvé... par les parlements locaux, mais tous les sondages d'opinion faits à travers tous les pays européens prouvent que si on avait soumis votre Traité simplifié à référendum, il n'aurait bien souvent pas eu plus de succès qu'en Irlande. Pas même en France.

Le (faux) succès de votre Traité simplifié reposait en fait sur une double imposture. D'abord, votre texte n'était qu'une pâle resucée du texte de Giscard à peine modifié. Vous vous étiez contenté de jouer sur quelques mots en remplaçant, par exemple, le ministre européen des Affaires étrangères, prévu par Giscard, par un *haut représentant* aux Affaires étrangères. Personne n'a été dupe. C'était du Giscard sarkozisé.

Ensuite, autrement plus grave, car bafouant sans pudeur tous les principes de la démocratie, vous aviez carrément décidé que deux peuples n'ayant pas voulu de la première mouture du texte, on n'allait pas demander aux braves gens leur avis sur cette seconde mouture, et qu'on ferait tout passer, vite fait, bien fait, par des votes dans les parlements respectifs (sauf, bien sûr et hélas, en Irlande où ce n'était juridiquement pas possible).

Quand certains avaient un peu toussé, vous leur aviez répondu sèchement que toutes nos démocraties européennes étant des démocraties « représentatives », un vote au parlement était pleinement représentatif et en tout cas parfaitement suffisant.

Ceux qui avaient toussé s'étranglèrent. Ils se souvenaient que le texte de Giscard avait été approuvé par 83 % des parlementaires français, ce qui ne l'avait pas empêché d'être rejeté par 55 % des Français. Sur ce thème de l'Europe, nos parlementaires ont perdu depuis longtemps toute leur représentativité, toute leur légitimité.

Qu'importe ! Vous vouliez passer en force par un joli petit tour de passe-passe. Les grands principes ne vous ont jamais étouffé. C'est ce que vous appelez votre « pragmatisme ». Hélas pour vous, en Irlande, le peuple a encore voix au chapitre.

Pourquoi n'avez-vous pas essayé de comprendre que si, par réalisme, nos compatriotes et la plupart des peuples européens se résignent à une Europe confédérale, ils ne veulent à aucun prix de cette Europe fédérale qu'on leur impose de plus en plus, sans même d'ailleurs les en avoir prévenus ?

Les Français acceptent, souvent du bout des lèvres, l'Europe des Nations, mais ils ne veulent pas de l'Europe-Nation qui entraînerait à très court terme la disparition de la France à laquelle, aussi curieux que cela puisse vous paraître, ils sont encore nombreux à tenir.

Ils se sont déjà aperçus, chaque fois après coup, que nous n'avions plus de frontières, plus de monnaie, que notre justice devait s'effacer devant la justice européenne, que nos lois devaient s'incliner devant les règles de Bruxelles, et qu'on se retrouvait, sans qu'on ait crié gare, à vingt-sept, avec des Lettons, des Lituaniens et même des Bulgares.

Ils n'en peuvent plus, ils crient « Halte là ! » et ont pris l'idée même de l'Europe en grippe. Le 30 juin, à la veille d'accéder à la présidence de l'Union européenne, vous avez avoué sur France 3 : « Peu à peu, nos concitoyens se demandent si, finalement, l'échelon national n'est pas mieux à même de les protéger que l'échelon européen. » Hé oui ! Vous devriez en tenir compte.

En tout cas, il faudrait sans doute les laisser souffler un moment, et leur donner le temps d'ingurgiter ce dont on vient de les gaver au pas de course.

Mais, en bon démocrate « irréprochable » que vous prétendez être, vous ne voulez plus leur donner la parole. Du coup, jamais autant de Français ne se sont sentis aussi… Irlandais que le soir du non de l'Irlande. Et, aujourd'hui, nombreux sont les Français qui espèrent, à peine secrètement, que les Irlandais diront non une nouvelle fois, puisqu'ils sont désormais les seuls à bénéficier encore du droit de vote.

Vous pensez aujourd'hui que votre présidence de l'Union européenne, de juillet à décembre 2008, avec la crise, a redoré l'image de l'Europe aux yeux des Français. Vous avez tort. Nous avons trop vu que l'Europe ne servait à rien en cas de tempête, et qu'au contraire, tous les intérêts nationaux de chacun des vingt-sept resurgissaient aussitôt. Et aujourd'hui, on s'aperçoit que votre façon de présider l'Union européenne pendant six mois a été catastrophique pour l'Europe.

Pendant six mois, Angela Merkel s'est opposée systématiquement et en permanence à tout ce que vous proposiez, en fait à tout ce que vous vouliez imposer, et le couple franco-allemand, pivot de l'Europe, en a pris un sérieux coup. La rupture inattendue entre Siemens et Areva en est l'une des preuves les plus évidentes. Siemens préfère maintenant s'allier avec les Russes. Quant aux Anglais sur lesquels vous tentiez de vous rabattre, ils ont totalement ignoré, pour ne pas dire méprisé, tout ce que vous pouviez dire, pour n'en faire qu'à leur tête. Et ce n'est pas votre attaque stupide, le 5 février, contre la politique de Gordon Brown – « Quand on voit la situation du Royaume-Uni, on n'a pas envie de leur ressembler » – qui va améliorer nos relations avec Londres. Votre attaque était d'autant plus idiote que vous ajoutiez : « Les Anglais ont fait ça parce qu'ils n'ont plus d'industrie, contrairement à la France. » Or, l'industrie représente 24 % de l'économie britannique et... 21 % de l'économie française. Et c'est sans parler des Polonais et de tous les « petits » pays, qui n'ont guère apprécié votre impérialisme arrogant et méprisant.

Vous rêviez d'imposer à vos vingt-six homologues un plan européen face à la crise, vous avez été obligé de reconnaître que ce plan européen auquel vous étiez laborieusement parvenu n'était, en fait, qu'une... boîte à outils, dans laquelle chacun pourrait choisir, comme il l'entendait, les solutions les mieux adaptées à ses problèmes particuliers. Une boîte à outils, c'est ce qui était à la disposition des ouvriers de la Tour de Babel.

Vous rêviez de devenir, après votre présidence de l'Union européenne, patron de l'Eurogroup. Quand Kouchner a tenté d'évoquer cette hypothèse, Angela Merkel s'est écriée devant ses homologues : « Il est fou ! Je vous l'avais bien dit. » Et d'ailleurs aujourd'hui l'euro lui-même est menacé.

Bref, même la crise ne vous a pas permis de « sauver l'Europe », comme vous le prétendiez. Et votre traité simplifié de Lisbonne est réduit aujourd'hui à son expression la plus simple... puisque l'Europe elle-même vacille sous les coups de la crise, au milieu de la tempête, du sauve-qui-peut et du chacun pour soi.

Cela dit, votre décision de vous asseoir purement et simplement sur le non français à la Constitution de Giscard, grâce au tour de passe-passe que vous avez tenté de faire avec votre Traité simplifié, reste une grave erreur politique que vous risquez fort d'avoir à payer cher un jour.

On ne bafoue pas toujours impunément les règles élémentaires de la démocratie. Vous verrez qu'on vous reprochera plus tard non pas d'avoir tenté de sauver l'Europe, mais de l'avoir cassée par vos maladresses à répétition et, en plus, de nous avoir... bâillonnés. Car vous n'avez rien fait d'autre. Votre grand principe est toujours d'essayer de passer en force. Ça ne marche pas à tous les coups. Il y a parfois un grain de sable... Là, il y a eu un gigantesque coup de sirocco.

*

Votre décision, le 14 novembre 2007, d'envoyer des troupes supplémentaires en Afghanistan risque, elle, et avant longtemps, de vous coûter encore plus cher. Il est vrai que cette décision que vous avez prise alors que, selon tous les sondages, plus de 80 % des Français y étaient hostiles, a et aura des conséquences autrement plus graves.

Sur le moment, certains ont un peu « tiqué ». C'était, selon eux, une preuve supplémentaire de votre alignement, le petit doigt sur la couture du pantalon, derrière George Bush que vous étiez le seul, le dernier, l'ultime à prendre encore au sérieux. Comme l'a écrit cruellement Emmanuel Todd, vous ressembliez alors « à un rat pressé d'embarquer sur un navire qui coule ».

Vous aviez déjà multiplié, au-delà du raisonnable, les signes d'allégeance à l'égard du locataire en bout de bail de la Maison-Blanche. Vous aviez même annoncé notre retour au sein de l'OTAN. Mais comme vous regrettiez visiblement que (par la faute de Chirac) nos troupes ne soient pas enlisées aux côtés des GI's dans le dramatique bourbier irakien, vous n'avez rien trouvé de mieux que d'en envoyer de nouvelles dans le bourbier afghan.

On peut commettre des erreurs politiques, ça peut souvent se rattraper, plus ou moins. Mais envoyer des hommes à la mort dans une guerre perdue d'avance, pour une défaite programmée, annoncée, évidente, c'est une autre affaire.

Car ne vous faites aucune illusion – n'importe quel sous-officier, n'importe quel historien, n'importe quel géographe vous le dirait –, la guerre d'Afghanistan est bel et bien une guerre perdue d'avance.

Et, au surplus, une « sale » guerre, où, à la recherche de rebelles introuvables, nous nous faisons inévitablement haïr par la population en patrouillant dans les villes, en bombardant les villages, en incendiant les récoltes, en empoisonnant les puits, en tuant par erreur les femmes et les enfants, en arrêtant et en interrogeant (c'est-à-dire en torturant) des innocents.

Ces guerres-là où on a, d'un côté, une armée étrangère classique, en uniforme, avec de l'aviation, des armes lourdes, des chars, et, de l'autre côté, quelques poignées de combattants du cru, armés de simples kalachnikovs mais ayant le soutien de la population, sont toujours perdues par les armées étrangères.

La seule question qui se pose aujourd'hui est de savoir combien de morts il nous faudra encore déplorer avant d'être obligés de reconnaître qu'on ne vient jamais à bout de la rébellion d'un peuple de montagnards, que nous n'avons rien à faire là-bas, et qu'il nous faut donc plier bagages, toute honte bue, en embarquant nos cadavres et en ne laissant derrière nous que des ruines, de la haine et quelques collaborateurs se balançant au bout d'une corde.

Vos arguments pour expliquer votre politique afghane ne tiennent pas une seconde, et prouvent, si besoin était, que vous ne connaissez rien du dossier et que vous n'avez même pas voulu entendre les nombreux experts français de la région.

Vous nous dites que « les grandes démocraties doivent lutter contre les Taliban parce que, quand ils étaient au pouvoir, ils avaient imposé la burqa (le grand voile qui les cache de la tête aux pieds) aux femmes afghanes ». C'est historiquement faux.

Il se trouve que, pour des raisons toutes professionnelles, je connais bien l'Afghanistan, que je l'ai parcouru en tous sens pendant trente ans. Je peux vous affirmer que ce ne sont pas les Taliban qui ont imposé cette burqa aux femmes afghanes, qu'elles l'ont toujours portée, depuis quelques siècles, et même qu'elles la portaient quand le gouvernement communiste de Kaboul puis les occupants soviétiques (1979-1989) ont tenté de la leur interdire.

L'Afghanistan a toujours été un pays à l'islam rigoureux, et il est aussi absurde que criminel d'envoyer nos soldats là-bas se faire tuer parce que leur mode vestimentaire nous choque.

Les Taliban au pouvoir en ont, c'est vrai, un peu rajouté. Mais la vie quotidienne qu'ils avaient imposée aux Afghans n'était guère plus scandaleuse que celle qu'imposent à leur peuple les régimes d'Arabie saoudite ou de certains émirats du Golfe que vous trouvez parfaitement fréquentables, alors qu'ils font pourtant, eux aussi, couper la main des voleurs, qu'ils interdisent eux aussi aux femmes de conduire, et qu'eux aussi font lapider à mort celles qui sont soupçonnées d'adultère.

« Ce n'est pas pareil, me direz-vous, l'Arabie saoudite et les pays du Golfe ont du pétrole, et il est donc normal que nous respections leurs belles traditions ancestrales. » Combien de barils par jour faut-il produire, d'après vous, pour avoir le droit de lapider tranquillement à mort les femmes adultères sans choquer les bonnes consciences occidentales ? Votre argument ne tient pas.

Comprenant que nous n'avons pas envie de faire la guerre là-bas simplement pour que les Afghanes ne portent plus leur burqa, vous nous racontez alors qu'en envoyant nos soldats se faire tuer dans les cailloux des vallées afghanes, « nous protégeons la démocratie menacée par le terrorisme islamiste ». Balivernes !

Si l'islamisme menace, en effet, nos démocraties, le problème dépasse de beaucoup, hélas, les bandes de fanatiques qui déambulent en Afghanistan.

Au lendemain du 11 septembre, votre ami Bush a envahi l'Afghanistan pour renverser les Taliban qui soutenaient Al-Qaïda et, bien sûr, pour s'emparer de Ben Laden lui-même. Il fallait bien que Bush réagisse devant l'horreur des attentats et fasse quelque chose. Il a même d'ailleurs, dans la foulée, envahi l'Irak sous prétexte que Saddam Hussein possédait des armes de destruction massive. Mais, s'il a bien renversé les Taliban et Saddam Hussein, il n'a trouvé ni armes de destruction massive en Irak, ni Ben Laden en Afghanistan.

Cela fait huit ans que des dizaines de milliers de soldats occidentaux, surarmés, suréquipés, pourchassent Ben Laden. En vain. De deux choses l'une : ou Ben Laden n'est pas en Afghanistan mais dans les zones tribales du Pakistan, voire ailleurs, ou – ce qui est plus vraisemblable – il est désormais « comme un poisson dans l'eau » (selon l'expression de Mao) au milieu de la population afghane. Or, et c'est très grave, réfléchissez-y, s'il est ainsi désormais chez lui en Afghanistan, c'est parce que, en envahissant ce pays, nous avons fait de lui le héros du peuple afghan.

En septembre 2001, il n'était entouré que d'une poignée d'illuminés. Aujourd'hui, grâce à nous, à notre présence, à nos chars, à nos bombardements, il a derrière lui, avec lui, par solidarité islamique, par haine des étrangers et des infidèles, tout le peuple afghan qui, en se soulevant contre l'envahisseur, l'a pris pour chef spirituel et politique.

Vous ne comprenez toujours pas qu'en débarquant en Afghanistan, les troupes occidentales ont redonné aux Taliban et à Ben Laden toutes les clés de ce pays.

Quand ils étaient au pouvoir, les Taliban ne contrôlaient que Kaboul, Kandahar et deux ou trois vallées. Depuis que nous les avons renversés, ils contrôlent plus des trois quarts du pays. En débarquant à Kaboul, nous avons allumé une guerre sainte qui ne demandait qu'à exploser.

Les Américains avaient oublié un élément essentiel : le réflexe nationaliste, qu'on peut ici appeler la solidarité islamique.

Les Afghans n'étaient pas tous favorables aux Taliban, loin de là, mais l'invasion de leur pays et son occupation par des forces étrangères, qui plus est des « infidèles », les ont contraints à considérer les Taliban comme des frères, mieux, comme l'armée de libération, seule capable de chasser ces étrangers qui prétendaient être des libérateurs et qui sont rapidement devenus des occupants détestés, des oppresseurs haïs.

L'Occident avait armé les Taliban (qu'on appelait alors des « patriotes afghans ») pour qu'ils chassent les Soviétiques. Ce qu'ils avaient fait. Aujourd'hui, les Afghans et certains pays islamistes arment et rejoignent ces mêmes Taliban pour qu'ils chassent les Américains et leurs alliés occidentaux. Nous voulions faire la guerre à quelques poignées de terroristes cachés dans des grottes ; nous nous retrouvons avoir à faire la guerre au peuple afghan.

Mais ce que ni Bush ni vous n'avez compris, c'est que ce n'est pas quand vous aurez trouvé Ben Laden (si jamais vous le découvrez), ni quand vous aurez écrasé les Taliban et maintenant le peuple afghan (si jamais vous y parvenez), que vous aurez éradiqué le terrorisme islamiste.

L'islamisme radical, qui veut en effet abattre notre civilisation occidentale et nos démocraties pour imposer la Charia à la planète entière, ne se limite évidemment pas à une poignée de barbus sautillant comme leurs chèvres dans les cailloux des contreforts de l'Hindou Kouch.

Cela fait des années, trente ans pour être précis, que cet islamisme nous a déclaré le djihad, la guerre sainte. C'était à Téhéran, en 1979, quand Khomeyni, venant de Neauphle-le-Château, a débarqué d'un avion d'Air France dans la capitale iranienne après la fuite du Shah que l'Occident avait abandonné.

Et, depuis, l'islamisme n'a pas pour seul territoire, pour seul refuge, pour seule base l'Afghanistan. Il est partout, de la Mauritanie aux Philippines, de certains quartiers de Chicago à nos cités de non-droit. Il n'a besoin ni de Ben Laden, ni des tribus afghanes pour recruter de nouveaux adeptes, pour noyauter des quartiers, pour fanatiser des foules, pour se préparer au « grand soir », pour commettre des attentats.

L'islamisme s'est réveillé en Iran avec le triomphe de Khomeyni, puis il a proliféré en Égypte (avec les assassins de Sadate), en Algérie (avec le GIA), au Soudan (avec la prise du pouvoir par les amis de Tourabi, l'ayatollah local), dans le Golfe, en Somalie, au Kenya, en Tanzanie, au Pakistan, en Inde, aux Philippines, en Indonésie, partout et jusque dans certains quartiers pauvres à forte majorité d'immigrés musulmans de nos grandes métropoles.

Si le 11 septembre 2001 a bien été une opération dirigée du fin fond de l'Afghanistan par Ben Laden, les terroristes islamistes n'ont eu besoin ni de l'argent, ni des armes, ni des ordres de Ben Laden, perdu dans ses grottes, pour déposer des bombes à Nairobi ou à Dar es Salam, dès août 1998, c'est-à-dire avant le 11 septembre 2001 (224 morts), à Bali le 12 octobre 2002 (190 morts), dans les gares de Madrid le 11 mars 2004 (191 morts), dans le métro de Londres le 7 juillet 2005 (52 morts), à Bombay le 26 novembre 2008 (172 morts), etc.

Vous êtes-vous jamais demandé pourquoi l'islamisme s'était ainsi répandu soudain comme une sorte d'épidémie à travers la planète ? Pourquoi tant de peuples avaient ainsi été brusquement « touchés par la foi » ?

La réponse est évidente : c'est tout simplement – et c'est ce qu'il faut bien comprendre – parce que le communisme s'était effondré, et que, contrairement à ce qu'on nous a raconté, l'Histoire ne pouvait pas s'arrêter avec la victoire du capitalisme triomphant. Croire que l'Histoire était terminée, « finie », comme l'ont écrit certains, avec la chute du Mur de Berlin, la disparition du Pacte de Varsovie et l'effondrement du Bloc soviétique, était absurde.

L'Histoire ne finira jamais et il faudra toujours un contre-pouvoir à tout pouvoir triomphant. Souvenez-vous de trois dates : 9 septembre 1976, mort de Mao à Pékin ; 24 septembre 1979, arrivée de Khomeyni à Téhéran ; 10 novembre 1982, mort de Brejnev à Moscou. Les uns, les idoles du communisme, mouraient de vieillesse ; l'autre triomphait pour prendre la relève.

Après la chute du communisme, il fallait bien que les oubliés du progrès, les exclus de nos sociétés, les défavorisés du tiers-monde, les miséreux de la planète, les sans-espoir trouvent un refuge, une autre espérance, une nouvelle arme menaçante à brandir contre nous.

Ils ont trouvé l'islam. Le marxisme vaincu, déconsidéré, enterré, a été remplacé, pratiquement du jour au lendemain, par l'islam, Marx par Allah et Mahomet son prophète, *Le Capital* par le Coran, Moscou et Pékin par La Mecque. Et, cette fois, pour ces peuples musulmans qui sombraient dans la misère, sous des dictatures souvent insupportables, ce n'était plus une idéologie d'importation ; c'était un produit local.

Avec une évidente mauvaise foi, vous vous refusez à parler d'un « choc de civilisations ». Avec une naïveté stupéfiante, vous faites mine de croire en la possibilité d'un « islam modéré ».

Tout comme le XXe siècle a connu un interminable affrontement entre le monde dit « libre » et les « bolcheviks », entre l'Est et l'Ouest, il est évident que ce XXIe siècle qui commence va connaître un affrontement sans merci entre ceux qui ont toutes les richesses et qui récitent la Déclaration universelle des droits de l'homme, et les damnés de la terre qui psalmodient le Coran (et qui sont plus d'un milliard et demi). Ce ne sera plus seulement une guerre idéologique, mais bel et bien une guerre de civilisations.

Quand à l'islam modéré que vous appelez de vos vœux, c'est encore une baliverne. Lorsqu'une religion se réveille, ce sont toujours ses fanatiques, ses intégristes, ceux qui ont sonné le réveil, qui mènent la troupe.

Et d'ailleurs, quand on croit en Dieu – ce qui n'est ni votre cas, ni le mien –, la laïcité est évidemment inadmissible.

Comment, si on croit que Dieu nous a créés, nous a donné des commandements, nous surveille en permanence du coin de l'œil et nous récompensera (ou nous punira) dans l'Au-delà, admettre et respecter des lois, des règles, des interdits ou des libertés édictés par de simples mortels élus au hasard d'un scrutin ? Comment croire qu'une simple Constitution laïque puisse l'emporter sur des textes dictés par le Tout Puissant, la Bible, la Torah, le Coran ou la Charia ?

Je ne sais plus qui disait, mais c'est peut-être Bernanos : « Ceux qu'on appelle "les fanatiques" ne sont jamais que les meilleurs fidèles des autres croyances. »

Tout cela pour vous dire que ce n'est pas en envoyant entre Kaboul et Kandahar deux régiments de parachutistes de Castres et de Carcassonne, et un bataillon de chasseurs alpins d'Annecy, qu'on viendra à bout du terrorisme islamiste, ce cancer dont les métastases sont apparues aux quatre coins du monde.

Quand on veut se lancer dans la politique étrangère, dans la géostratégie, il vaut mieux connaître un peu l'histoire et beaucoup la géographie.

L'histoire vous aurait appris qu'aucune puissance étrangère n'a jamais pu vaincre les Afghans, et que l'Afghanistan est l'un des très rares pays au monde à n'avoir jamais été colonisé. Par personne. Sans remonter aux Perses, à Alexandre le Grand, à Gengis Khan ou à Tamerlan qui ont, tous, connu bien des déboires dans cette région, les lanciers de la Reine Victoria, d'Edouard VII et de George V, comme les chars de Brejnev s'y sont cassé les dents.

Et c'est bien sûr la géographie de ce pays de montagnes infranchissables, de vallées étroites, de défilés effrayants, de steppes immenses, qui explique pourquoi les Pachtouns, les Tadjiks, les Hazaras, les

Turkmènes, les Baloutches et les Kirghizes ont pu piéger et massacrer tous ceux qui voulaient s'aventurer chez eux. Ils se détestent tous entre eux, d'une vallée à l'autre, ils n'ont pas la même langue, pas les mêmes mœurs, pas les mêmes costumes, mais il suffit qu'un étranger apparaisse pour qu'une étonnante et redoutable unité nationale, union sacrée, se reforme aussitôt.

Auriez-vous fait une seule fois la route Kaboul-Mazar-i Charif que vous auriez tout de suite compris qu'aucune armée classique, aussi bien équipée soit-elle, avec ses radars, ses satellites et ses avions sans pilote, ne pourra jamais venir à bout des rebelles afghans.

Vous nous dites que « se retirer serait donner une victoire aux Taliban ». C'est vrai. C'est exactement ce que disaient nos généraux en face du Viêt-minh ou du FLN, et ce que disaient les généraux américains en face du Viêt-cong. Ce n'est jamais en retardant une inévitable défaite qu'on remporte une victoire. On ne fait qu'aggraver les choses, qu'augmenter ses pertes, qu'accroître la haine des populations.

Cette guerre a transformé Ben Laden et les Taliban non seulement en héros du peuple afghan, mais en héros du monde islamique, si ce n'est de tout le tiers-monde.

Qu'allons-nous faire dans cette galère ? Un homme politique digne de ce nom doit savoir regarder les réalités en face.

À quoi pensiez-vous, le 20 août 2008, à Kaboul, quand vous êtes venu voir les rescapés de l'embuscade tendue par les Taliban, le 18, et qui avait fait dix morts et vingt et un blessés parmi nos hommes ? Vous avez déclaré : « C'est moi qui décide. C'est la paix dans le monde qui se joue ici. C'est la guerre contre le terrorisme et la pauvreté, mais aussi la lutte pour les droits de l'homme et de la femme. Si c'était à refaire, je le referais. » Mais ne vous êtes-vous pas dit en vous-même que ces hommes étaient morts pour rien ? Et que leur mort ne servait nullement à sauvegarder la démocratie ?

À quoi pensiez-vous, le lendemain, 21 août 2008, quand, dans la cour des Invalides, vous avez déposé des décorations sur les dix cercueils de ces soldats ? Ne vous êtes-vous pas dit qu'il fallait au plus tôt sortir de ce guêpier, car, sinon, vous auriez encore, souvent et pendant longtemps, à remettre des décorations à titre posthume sur des cercueils ?

Qu'avez-vous pensé de la déclaration sidérante du général Benoît Puga, sous-chef Opérations à l'État-major des armées, qui a alors affirmé : « Cette opération a été un succès. L'adversaire a été repoussé. L'adversaire a pris une sacrée raclée » (sic) ? Dix morts français, vingt et un blessés français, et un général français ose appeler ça un succès ! On venait d'apprendre que quatre de nos hommes blessés avaient été achevés à l'arme blanche, égorgés par les Taliban.

N'avez-vous pas eu envie de demander immédiatement sa démission à ce général qui qualifiait ce massacre de Français de « sacrée raclée » infligée aux Taliban ?

Que pensez-vous aujourd'hui, quand vous entendez Hamid Karzaï, la potiche que les Américains ont installée au pouvoir à Kaboul, dire qu'il faut que le mollah Omar, le chef suprême des Taliban, le soutien le plus officiel d'Al-Qaïda et le meilleur ami de Ben Laden, « participe pleinement à la reconstruction du pays » ? Ne comprenez-vous pas que la potiche elle-même sait que la guerre est perdue ?

Ça ne vous étonne pas que le propre frère d'Hamid Karzaï mène en ce moment des négociations avec des responsables taliban à La Mecque, en Arabie saoudite, ce qui veut dire à la fois que la potiche elle-même nous trahit et que les Saoudiens, nos « amis », soutiennent les Taliban ?

Ça ne vous choque pas qu'alors que vous nous répétez qu'il faut « faire la guerre aux Taliban pour sauver les démocraties de la planète », votre ministre des Affaires étrangères, l'ineffable Kouchner, déclare, devant la commission des Affaires étrangères de l'Assemblée nationale, que « La France est favorable à des discussions avec les Taliban à condition d'en exclure les éléments les plus extrémistes » ?

Il n'y a vraiment que Kouchner, qui ne comprendra décidément jamais rien à rien, pour s'imaginer qu'il y a des Taliban modérés qui ne nous ont déclaré qu'une guerre sainte… modérée, et qui ne commettront chez nous que des attentats modérés !

Quand on commence à trouver qu'il y a chez ses ennemis des modérés, c'est qu'on a compris que la guerre était perdue et qu'il n'y a plus qu'à capituler. Mais vous, vous envoyez de nouvelles troupes en Afghanistan ! Après avoir servi de porte-bidons à Bush, vous êtes prêt à en faire autant avec Obama. Il est vrai que vous voulez « changer le monde avec lui », même s'il ne vous a rien demandé.

*

Et puis, dans ce qu'on ne vous pardonnait pas, il y avait eu aussi la visite de Kadhafi à Paris. Une catastrophe absolue qui nous avait démontré que la diplomatie n'était décidément pas votre fort, et que votre vanité était telle que le premier bédouin venu pouvait vous ridiculiser à cœur joie.

En juillet 2007, on vous avait vu, revu et re-revu paradant sur tous les écrans de télévision en vous glorifiant de la libération, par Cécilia, des infirmières bulgares et du médecin palestinien détenus depuis des années par le « fou de Tripoli », appelé aussi « le dingo des Syrtes » ou « le maboule de Cyrénaïque ».

C'était, nous disiez-vous, grâce à vous, grâce à votre talent de persuasion, grâce à Cécilia, grâce à son charme, que ces malheureux que Kadhafi voulait faire exécuter avaient eu la vie sauve et, mieux encore, avaient enfin recouvré leur liberté.

Un très joli coup que tout le monde avait salué, même si les Français n'avaient pas toujours eu, pour ces malheurs, la même passion que vous.

Mais, très rapidement, les Français avaient appris la vérité et découvert le pot-aux-roses. Avant que Cécilia ne débarque la bouche en cœur à Tripoli, la libération des malheureuses infirmières et du pauvre médecin avait été négociée, monnayée et obtenue par Benita Ferrero-Waldner, la commissaire européenne aux Affaires extérieures. L'Europe avait payé.

Vous vous étiez donc contenté de rafler la mise pour faire précisément « un coup », tout en offrant à Cécilia un petit cadeau, sans doute dans l'espoir de la retenir auprès de vous en lui démontrant ainsi qu'elle pourrait jouer un rôle quasi historique si elle accep-tait de rester première dame de France.

Nous nous sommes alors demandé ce que vous aviez bien pu offrir au fou de Tripoli pour qu'il vous laisse tirer ainsi la couverture à vous et vous attribuer indûment le mérite de l'opération.

Nous avons rapidement compris. Pour qu'il vous permette de jouer les héros et de commettre votre petite imposture, vous aviez proposé à Kadhafi de le recevoir en grande pompe à Paris, et, en prime, vous lui aviez même promis un peu d'armement sophistiqué.

Trop habitué au monde politique parisien et à la faune du show-business, vous connaissez mal les bédouins. Vous lui aviez proposé, en fait, de vous tendre un piège. Il avait sauté sur l'occasion et vous, vous aviez sauté dans votre propre piège à pieds joints.

Les bédouins ne font jamais de cadeaux. Il était évident que si ce dictateur qui, depuis plus de 35 ans, injurie, traîne dans la boue et défie l'Occident, tout en fomentant des attentats contre ce même Occident, acceptait le petit voyage à Paris que vous lui offriez, ce n'était que pour s'offrir le luxe de vous injurier sur place et de vous ridiculiser à domicile.

Comment avez-vous été assez naïf pour croire que le dictateur fou de Tripoli, avec ses diatribes contre le monde judéo-chrétien, les attentats qu'il a financés un peu partout, ses tentes dans le désert, ses amazones gardes du corps et ses opposants en prison, allait se comporter en chef d'État civilisé ?

Vous nous disiez alors en substance : « Vous allez voir, je suis malin, en recevant Kadhafi avec tous les égards dûs à son rang, je vais le dresser, lui apprendre à manger avec une fourchette et l'obliger à revenir à de meilleurs sentiments. D'ailleurs, il ne rêve que de se faire une petite place honorable au sein des nations civilisées. »

N'importe quel de nos diplomates ayant été en poste à Tripoli vous aurait dit qu'à peine Kadhafi aurait installé sa tente dans les jardins de l'Hôtel Marigny, il commencerait à vous traiter de sale colonialiste, de marchand d'esclaves et de suppôt du capitalisme américain.

Et c'est naturellement ce qui advint. Kadhafi, débarquant à Paris le 10 décembre 2007, s'est fait un malin plaisir de déambuler en tenue de combattant, de lever le poing dans la cour de l'Élysée, de vous donner des leçons de morale à propos de nos immigrés, de vous démentir en affirmant que, contrairement à ce que vous veniez de déclarer, vous n'aviez jamais osé aborder devant lui les droits de l'homme, etc.

Il triomphait. Devant les gardes républicains qui lui présentaient les armes, devant tous les Français, il se « foutait ouvertement de la gueule » du président de la République. Et, du coup, vous étiez ridicule, penaud, petit garçon. C'est tout juste si vous n'aviez pas la larme à l'œil.

Vous ressemblez souvent aux personnages des *Fables* de La Fontaine. La cigale (en face de la fourmi) quand il s'agit du budget, le lièvre (en face de la tortue) quand il s'agit de l'Europe, la grenouille (qui voulait être un bœuf) devant vos homologues des grandes puissances, l'agneau (en face du loup) devant Poutine, Medvedev et les Chinois. Cette fois, devant Kadhafi, vous ressembliez au corbeau en face du renard (du désert). Vous aviez voulu vous vanter d'avoir obtenu la libération des infirmières et du médecin, vous vanter d'avoir fait entrer Kadhafi au bercail. Kadhafi vous avait laissé pérorer sur votre arbre, puis il s'était « payé votre gueule ».

Bilan, aujourd'hui ? Non seulement Kadhafi continue à narguer et à défier le monde occidental (jusqu'au jour où on s'apercevra qu'il continue à fomenter des attentats), non seulement ses prisonniers politiques croupissent toujours dans les bagnes de son désert, mais, au surplus, il vous a de nouveau donné une gifle et même une paire de gifles lors du lancement de votre Union pour la Méditerranée. Mise à part la honte, elles nous ont coûté combien, vos petites vantardises libyennes ?

*

L'Europe, l'Afghanistan, Kadhafi : trois énormes erreurs qui nous prouvaient que vous ne connaissiez pas les dossiers, et qu'avec un invraisemblable orgueil, vous pensiez pouvoir mépriser les réalités.

Bref, la première année de votre quinquennat avait été catastrophique en tous domaines. Votre image nous soulevait le cœur, votre ouverture à tout va et à tout vent nous déboussolait, votre mépris du gouvernement et du parlement nous sidérait, vos réformettes nous faisaient hausser les épaules, et votre politique étrangère nous affolait.

En dressant le bilan de votre première année au pouvoir, la presse (je parle de la presse étrangère, bien sûr, pas de la presse française) faisait un distinguo entre :

- vos « échecs patents » (le traité simplifié, la visite de Kadhafi, la loi TEPA, les rapports Attali et Balladur) ;
- vos « vantardises ridicules » (la libération des infirmières bulgares, vos négociations de paix pour le Darfour ou le Liban, votre agitation à propos d'Ingrid Betancourt, le Grenelle de l'environnement) ;
- et vos « succès en demi-teintes et sans grande importance » (la fin des régimes spéciaux de

retraite, le service minimum dans les transports, la fusion ANPE-Assedic, la carte judiciaire, la réduction du nombre des fonctionnaires).

C'était un bien modeste bilan pour l'homme de la rupture ! C'était ce qui faisait écrire à Emmanuel Todd : « Sarkozy, c'est une bulle qui a éclaté. »

Les Français, eux, n'avaient en tête que ce qu'on a appelé « les 4 I de Sarkozy » : Attali (pour son rapport), Kadhafi (pour sa visite à Paris), Carla Bruni (pour Disneyland) et Neuilly (pour des élections municipales qui avaient démontré que votre ancien fief était devenu une pétaudière sans nom, si ce n'est qu'on avait vu disparaître le nom de Marti-non-non-non et apparaître, dans des circonstances pour le moins déplaisantes, celui de votre fiston qui, avec une précocité étonnante due sans doute à l'hérédité, semblait avoir aussi réussi à trahir tout le monde).

Certains observateurs remarquaient alors que, tout au long de l'année, vous aviez surtout fait du... clientélisme à la petite semaine. Dati place Vendôme, c'était pour plaire aux immigrés qui voulaient s'en sortir, Fadela Amara pour les banlieues pourries, la lettre de Guy Môquet pour les communistes, la mémoire des enfants de la Shoah pour les Juifs, le discours de Latran pour les catholiques, les heures sup' pour les ouvriers, le bouclier fiscal pour les riches, etc.

Hé oui, du pointillisme ! Ça manquait un peu de vision d'ensemble ! Le rôle d'un chef de l'État est d'incarner la Nation, pas d'accentuer les communautarismes en saupoudrant ses générosités et en distribuant des sucettes à chaque groupe.

Bref, vous avez terminé la première année de votre quinquennat sur les genoux, avec 70 % d'opinions défavorables, ce qui n'était pas un succès pour un président élu un an plus tôt avec 53 % des voix. Vous ne l'aviez vraiment pas volé.

Mais il faut bien dire, quoi que vous en pensiez, et quoi qu'ait pu en dire une presse française à votre dévotion, que la deuxième année de votre mandat n'a guère été plus brillante.

Aujourd'hui encore, à Paris, il est de bon ton de dire – et vos courtisans ne s'en privent pas – que cette deuxième année de votre quinquennat a été marquée par une « éblouissante » présidence de l'Union européenne qui vous aurait permis, entre autres, de sauver l'intégrité de la Géorgie face aux appétits du Kremlin, et de sauver la planète d'une crise financière et économique pire que celle qu'on avait connue en 1929, tout en faisant oublier toutes les critiques que de très mauvais esprits avaient pu formuler pendant les premiers mois de votre installation à l'Élysée.

« On vous avait bien dit que Nicolas était un personnage extraordinaire, le sauveur que nous attendions », nous disent le plus sérieusement du monde vos thuriféraires, balançant leur encensoir à bout de bras.

C'est fou !

Les chars russes sont toujours en Géorgie, Poutine et Medvedev ont annexé les deux provinces sur lesquelles ils lorgnaient, la planète sombre de plus en plus dans la crise avec des faillites en cascades, des empires qui s'effondrent les uns après les autres comme des châteaux de cartes, jetant à la rue des chômeurs par milliers, l'Europe n'a jamais été aussi divisée, comme si la crise et vos façons de la malmener pendant six mois l'avaient rendue chancelante à tout jamais, nous sommes fâchés avec les Chinois, ignorés par l'Amérique d'Obama, on crève de faim et de froid dans les rues de Paris, tout s'écroule, le film d'horreur continue et s'accélère, et vos copains sont satisfaits, et même fiers de vous ! Vous-même, d'ailleurs, ne semblez pas mécontent. « Je sais où je vais », nous répétez-vous. Mais les Français savent que vous allez droit dans le mur.

Jusques à quand, Sarkozy, abuseras-tu de notre naïveté ? aurait dit Cicéron.

Jusques à quand la presse française nous racontera-t-elle n'importe quoi ?

Il est vrai que, depuis votre arrivée au pouvoir, bien des têtes qui jouaient parfois un peu trop les fortes têtes à la direction des rédactions ont roulé dans la sciure, à TF1, au *Journal du dimanche*, à *Paris Match*, au *Parisien*, aux *Échos*, un peu partout. Cette presse française qui était déjà très respectueuse, pour ne pas dire un rien servile, en tout cas toujours très complaisante (ce qui n'est pas un compliment), est devenue obséquieuse. Votre cimeterre bien aiguisé a fait merveille, ces derniers temps.

Cela dit, la presse aux ordres ne devait pas vous suffire, puisque vous avez relancé ce qu'on appelait jadis « la propagande ». Vous avez nommé l'ancien publicitaire Thierry Saussez délégué interministériel à la Communication et, le 24 juin, il lançait sur toutes les chaînes hertziennes et de la TNT une campagne sur le thème « Pouvoir d'achat, vous êtes impatients ? Nous aussi ! » 1 630 fois les spots furent ainsi diffusés ! Coût de l'opération : 4,3 millions d'euros !

Jack Lang a eu raison de s'interroger à propos de cette campagne lancée à la veille des vacances, et alors que l'INSEE annonçait une baisse du pouvoir d'achat : « Peut-être qu'un jour il faudra interdire ce type de campagne, car il est tout de même étrange de faire payer par les contribuables une campagne publicitaire vantant la politique gouvernementale ! »

Mais commençons par le commencement. Non, vous n'avez pas changé au cours de cette deuxième année.

Vous avez continué !

À fréquenter vos petits copains et même à les bichonner, pratiquant un népotisme qui dépasse tout ce que nous avions pu connaître jusqu'à présent (affaire Clavier, affaire Tapie, affaire Marina Petrella, etc.),

À faire le fanfaron (la libération d'Ingrid Betancourt, l'affaire du *Ponant*, la guerre de Géorgie, la crise du Proche-Orient, etc.),

À déraper en perdant vos nerfs (en traitant, par exemple, le chef d'état-major de l'Armée de terre d'« amateur » après l'incident de tir du 3ᵉ RPIMa à Carcassonne, en insultant le commissaire européen Peter Mandelson que vous accusiez d'avoir « sapé » la position de l'Europe dans les négociations de l'Organisation mondiale du commerce, en insultant Carolis qui n'appréciait pas assez votre réforme de la télévision),

À nous imposer des réformettes sans grand intérêt (la Constitution, la télévision publique sans publicité, la carte des implantations militaires, le RSA, etc.),

À reculer dès que ça se gâtait un peu (la réforme du lycée, celle de l'université, le travail le dimanche, l'hébergement des SDF, la Guadeloupe, etc.),

À oublier les déficits, la dette, le pouvoir d'achat, les baisses d'impôts,

Et à patauger en politique étrangère (le Dalaï Lama, Pékin et les Jeux olympiques, votre rapprochement avec la Syrie, l'Union pour la Méditerranée, etc.)…

Sans parler – mais nous allons en reparler – de votre présidence de l'Union européenne et de votre gestion de la crise.

Or, c'est curieux et même totalement incompréhensible, malgré tout, il faut bien le constater, vous êtes alors remonté dans les sondages ! Il y a là un mystère sidérant. Serions-nous plus bêtes que la moyenne ?

*

Dès l'automne 2008, alors que le pays sombrait dans la crise, la morosité et parfois le désespoir, vous reveniez pour quelques semaines, sans raison et sans que personne ne comprenne pourquoi, à 47 % d'opinions favorables.

Comme les sondages sont votre seule vraie préoccupation, il faut bien reconnaître que, contre toute évidence, vous pouviez vous vanter d'avoir, au cours de cette deuxième année, réussi quelque chose sans qu'on sache très bien quoi. À moins que vous n'ayez eu une chance folle ?

Certains mettaient cet incroyable (éphémère et relatif) retour en grâce sur le compte de la crise et de votre agitation tous azimuts. En cas de catastrophe, les Français deviennent toujours légitimistes. C'est ce que les politologues appellent « le syndrome de

Pétain ». Quand tout va très mal, nos compatriotes se réfugient frileusement derrière l'autorité suprême, quelle qu'elle soit.

En vous voyant sauter d'un avion à l'autre, sortir de toutes vos poches des plans de n'importe quoi, réunir en pleine nuit les banquiers, les Français ont peut-être fini par se dire que vous faisiez... ce que vous pouviez, de votre mieux, avec vos tout petits moyens. Ils savaient que c'était dérisoire, que ça ne servait à rien, mais ils pensaient qu'aucun autre n'aurait sans doute pu faire mieux.

Il faut bien reconnaître que, dans nos malheurs, vous avez une chance incroyable : vous êtes le premier président de la Ve République à n'avoir aucune opposition en face de lui. Ça aide forcément.

De Gaulle, Pompidou et Giscard avaient eu Mitterrand, Mitterrand avait eu Chirac, Chirac avait eu Jospin. Vous, personne. Tout au plus Martine Aubry, Ségolène, Montebourg, Valls et Besancenot, voire un peu Bayrou. Autant dire rien. Moins que rien.

Vous pouvez faire n'importe quoi, et même ne rien faire, et même ne faire que des erreurs, personne, aucun vrai talent, aucune personnalité tant soit peu prestigieuse ne vous dénoncera, ne vous fustigera, ne vous ridiculisera, n'exigera votre départ du haut de la tribune de l'Assemblée nationale ou de la moindre tribune du moindre des préaux d'école.

L'état de la gauche, du centre, de l'extrême gauche et de l'extrême droite est tel que vous êtes assuré de la plus totale des impunités. Vos seules inquiétudes pourraient éventuellement venir un jour de votre propre camp. Un Juppé sortant du bois, un Villepin sortant du tunnel.

Vous êtes seul sur le devant de la scène, en jeune premier, poussant la chansonnette comme vous l'entendez, sans personne pour vous donner la réplique, car tous les autres sont loin, très loin derrière, perdus, immobiles et silencieux, en figurants se confondant avec le décor, quand ils ne sont pas carrément dans les coulisses à attendre des jours meilleurs et qu'une nouvelle distribution leur redonne un petit rôle à interpréter.

On peut d'ailleurs se demander pourquoi la gauche s'est délitée à ce point. Elle gagne toutes les élections locales, elle a raflé pratiquement toutes les régions, elle est très largement majoritaire aux cantonales et aux municipales, elle a encore gagné des sièges au Sénat, mais, au niveau national, elle n'existe plus.

Non seulement elle a perdu trois présidentielles de suite : 1995, 2002 et 2007 –, ce n'est d'ailleurs pas nouveau : elle avait déjà perdu 1965, 1969, 1974, autant dire qu'elle n'a gagné qu'en 1981 et 1988 grâce à Mitterrand –, mais, de surcroît, elle est totalement incapable – c'est ça qui est nouveau – d'incarner une véritable opposition à l'Assemblée, à la télévision ou même dans la rue.

Or, pardon de vous le dire, mais vous êtes évidemment le président qui aurait pu, qui aurait dû susciter le plus d'opposition. Vous êtes le plus vulnérable, celui qui aurait dû être le plus facile à attaquer. Votre personnage est rapidement devenu odieux à la plupart des Français, à commencer par ceux qui avaient voté pour vous ; vous n'avez tenu aucune de vos promesses électorales (beaucoup moins encore que tous vos prédécesseurs), vous avez accumulé les erreurs politiques, votre fébrilité permanente a témoigné d'une absence de sens de l'État consternante, et vous croupissiez au fond de tous les sondages.

En un mot, vous étiez la cible rêvée. On imagine avec quel plaisir un Mitterrand ou même un Chirac vous aurait réduit en charpie. Or, tous les « ténors » d'aujourd'hui sont restés aphones et l'opposition amorphe.

N'allez surtout pas croire que c'est grâce à vous. C'est uniquement par leur faute. Ce n'est ni votre politique d'ouverture, ni la trahison de votre programme de droite avec votre valse-hésitation entre étatisme et libéralisme, ni des succès que vous n'avez pas remportés qui ont anesthésié la gauche. Elle s'est endormie d'elle-même et dans un cauchemar épouvantable.

Si ses notables locaux peuvent encore remporter victoire sur victoire, comme ils l'ont démontré lors des dernières régionales, des dernières cantonales, des dernières municipales et même des dernières sénatoriales de septembre 2008 (les socialistes ont gagné 21 sièges), le PS en tant que tel n'a pas su amorcer le virage du XXIe siècle, se mettre à l'heure du temps et tourner définitivement la page défraîchie écrite jadis par Jaurès, Blum, Mollet et Mitterrand.

La gauche n'ayant plus ni d'idéologie à mettre en avant, ni d'idées à proposer aux Français, ni même d'os à ronger, il ne reste plus à ses éléphants, éléphantes et éléphanteaux, souvent atteints d'éléphantiasis, qu'à s'entredévorer comme les derniers survivants du radeau de la Méduse.

Vous étiez passé de la page politique à la page *people* des journaux, mais le PS aurait pu, lui, passer à la page des faits divers, tant les tentatives d'assassinat, de hold-up, de braquage en tout genre se sont multipliées au 10, rue de Solferino où, depuis des mois, on marche dans des flaques de sang pour éviter les cadavres.

On peut imaginer que Martine Aubry va réveiller ce PS qu'avait si longtemps bercé (d'illusions) le bien triste François Hollande et qu'elle va vous donner un peu de fil à retordre. La fille de Jacques Delors a un avantage considérable sur Ségolène Royal, Dominique Strauss-Kahn, Bertrand Delanoë et les autres : elle est socialiste, et c'est ce qui lui a permis de l'emporter (d'un poil et sur le fil) à la tête du parti lors du congrès de Reims.

Mais cet avantage est évidemment le pire des handicaps. Car « la dame des 35 heures » est socialiste à la mode d'antan, comme quand on savait encore planter les choux à la mode de chez nous, du temps du Front populaire et presque de Zola. Elle peut réveiller le PS, elle ne peut pas le rajeunir. Et le vieillard, même remis sur ses jambes, ne pourra que tituber.

C'est sans doute cette chance parfaitement imméritée de n'avoir aucune opposition qui vous a permis de survivre au fond du gouffre des sondages et de remonter pendant quelques semaines à la surface, comme un ludion.

*

Cela dit, quand on observait ces sondages à la loupe, on en venait presque à se demander si vous n'aviez pas été sauvé de la noyade absolue par... une simple révérence. Celle de Carla devant la reine d'Angleterre, le 26 mars 2008.

170

C'est absurde, bien sûr, mais il n'en faut quelquefois pas beaucoup, et nous sommes désespérément bon public.

Aux yeux de l'opinion, Carla, au début, symbolisait jusqu'à la caricature tout ce que nous vous reprochions le plus depuis votre élection : le goût du fric, du show-business, la vie de patachon, l'exhibitionnisme, la gauche caviar, etc.

Ses photos très dévêtues – pour ne pas dire complètement à poil – et la liste interminable de ses soupirants qui circulaient, les unes et l'autre, sur Internet, ses déclarations idiotes de petite gamine de milliardaire fascinée par la gauche, la rapidité du coup de foudre (en plus, chez Séguéla !) et ses premiers pas avec vous, vous enlaçant sans pudeur et vous pourléchant sans retenue, sans parler des révélations sur son père « biologique », nous avaient fait sursauter.

Vous n'étiez sans doute pas digne d'être président de la République et de succéder à de Gaulle, mais elle n'était sûrement pas digne d'être la première dame de France et de succéder à tante Yvonne. Ni d'ailleurs à Claude Pompidou, à Anne-Aymone Giscard d'Estaing, à Danièle Mitterrand ou à Bernadette Chirac.

Bref, Carla, accentuant tous les défauts qu'on vous reprochait, vous avait, au début, plutôt enfoncé.

171

Mlle Bruni faisait partie des fameux « 4 I » qui vous avaient plombé avec Attali, Kadhafi et Neuilly.

Et puis, une révérence réussie sur le perron de Windsor, devant Elizabeth, sous l'œil gourmand de Philip, et retransmise par les télévisions du monde entier, a tout fait basculer. Allez donc savoir pourquoi !

Les Français l'ont soudain trouvée ravissante, particulièrement élégante avec son tailleur gris souris et son petit bibi. Elle avait l'air bien élevée, on sentait qu'avant de faire une java épouvantable, elle avait reçu une bonne éducation, peut-être même chez les bonnes sœurs. Brusquement, les Français comprenaient presque votre coup de foudre, vous le pardonnait. Et, du coup, vous pardonnait (un peu) le reste.

Quelques semaines plus tard, vous commenciez à remonter dans les sondages alors qu'on dépassait pourtant les 2 millions de chômeurs, que le CAC 40 passait sous les 3 000 points, et que vous multipliiez les erreurs et les gaffes.

Je crois que nous ne sommes plus aujourd'hui qu'une petite poignée d'irréductibles à n'avoir pas été bouleversés par son troisième disque *Comme si de rien n'était* (en effet !), et donc à regretter qu'elle n'ait pas remisé définitivement sa guitare au grenier, à la trouver un brin ridicule avec son air gnan-gnan dès qu'elle ouvre la bouche pour dire qu'elle aime son mari – et que, d'ailleurs, elle aime tout le monde –, à être scandalisés qu'on lui consacre des après-midi entiers et des soirées interminables à la télévision, comme dans la pire des dictatures, à avoir été étonnés sans être pour autant pleinement rassurés par sa déclaration – un brin stupéfiante – à la presse brésilienne : « Je ne suis plus une croqueuse d'hommes » (sic !), et à avoir été outrés que ce soit à sa demande que vous ayez décidé de ne pas expulser une ancienne terroriste italienne réclamée par la justice romaine, Marina Petrella.

Je ne dis pas qu'il fallait, après tant d'années, expédier vers les prisons italiennes cette brigadiste plus ou moins repentie, condamnée à la perpétuité en 1992 en Italie. Je dis qu'il est intolérable, dans un pays dit « de droit », que ce soit l'épouse du chef de l'État qui en ait décidé ainsi et que ce soit elle qui soit allée, en personne et avec sa sœur, annoncer cette mesure de clémence à son heureuse bénéficiaire.

Attention ! Même si je trouve ça ridicule, je suis persuadé que Carla vous a aidé à remonter un instant la pente, mais je suis tout aussi convaincu que si jamais vous vouliez lui faire jouer le moindre rôle politique, comme vous aviez essayé de le faire avec celle d'avant, les Français seraient sans pitié.

Cela dit, on ne saura jamais si ce sont les sondages catastrophiques ou Carla qui vous ont un peu calmé sur le plan du « bling-bling ». Mais, c'est vrai, vous êtes passé de la Breitling de levantin nouveau riche à la Patek Philip de banquier suisse, ce qui est tout de même un gros progrès, et on a bien l'impression que vous avez définitivement égaré vos Ray-Ban.

On peut aussi supposer que Carla, qui sait se servir de ses couverts à table, a réussi à vous donner quelques premières leçons de savoir-vivre élémentaire. Merci, Carla ! Mais courage, car l'élève a encore beaucoup à apprendre. (Soyez gentille, Carla, accompagnez-le aussi chez son tailleur, il ne sait toujours pas s'habiller.)

On peut aussi mettre peut-être au crédit de Carla une relative raréfaction de vos écarts de langage en public (nous n'avons pas eu à déplorer trop de « Casse-toi, pauv' con ! » cette année) et même une raréfaction de vos idées, précisément « à la con ».

Oubliée, l'idée scandaleuse de faire « porter la mémoire » des petites victimes de la Shoah par nos enfants des écoles ; oubliée, ou presque, la stupide laïcité positive du discours de Latran ; complètement oubliée, l'incompréhensible politique de civilisation que vous nous aviez servie refroidie, un soir de réveillon.

Mais si ces tout petits progrès vous ont fait (pendant quelques semaines) remonter dans les sondages en gommant (un peu) certains des aspects les plus choquants de votre personnalité, cette deuxième année de votre quinquennat n'a pas été pour autant meilleure que la première. Et, mis à part pour le bling-bling, il ne semble pas que vous ayez tiré la moindre leçon des échecs de vos douze premiers mois.

Vous vous étiez peut-être un tantinet calmé, votre troisième épouse vous avait peut-être appris à ne plus mettre vos doigts dans le nez (c'est une image), mais vous n'étiez pas devenu pour autant un homme d'État. Et vous êtes rapidement revenu, dans les sondages, à votre niveau « naturel » : 60 à 65 % d'opinions défavorables. L'effet Carla dissipé, vous êtes redevenu le président le plus impopulaire de la Ve République dès décembre 2008.

*

Commençons par l'anecdotique : c'est généralement ce qui choque le plus le bon peuple. Vous a-t-on dit, par exemple, que l'affaire Clavier et l'affaire Tapie avaient provoqué, chacune, entre quinze et vingt fois plus de réactions des internautes français que votre discours de Toulon du 25 septembre 2008, ou que la présentation de votre Plan de soutien à l'activité, le 4 décembre 2008 à Douai ?

Et c'est normal. Qu'un homme politique fasse des volte-face en vol plané (c'est-à-dire des loopings) idéologiques ou qu'il nous raconte qu'il va sauver le pays avec des bouts de ficelle imaginaires, nous y sommes habitués. C'est presque de la routine qui ne nous suggère plus guère de commentaires depuis des décennies. Juste des haussements d'épaules méprisants.

Mais qu'un chef d'État intervienne personnellement parce que la pelouse de la résidence d'été d'un de ses copains a été un peu piétinée ou, pis encore, pour sortir du pétrin, avec quelques centaines de millions d'euros payés par le contribuable, un autre de ses copains qui a été condamné par les tribunaux et a fait de la tôle, c'est évidemment nouveau, et, comme disent vos amis « bobos », ça « interpelle ». Disons plus simplement que ça scandalise.

Avec votre culot habituel, vous allez me dire qu'il est absolument inadmissible que, sur le territoire de la République, des inconnus puissent violer une propriété privée et organiser un barbecue dans le jardin d'un citoyen français sans que celui-ci leur en ait donné l'autorisation. Vous avez parfaitement raison.

Et ce n'est pas parce que l'incident, disons même le « drame » s'est passé en Corse, qu'il pourrait être moins intolérable. La Corse fait partie intégrante de la République, les lois de la République doivent y être appliquées dans toute leur rigueur. Évidemment.

Juste une question : combien y a-t-il chaque année, en Corse, de maisons totalement détruites par des explosifs déposés par des militants indépendantistes ? Personne n'en sait rien. Il y en a tellement qu'on ne les compte plus.

Alors, question subsidiaire : combien y a-t-il eu de hauts fonctionnaires de la police, en poste en Corse, virés au lendemain de chacun de ces attentats ? Pas un. Et heureusement, d'ailleurs, car sinon il n'y aurait plus un seul policier dans l'île de Beauté.

Rappel des faits : le samedi 30 août 2008, méprisant le Fort de Brégançon, vous prenez quelques jours de vacances dans la villa de votre nouvelle belle-famille au Cap Nègre, et, ce même jour, en Corse, en fin de matinée, une cinquantaine d'indépendantistes, membres de Corsica Nazione Indipendente et de U Rinnovu, pénètrent, derrière plusieurs élus indépendantistes de l'Assemblée régionale corse, dans le jardin de la villa de Christian Clavier, au cœur du lotissement (de grand luxe) de la « Punta d'Oru » (la Pointe d'Or) qui se trouve sur la commune de Porto-Vecchio.

Auparavant, ces militants s'étaient regroupés devant la mairie de Porto-Vecchio et y avaient

déployé une banderole sur laquelle on pouvait lire
« Honte à toi qui vends la terre ! »

Ces indépendantistes protestent depuis des années
contre la spéculation immobilière qui sévit dans l'île
et qui, d'après eux, spolie les Corses et défigure l'île
de Beauté. Il faut bien dire qu'ils n'ont pas totalement tort, et que, s'ils connaissaient bien leurs dossiers, ils pourraient même évoquer certains scandales
immobiliers relevant des assises et impliquant toutes
les mafias du bassin méditerranéen.

Depuis quelques mois, ils sont particulièrement
déchaînés contre le PADDUC, le Plan d'aménage-
ment et de développement durable de la corse,
actuellement en discussion et qui prévoit de nouveaux aménagements dans l'île, souvent très contes-
tables.

Camille de Rocca-Serra, député UMP de la Corse-
du-Sud, président de l'Assemblée de Corse et héritier
du clan des Rocca-Serra dont le fief est Porto-
Vecchio, est l'un des grands partisans du PADDUC,
et c'était donc surtout contre lui que protestaient les
manifestants. La banderole apposée sur la mairie de
Porto-Vecchio le visait personnellement. Il a été
longtemps maire de Porto-Vecchio et il a lui-même
vendu des terres à des promoteurs immobiliers. À
commencer justement par le lotissement de la Pointe
d'Or.

Clavier n'était pas non plus un inconnu pour les manifestants. Il avait été l'acteur vedette de *L'Affaire corse*, film qu'avaient apprécié les indépendantistes et pour lequel, très habilement, les producteurs avaient embauché des figurants et surtout des agents de sécurité corses proches, voire très proches des milieux indépendantistes.

Les indépendantistes savaient naturellement que Clavier était l'un de vos meilleurs amis. Ils vous avaient vu à plusieurs reprises passer quelques jours chez lui à la « Punta d'Oru », et avaient même cru que ce serait chez lui que vous viendriez vous reposer après votre campagne, en 2007. Vous aviez préféré le yacht de Vincent Bolloré. Ils avaient aussi appris, comme tous les Français, que Clavier avait fait partie des *happy few* que vous aviez invités à votre fiesta du *Fouquet's*, le soir de votre victoire, et que vous lui aviez remis personnellement la légion d'honneur à l'Élysée, le 21 mai.

Quand les gardiens de la villa avaient téléphoné à Clavier pour l'avertir que des indépendantistes s'étaient installés dans des transatlantiques autour de la piscine, l'acteur leur aurait demandé de « recevoir ces visiteurs correctement et de leur servir des rafraîchissements ». Détail qui sera bien sûr démenti par la suite.

En début d'après-midi, les visiteurs quittent les lieux. Ils n'ont jamais pénétré à l'intérieur de la villa et n'ont pratiquement rien détérioré, même si, plus tard, un porte-parole de l'Élysée affirmera qu'« ils ont pissé dans la piscine et y ont jeté un coq mort » (en vérité, le coq en question n'était pas mort, puisqu'il s'agissait d'une statuette en plâtre représentant le volatile !). En tout cas, il n'y a pas eu mort d'homme...

Le lendemain à l'aube, informé de l'incident, du Cap Nègre vous appelez Bernard Squarcini, le patron de la Direction centrale du renseignement intérieur, et vous lui donnez ordre de virer immédiatement le contrôleur général Dominique Rossi, coordonnateur des services de sécurité intérieure en Corse, « grand flic » respecté par tous et auquel vous aviez même accordé la rosette de la Légion d'Honneur quelques mois plus tôt, parce qu'il avait fait baisser considérablement le nombre des attentats dans l'île.

D'après vous, Rossi a commis une faute impardonnable. Il était au courant des projets des indépendantistes et n'a pas envoyé l'escadron de CRS qui était à sa disposition pour protéger la villa de Clavier.

On peut en discuter. Rossi, Corse lui-même et connaissant parfaitement les indépendantistes, savait que cette occupation se déroulerait calmement. Fallait-il, en envoyant la troupe, prendre le risque de faire dégénérer cet *happening* bon enfant en affronte-ment ? Rossi ne l'a pas pensé.

En fait, c'est vous qui avez commis là une faute impardonnable. Il est parfaitement normal de faire « sauter » un haut fonctionnaire quand il y a eu faute dans son service. La chose ne se fait d'ailleurs pas assez souvent et cette impunité dont bénéficient les hauts responsables de la fonction publique explique bien des dysfonctionnements dont nous avons à souf-frir.

Seulement voilà : quand les indépendantistes avaient envahi, à Ajaccio, l'Assemblée territoriale et incendié (à la vodka !) l'immeuble du président de l'exécutif – ce qui était autrement plus grave que la pelouse de Clavier un brin piétinée –, vous n'aviez pas fait virer Rossi, pas plus que quand la villa de Balagne appartenant à Muriel Robin avait été cam-briolée, ou quand d'innombrables propriétés apparte-nant à des continentaux avaient été plastiquées.

En virant Rossi, et donc en écœurant tous les res-ponsables du maintien de l'ordre en Corse (et en fai-sant rigoler tous les indépendantistes), vous ne vouliez pas reprendre en main une administration peut-être un peu trop laxiste ; vous vouliez simple-ment faire savoir *urbi et orbi* qu'on ne touche pas impunément à vos copains, à vos « potes », et que vous protégiez votre clan comme, précisément, un chef de clan corse. Or vous êtes président de la République, pas chef de clan.

C'était la première fois qu'un président de la République intervenait personnellement dans une affaire de pelouse piétinée ! Les Français ont été choqués par cette affaire dérisoire, mais qui révélait que vous étiez un adepte du « fait du prince », ce qu'ils détestent... souverainement !

Le 14 janvier 2007, en pleine campagne électorale, vous vous étiez écrié du haut de la tribune de la Porte de Versailles : « Si l'État veut être respecté, il doit être respectable. Je ne transigerai pas. Le fait du prince n'est pas compatible avec la République irréprochable. » Comme vous aviez raison !

Au lendemain de l'affaire Clavier, vous vous êtes contenté de déclarer que « ce n'est pas parce qu'on est mon copain qu'on n'a pas le droit de bénéficier de la justice ». D'accord. Mais les Français sont convaincus, eux, que c'est précisément parce que Clavier est votre copain que Rossi a sauté.

Depuis, Rossi est dans un placard de l'Inspection générale, quinze gendarmes surveillent en permanence la villa de Clavier, celui-ci n'ose plus retourner en Corse, et dix des indépendantistes qui avaient pique-niqué chez lui ont été condamnés à 500 euros d'amende, le procureur s'étant écrié sans avoir peur du ridicule : « On a bafoué les droits constitutionnels de M. Clavier... »

*

Cette affaire Clavier s'ajoutait à l'affaire Tapie qui avait, elle aussi, scandalisé les Français.

Rappel des faits : en 1992, Bernard Tapie, devenu ministre de la Ville dans le gouvernement Bérégovoy, veut se débarrasser de sa société Adidas, très mal en point. Il charge le Crédit lyonnais de la vente. Personne n'en veut. En février 1993, Robert Louis-Dreyfus finit par acheter 15 % d'Adidas, le reste étant acquis par le Crédit Lyonnais, les AGF et des fonds d'investissement. Premier scandale, puisque deux sociétés publiques, le Crédit Lyonnais et les AGF, sont venues ainsi au secours d'un membre du gouvernement. Mais passons. C'était l'époque où le Premier ministre se faisait prêter gratuitement de l'argent par des amis du Président qui avaient bénéficié de délits d'initiés…

Robert Louis-Dreyfus redresse Adidas et revend l'entreprise avec un énorme bénéfice qu'il partage bien sûr avec le Crédit Lyonnais, les AGF et les fonds d'investissement. L'apprenant, Tapie, qui n'est plus la vedette flamboyante de naguère, estime qu'il a été floué par le Crédit Lyonnais, affirme qu'il ne connaissait pas les détails du montage financier, et qu'il n'est pas normal que le Crédit Lyonnais, qu'il avait chargé de la vente d'Adidas, ait pu en devenir en partie propriétaire et faire des bénéfices très substantiels au moment de la revente. Il veut sa part du gâteau.

Tapie attaque en justice le CDR (chargé de liquider les actifs douteux du Crédit Lyonnais), c'est-à-dire l'État. De procès en procès, l'affaire dure des années. Tapie gagne un peu, perd, va en prison pour autre chose, regagne un peu plus, reperd.

Jusqu'à ce qu'à l'automne 2006 la Cour de cassation, tout en reconnaissant que le montage financier élaboré par le Crédit Lyonnais comportait quelques zones d'ombre (l'intervention de plusieurs sociétés *offshore*), estime qu'il n'y a pas à condamner lourdement le CDR.

En principe, donc, après cet arrêt de la Cour de cassation, il aurait fallu tout recommencer devant une cour de renvoi.

Mais là, à la stupeur de tous ceux qui suivent le dossier, l'État accepte de renoncer aux voies normales des juridictions publiques et choisit (en accord avec Tapie, bien sûr) de s'en remettre à un « tribunal arbitral », c'est-à-dire à trois personnalités « privées » choisies par les deux parties. Personne ne peut comprendre que l'État, qui avait toutes les chances de l'emporter après l'arrêt de la Cour de cassation, ait ainsi décidé soudain de dessaisir la jus-

tice de la République au profit d'une justice purement privée.

Et, comme on pouvait s'y attendre, ce tribunal
arbitral donne gain de cause à Tapie au-delà de ses
espérances les plus folles : 240 millions d'euros
d'indemnité + 45 millions d'euros de dommages et
intérêts + 111 millions d'euros d'intérêts, soit au
total 396 millions d'euros que vont devoir lui verser
les contribuables.

Le problème n'est pas de savoir si Tapie a été ou
non floué par le Crédit Lyonnais. Le problème est de
savoir pourquoi l'État a accepté, pour régler cette
affaire, de s'en remettre à Pierre Mazeaud, 78 ans,
ancien président du Conseil constitutionnel, Jean-
Denis Bredin, 79 ans, avocat, membre de l'Académie
française et ancien radical de gauche (comme Tapie),
et Pierre Estoup, 81 ans, ancien président de cour
d'appel.

Les trois hommes (qui ont perçu un million
d'euros pour étudier le dossier et rendre leur verdict)
n'ont certes pas la réputation d'être des escrocs, mais
il est aberrant que l'État ait préféré, plutôt que de
s'en remettre à la justice du pays, laisser une « justice privée » dire le mot de la fin.

Christine Lagarde qui, en tant que ministre de
l'Économie, gérait ce dossier, et qui, bien sûr, n'avait
pu accepter le principe d'un tribunal arbitral sans vous

en avoir parlé, nous a demandé pour sa défense (embarrassée) : « Ai-je l'air d'un copain de Tapie ? » Non, c'est vrai, elle n'a pas l'air d'un copain de Tapie.

Et elle a ajouté : « Cette affaire avait duré trop longtemps, nous voulions trouver une issue rapide. » Cet argument ne tient pas. Pourquoi diable l'État, qui a toujours tout son temps, était-il soudain si pressé d'en finir, au risque de perdre 400 millions d'euros sur un dossier qu'il avait presque gagné ? Jamais l'État n'avait eu recours à un tribunal arbitral, et ce n'est pas à l'avocat que vous êtes que je vais l'apprendre.

C'est évidemment vous qui avez donné (à tout le moins) votre feu vert pour cette procédure exceptionnelle qui ne pouvait qu'être néfaste pour les intérêts de l'État. Et vous, vous ne pouvez, hélas, pas dire que vous n'avez pas « l'air d'un copain de Tapie » !

Vous connaissez Tapie depuis 1983. Vous l'avez rencontré pour la première fois au cours d'un petit dîner à trois chez... Séguéla. À croire que c'est là votre cantine habituelle. Vous vous êtes tout de suite plu. Vous aviez encore l'air d'un gamin, mais on vous sentait déjà prêt à tout. Vous n'aviez que 28 ans, mais vous veniez de remporter la mairie de Neuilly. Ça intéressait Tapie. Lui, de son côté, avait fait fortune sans qu'on sache trop comment. Ça vous fascinait. Vous aviez déjà une certaine attirance pour le fric.

Et puis, au fil des années, Tapie est devenu un ami proche de Brice Hortefeux, votre meilleur copain, et de Jean-Louis Borloo, qui fut longtemps son avocat.

En 1993, quand vous étiez ministre du Budget dans le gouvernement Balladur, vous avez accordé à l'Olympique de Marseille (dont Tapie était le président) un rééchelonnement de sa dette. C'était très gentil de votre part.

En 2004, quand vous étiez ministre des Finances de Raffarin, l'affaire Adidas est arrivée sur votre bureau et vous avez déjà essayé de la sortir du parcours juridique traditionnel en tentant d'imposer une première « médiation » que vous avez confiée à Jean-François Burgelin, ancien procureur général près la Cour de cassation. C'était très, très gentil de votre part. Mais la médiation a échoué.

En 2007, Tapie a appelé à voter pour vous. Je ne dis pas que ce soit Tapie qui vous ait fait élire, mais c'était tout de même étrange. Et très gentil de sa part.

Mieux encore, beaucoup mieux même, c'est Tapie en personne qui, entre les deux tours de la présidentielle, vous a apporté sur un plateau… Bernard Kouchner. Il avait négocié avec Hortefeux et en détails toutes les clauses de la trahison du *Business doctor*, et il vous l'a amené par la main jusque dans votre bureau. Je ne suis pas sûr que ç'ait été un cadeau, Kouchner vous aurait même sans doute rejoint sans entremetteur, mais ça partait d'un bon sentiment de la part de l'ancien taulard qui tentait alors de se refaire une place au soleil, si ce n'est une vertu.

Comment, dans ces conditions, voulez-vous que les Français ne soient pas tous convaincus que le tribunal arbitral et les 400 millions à la clé n'aient pas été qu'une épouvantable magouille que vous auriez bénie, sinon vous-même manigancée ?

Ils ont sûrement tort. Mais vous n'avez pas raison de continuer à recevoir à l'Élysée Bernard Tapie, même si, en sortant de l'entretien, le brave homme nous déclare sans rire, la main sur le cœur : « Nous n'avons pas parlé de l'affaire Adidas. Nous avons parlé de la politique de la ville. Le Président voulait que je lui donne des idées. »

Et, comble du comble, le jour de Noël, France 2, la chaîne publique que vous étiez en train de reprendre en main, d'une main de fer, nous a offert comme petit cadeau la diffusion en direct d'*Oscar* avec, dans le rôle principal, un très mauvais Bernard Tapie qui reprenait le personnage de Louis de Funès, celui qui, d'après les experts allemands, vous ressemble le plus…

Voulez-vous que je vous dise ? Tout ça ne sent pas bon. Ça pue le copinage, les petits services, le fric, les renvois d'ascenseur, les combines. Et cette odeur-là est insupportable à l'Élysée.

Ajoutez à ça votre idée de supprimer la publicité sur les chaînes publiques (tout en autorisant de nouvelles coupures de publicité sur les chaînes privées), alors que tout le monde sait que votre ami Martin Bouygues, parrain de votre fils, est propriétaire de TF1, et que votre ami Vincent Bolloré, celui du yacht, est propriétaire de Direct 8.

Ajoutez les 120 bandits manchots accordés aux casinos de Dominique Desseigne, patron du groupe Barrière et propriétaire du fameux *Fouquet's*. Ajoutez...

Naturellement, ce n'est pas parce qu'il est votre copain que Dominique Desseigne n'avait pas le droit de recevoir ces 120 bandits manchots, mais vous ne nous empêcherez jamais de penser que c'est précisément parce qu'il est votre copain qu'il les a reçus, ces bandits manchots.

Tout comme ce n'est bien sûr pas parce qu'il est votre copain que Bouygues a obtenu, en mars 2008, le marché (1,8 milliard d'euros) de la construction de six établissements pénitentiaires qu'il va construire et qu'il va gérer pendant 27 ans.

Il n'empêche, tout ça fait beaucoup, même si vous bénéficiez comme tout un chacun de la présomption d'innocence...

Un président de la République doit être « irréprochable », selon votre propre mot ; mais il doit être aussi insoupçonnable, comme la femme de César.

*

Vous êtes généreux avec vos amis au-delà du raisonnable et teigneux avec vos ennemis au-delà du supportable.

Vous avez exigé et obtenu la tête d'Alain Genestar, le patron de *Match*, parce qu'il avait osé publier une photo de Cécilia avec son amant, la tête de Poivre d'Arvor parce qu'il avait osé vous demander si, à vos débuts, vous ne vous étiez pas senti « petit garçon », au milieu de tous les chefs d'État, la tête du patron du *Journal du dimanche* parce qu'il avait osé révéler que Cécilia n'avait pas voté à la présidentielle, vous avez demandé la tête de Giesbert, patron du *Point*, parce qu'il avait osé publier un article sur « Sarko et les psys » ; vous avez fait sauter Rossi en Corse à la suite de l'affaire de la pelouse de Clavier, le préfet de la Manche Jean Charbonniaud parce que vous aviez été chahuté à Saint-Lô, etc.

Tout cela est inadmissible. Bafouant la liberté d'expression et les règles de l'administration, vous avez réintroduit en France le crime de lèse-majesté. Ça ne vous a pas grandi, et on comprend presque qu'un habile commerçant ait mis en vente votre poupée vaudou pour permettre à certains de nos concitoyens de calmer leur colère en vous perçant de mille aiguilles maléfiques. Vous l'avez d'ailleurs lui aussi fait poursuivre, bravant ainsi le ridicule tout en lui permettant d'augmenter ses ventes grâce au retentissement que vous avez bien maladroitement donné à l'affaire.

Que vous passiez votre temps à baver sur Chirac n'améliore pas non plus votre image. Votre prédécesseur n'a pas laissé un si mauvais souvenir que ça aux Français. Lui, au moins, était « sympathique » et s'il n'a sans doute pas fait des merveilles, on attend toujours les vôtres.

Avez-vous lu le sondage Ifop-*Paris-Match* de janvier dernier qui donnait à Chirac 70 % d'opinions favorables, alors qu'il ne vous en accordait que 46 % ? Vous aviez 24 points de retard sur lui, et encore, c'était avant que vous ne replongiez totalement dans les abysses des sondages. C'est beaucoup. Et pourtant, vous veniez encore, avec votre élégance habituelle, de le traiter publiquement de « roi fainéant ». (Ne vous faites pas d'illusion, personne ne vous a cru quand, huit jours plus tard, vous avez tenu à préciser que ce n'était pas Chirac que vous visiez. Vous auriez dû alors préciser qui vous aviez visé. De Gaulle ? Pompidou ? Giscard ? Mitterrand ? Il n'y en a pas eu tellement.)

Mais ce que bien des Français ne supportent plus, c'est votre acharnement hargneux contre Villepin. Vous voulez visiblement le faire embastiller, lui faire rendre gorge, « l'accrocher à un crochet de boucher », selon votre propre expression qui est, certes, imagée, mais qui n'a rien de très courtois. Méfiez-vous : l'Histoire est pleine d'arroseurs arrosés, et je suis sûr qu'il y a eu aussi quelques bouchers qu'on a retrouvés pendus à leurs crochets...

Les Français n'ont rien compris à l'affaire Clearstream. Ils ont des excuses : tous n'ont pas eu le temps de lire les... 27 tomes du dossier d'instruction.

Aux yeux de nos compatriotes, il y a sûrement eu une tentative de déstabilisation menée contre vous par deux Pieds nickelés, un ancien polytechnicien, Jean-Louis Gergorin, et un informaticien, Imad Lahoud. Et il est probable que ces deux farfelus souhaitaient, en utilisant des listings trafiqués, se faire bien voir par ceux qui ne vous portaient pas dans leur cœur. Le reste est sans doute plus compliqué, mais...

Que le ministre des Affaires étrangères de l'époque ait, en janvier 2004, voulu faire faire une enquête (par le général Rondot) pour savoir si, comme l'affirmaient les deux « dingues », vous aviez « planqué du fric » au Luxembourg, voilà qui n'a rien de scandaleux. Il faisait son métier. Ministre de l'Intérieur, vous avez vous-même ordonné de nombreuses enquêtes sur un certain nombre de personnalités politiques, victimes elles aussi de ragots. Personne ne vous l'a jamais reproché.

Que Villepin ne vous ait pas prévenu de cette enquête qu'il faisait faire sur vous, n'a rien d'étonnant. C'est le contraire qui aurait été surprenant.

Qu'il ait souhaité, en mai 2004, qu'on prévienne la justice, est plutôt normal, même si on ne comprend pas très bien qu'il ait choisi d'avoir recours à un « corbeau », Gergorin lui-même, pour transmettre le dossier au juge Van Ruymbeke.

Qu'il ne vous ait pas fait savoir, fin juillet 2004, que l'enquête – dont il ne vous avait pas parlé – prouvait votre innocence, est parfaitement logique. Il aurait tout de même été délicat, pour le ministre de l'Intérieur qu'il était devenu, de dire au ministre de l'Économie que vous étiez devenu : « Cher Nicolas, certains m'ont affirmé que vous étiez la dernière des crapules, mais, enquête faite et jusqu'à preuve du contraire, il ne semble pas que ce soit le cas. »

Et rien, strictement rien, jusqu'à présent, ne permet de supposer et encore moins de prouver que Villepin ait pu être à l'origine de l'opération ratée. Si c'était lui qui avait fait rajouter votre nom dans les fameux listings, il n'aurait pas eu besoin de faire faire une enquête par Rondot, puis par la DST, pour savoir si ces listings étaient « bidons ».

Ajoutons – mais, là encore, rien ne le prouve – qu'il n'est pas totalement impossible que Villepin se soit dit un instant que, s'il était démontré que vous aviez dissimulé des sommes importantes au Luxembourg, ce ne serait pas une franche catastrophe.

Vous vous détestez l'un l'autre, c'est une évidence. Rarement deux personnages ont été aussi opposés : le grand et le petit, le diplomate et le populiste, l'aristo un brin prétentieux et le fils d'immigré revanchard, le poète abscons et l'amateur de westerns, l'homme d'État qui méprise le suffrage universel et le politicien qui a gravi, échelon après échelon, toutes les étapes des apparatchiks. On se demande bien de quoi vous pouviez parler quand vous vous adressiez encore la parole. Il vous a toujours regardé de haut, vous avez toujours serré les dents en l'apercevant.

Que vous ayez été concurrents ne fait aucun doute.

Dès l'origine, en 1993, vous étiez dans deux camps qui s'affrontaient. Vous, ministre du Budget de Balladur et convaincu que votre Premier ministre, au zénith de tous les sondages, serait élu président de la République (et vous nommerait à Matignon), vous aviez rallié sans pudeur les enfants d'Édouard. Lui, sans doute plus malin et connaissant mieux les Français qu'on ne le dit, était resté fidèle à Chirac, tout en étant directeur de cabinet de Juppé au Quai d'Orsay.

À l'époque, du ministère du Budget vous aviez ordonné qu'on inflige un contrôle fiscal au père de Villepin, sénateur des Français de l'étranger. Ce n'était pas très élégant, mais c'était alors l'une de vos pratiques préférées, comme d'autres pratiquent l'arsenic en province, ou le Magnum 357 aux alentours de Pigalle.

Mais, en trahissant, vous aviez joué le mauvais cheval, et lui, en restant fidèle, s'était retrouvé dans le camp des vainqueurs. Il y a quelquefois une morale. Pas toujours.

Vous avez naturellement oublié que c'était Villepin qui, bêtement, vous avait sorti du purgatoire en vous imposant à Chirac qui, vous connaissant mieux que quiconque, ne voulait plus entendre parler de vous. C'est grâce à l'insistance de Villepin que vous avez pu devenir, dès 1998, secrétaire général du RPR, puis, en 2002, faire votre retour au gouvernement.

Villepin a commis deux fautes dans sa carrière : il vous a remis en selle en 1998 et il a voulu imposer le CPE en 2006. La première faute lui a coûté évidemment beaucoup plus cher que la seconde.

Sans le CPE, Villepin aurait pu être un redoutable adversaire pour vous lors des présidentielles de 2007. Il avait un avantage considérable sur vous : il avait le physique, l'allure, l'envergure, et même, peut-être, la culture d'un chef d'État. Les Français y sont sensibles.

Mais il y avait eu le CPE, la révolte des jeunes, une très mauvaise gestion de la crise, le lâchage de Chirac, et, au fond, plus que tout, une espèce de nonchalance méprisante de Villepin qui voulait bien se coltiner avec les réalités, mais pas avec la piétaille.

Aujourd'hui, vous affirmez que vous ne vous représenterez pas en 2012. C'est une balivernes de plus. Sauf catastrophe épouvantable vous conduisant à vous réfugier à l'étranger, vous vous représenterez, évidemment ! Vous ne pensez qu'à ça, et pas seulement en vous rasant. On ne peut pas vous le reprocher. Même de Gaulle s'est représenté en 1965. Giscard s'est représenté en 1981, Mitterrand en 1988, Chirac en 2002. On veut toujours parachever l'œuvre entreprise, finir en beauté, ou, à tout le moins, essayer de faire un peu de tout ce qu'on avait promis et qu'on n'a pas fait pendant son premier mandat.

Or, votre analyse est simple : la gauche n'aura pas eu le temps de se requinquer, de se construire un programme cohérent, d'imaginer un socialisme de l'après-crise, et le PS aura continué à se déchirer en s'étripant sur le choix du candidat.

Ségolène n'aura bien sûr renoncé à rien et se considérera toujours comme légitime, puisqu'elle a été battue la dernière fois ; Martine Aubry s'estimera totalement légitime, puisqu'elle aura dirigé et un peu redonné vie au parti ; Strauss-Kahn sera revenu du FMI et rappellera aux militants que s'il avait été candidat en 2007, il aurait sans doute été élu ; Hamon se sera senti pousser des ailes dans le dos, etc. Donc, selon vous, rien à craindre de ce coté-là, et d'autant moins que vous aurez poursuivi votre politique plus ou moins de gauche lancée à Toulon.

Mais, à droite, ce ne sera pas pareil. On pourra vous reprocher à la fois votre trahison et vos échecs, votre politique d'ouverture, votre retour au tout-État, l'augmentation des prélèvements obligatoires, des déficits et de la dette, l'aggravation du chômage, l'insignifiance de vos réformettes, l'échec de vos plans de sauvetage, etc. Et on ne s'en privera pas.

La droite, qui aime tant prôner l'union sacrée, a toujours eu plusieurs candidats à la présidentielle : De Gaulle et Lecanuet en 1965, Pompidou et Poher en 1969, Giscard et Chaban en 1974, Giscard et Chirac en 1981, Chirac et Barre en 1988, Chirac et Balladur en 1995, vous et Bayrou en 2007. Votre problème est donc de savoir quel sera votre challenger, à droite, en 2012.

Copé et Bertrand sont trop jeunes et se sont trop compromis avec vous. Alliot-Marie y pense, mais c'est sûrement pour rire. Restent Juppé et Villepin. Ils sont aujourd'hui au fond du trou, mais vous savez

197

mieux que personne qu'on peut toujours ressortir du trou, pour peu que les circonstances s'y prêtent et qu'on en ait vraiment envie.

En attendant de vous attaquer à Juppé dès qu'il prendra le train Bordeaux-Paris, vous voulez donc achever une bonne fois pour toutes Villepin.

Vous vous drapez dans votre dignité comme une vierge effarouchée en exigeant que la justice châtie ceux qui ont voulu porter atteinte à votre honneur. C'est très beau. Malheureusement, personne ne vous croit, et chacun sait qu'en fait, vous ne voulez que massacrer un homme déjà à terre sous prétexte qu'il pourrait, un jour, se relever. Et que vous êtes prêt à tout pour parachever cet assassinat.

Les avocats de Villepin ont adressé, le 24 novembre dernier, un mémoire au Conseil d'État vous accusant, à propos de l'affaire Clearstream, d'« excès de pouvoir », et vous reprochant d'avoir « instrumentalisé (vos) fonctions de président de la République pour la satisfaction de (vos) intérêts personnels ». C'est grave, mais, dit comme ça, ça ne veut rien dire.

Je serai donc plus précis. Deux juges, Jean-Marie d'Huy et Henri Pons, instruisaient depuis des mois l'affaire Clearstream. Ce sont eux qui, à la surprise générale, ont décidé, le 17 novembre 2008, de renvoyer Dominique de Villepin en correctionnelle pour « complicité de dénonciation calomnieuse, complicité d'usage de faux, recel de vol et recel d'abus de confiance ». Rien que ça ! Vous devez regretter qu'on ait supprimé la peine de mort !

Il faut savoir que, d'après la jurisprudence de la Cour de cassation, « la qualification de complicité peut s'articuler à l'encontre de celui qui, par son inaction ou son abstention, a laissé se commettre une infraction qu'il avait les moyens de combattre ou de dénoncer ». La justice reproche donc son « inaction » à Villepin. Mais là n'est pas le plus important.

Le plus important, et que je ne trouve pas très flatteur pour vous, ce sont les dates.

Les juges d'Huy et Pons ont donc signé ce renvoi en correctionnel de Villepin le 17 novembre. Or, le juge d'Huy avait été nommé à Montpellier et devait prendre ses fonctions le... 3 novembre, et le juge Pons devait lui aussi rejoindre un nouveau poste le 20 novembre.

Mais, le 31 octobre, vous avez signé un décret prolongeant jusqu'au 20 novembre les fonctions du juge d'Huy. Avouez que c'est tout de même curieux !

Les Français voudraient donc savoir si vous signez souvent des décrets prolongeant de... dix-sept jours les fonctions d'un magistrat, si vous n'avez rien d'autre à faire, et si c'est vraiment à vous de vous occuper de tels détails, surtout quand vous êtes partie civile dans une affaire qu'instruit le magistrat en question.

Naturellement, les Français ne mettent pas une seule seconde en doute la probité des deux magistrats. Mais ils remarquent :
- d'abord, que tout le monde annonçait un non-lieu ;
- ensuite, que le 7 octobre, le procureur de Paris, Jean-Claude Martin, avait déjà surpris tous les observateurs en demandant le renvoi en correctionnelle de Villepin pour « complicité par abstention de dénonciation calomnieuse », mais en précisant bien qu'il souhaitait que les poursuites pour « complicité d'usage de faux, recel de vol et recel d'abus de confiance » soient abandonnées ;
- et que, finalement, les deux juges d'instruction avaient été bien au-delà du réquisitoire définitif du procureur, alors que l'un des deux aurait déjà dû avoir quitté son poste et que l'autre faisait ses cartons pour gagner lui aussi sa nouvelle affectation.

Sans mettre en cause l'évidente intégrité des deux juges d'instruction, des esprits vétilleux pourraient se demander si leur récente promotion n'a été qu'un avancement classique au sein de la hiérarchie de la magistrature, ou s'il ne s'agirait pas plutôt d'une sorte de remerciement pour le zèle dont ils auraient pu faire montre dans une affaire vous concernant directement.

Ces esprits-là ont tort. La question ne se pose pas. Mais il y a tout de même quelque chose de gênant dans cette affaire, sans qu'on sache au juste très bien quoi...

Votre décret du 31 octobre est un affront pour la justice française. Vous qui êtes avocat de formation et, par fonction, en vertu de l'article 64 de la Constitution, « garant de l'indépendance de l'autorité judiciaire », vous avez accompli une sorte d'exploit. C'est la première fois dans l'histoire de la justice française que la partie civile choisit le magistrat instructeur de son affaire. Cela entache évidemment toute la procédure engagée contre Villepin.

Et, cerise sur le gâteau, moins d'un mois plus tard, le 22 novembre, vous avez signé un autre décret pour le moins surprenant, et qui, bien sûr, n'avait rien à voir avec la guerre que vous menez contre Villepin.

Vous décidiez, sans qu'on sache pourquoi, que la dignité de Grand Officier de la Légion d'honneur serait désormais accordée « de plein droit aux anciens Premiers ministres ».

Personne ne comprenait cette décision soudaine, un brin ridicule, il faut bien le dire. Les Premiers ministres ont déjà droit à la Grand Croix de l'Ordre du Mérite au bout de six mois de présence à Matignon. Cela nous semblait amplement suffisant et nous ne vous savions pas particulièrement attaché à ce que Napoléon lui-même, pourtant créateur de la Légion d'honneur, appelait « les hochets ».

Mais il fallait lire le décret jusqu'au bout pour comprendre. Il était en effet précisé que cette dignité n'était accordée qu'aux anciens Premiers ministres… « ayant exercé leurs fonctions durant deux années au moins ». En clair, Pierre Mauroy, Michel Rocard, Édouard Balladur, Alain Juppé, Lionel Jospin et Jean-Pierre Raffarin y avaient droit, mais pas Villepin qui n'était resté à Matignon que… un an, onze mois et quinze jours ! Pas de chance pour Villepin ! Même si je suis persuadé que vous n'aviez pas pensé une seule seconde à lui en rédigeant ce décret…

Du coup, Fabius (un an et huit mois à Matignon) et Édith Cresson (dix mois et quinze jours) n'avaient pas droit, eux non plus, à la dignité. C'était profondément injuste. Pour être tout à fait équitable, vous auriez dû préciser, dans votre décret, qu'il fallait être resté à Matignon ou plus de deux ans, ou moins d'un an et onze mois.

C'était ridicule, dérisoire, d'une mesquinerie affligeante, et, sans jeu de mots, c'est vous qui manquâtes alors le plus de… dignité.

Mais, dans toute cette guéguerre contre Villepin, vous avez surtout commis une faute politique. Vous

vous présentiez, dans cette affaire Clearstream, compliquée et peu ragoûtante, en victime du machiavélisme de Villepin. Personne n'était tout à fait dupe. Nous savons tous qu'en politique, tous les coups sont permis, y compris les coups les plus bas, et vous-même vous ne nous êtes jamais apparu comme l'agneau qui vient de naître.

À force d'en rajouter, de charger la barque, de choisir les magistrats, de ne lui épargner aucune mesquinerie, vous avez interverti les rôles. Aujourd'hui, ce n'est plus vous l'éventuelle victime d'une éventuelle machination un peu minable de Villepin. C'est lui l'évidente victime d'un acharnement judiciaire indécent, la victime de votre vindicte haineuse.

Le méchant tueur, ce n'est plus lui, c'est vous. Or, un président de la République ne peut pas se permettre d'assumer un tel rôle. Les crochets de boucherie ne s'installent pas dans les salons de l'Élysée où on ne peut jouer ni Feydeau, ni le Grand guignol.

*

Il faudrait vous calmer, vous maîtriser. Tenez, qu'est-ce qui vous a pris, le 30 juin 2008, à Carcassonne ?

Il y avait eu, la veille, un incident dramatique au cours d'une opération « portes ouvertes » à la caserne du 3ᵉ Régiment parachutiste d'infanterie de marine. Pendant une démonstration, un sous-officier avait tiré à balles réelles sur la foule, faisant 17 blessés parmi les spectateurs civils. La chose était bien sûr aussi stupéfiante qu'inadmissible.

Avec votre manie d'aller sur place au moindre incident pour nous faire un show télévisé, vous vous étiez précipité à Carcassonne et, là, vous aviez insulté le général Bruno Cuche, chef d'état-major de l'Armée de terre, en personne, et l'armée en général en vous adressant à Cuche et en vous écriant : « Vous n'êtes que des amateurs ! Vous n'êtes pas des professionnels ! »

Quelques heures plus tard, le général Cuche, superbe officier de cavalerie, ancien chef de nos opérations en Macédoine et au Kosovo, vous jetait sa démission au visage.

Quand on est président de la République, ce qui est votre cas, on ne peut pas dire n'importe quoi. Que le sergent qui avait tiré à balles réelles sur la foule ait commis une faute impardonnable, tout le monde en était d'accord, à commencer par les militaires eux-mêmes. Qu'il faille le sanctionner était une évidence, et sans doute avec lui son capitaine, voire même, éventuellement, son chef de corps, n'eût-il pris ses fonctions que la veille.

Mais insulter toute l'armée devant un régiment que vous alliez envoyer se faire tuer en Afghanistan était insupportable.

Ajoutons que votre ministre de la Défense, Hervé Morin, ce nigaud qui avait affirmé que le Rafale était trop sophistiqué pour être vendu à l'étranger (alors que nous tentions difficilement de le vendre à certains pays), n'a pas été plus brillant que vous, puisqu'il a tenu à bien préciser que vos insultes ne visaient pas seulement le sergent du 3ᵉ RPIMa, mais bien toute l'armée. Il a déclaré textuellement sur France 3, dès le 1ᵉʳ juillet : « Ces dysfonctionnements dépassent le drame de Carcassonne, ils touchent l'ensemble de l'organisation du ministère. »

Pourquoi donc ne lui avez-vous pas demandé sa démission sur le champ puisque, à l'entendre, les dysfonctionnements touchaient « l'ensemble du ministère » dont il avait la charge ? Il y a eu une époque où ça se faisait. Ç'aurait eu une certaine allure, et le retour de Morin dans l'anonymat qu'il n'aurait jamais dû quitter n'aurait fait pleurer personne.

Vous avez fait votre service militaire, en 1978, en étant « planqué » à la caserne Balard, dans le XVᵉ arrondissement de Paris, balayant les couloirs des services financiers de l'armée de l'Air le matin, tout en poursuivant vos études de droit l'après-midi. Vous ignorez donc que le 3ᵉ RPIMa est, avec le

8ᵉ RPIMa, le 2ᵉ REP et le RICM, l'un des quatre régiments les plus prestigieux de l'armée française. On l'envoie au Liban, dans l'ex-Yougoslavie, au Tchad, en Afghanistan, sur tous les théâtres de guerre qui n'ont rien à voir avec la caserne Balard.

Votre dérapage de Carcassonne, qui rappelait le fameux « Casse-toi, pauv' con » du Salon de l'Agriculture, était indigne du chef des Armées que vous êtes, et il tombait d'autant plus mal que les militaires, qui avaient très majoritairement voté pour vous, commençaient à mettre en doute vos compétences et à penser que vous n'étiez peut-être, vous aussi, qu'un amateur.

Le *Livre blanc sur la défense*, paru en juin, les avait effrayés. Il annonçait un retour de la France au sein de l'OTAN, évoquait la nécessité d'une vraie défense européenne, et préconisait des efforts dans le domaine du renseignement et de la haute technologie. Mais les militaires n'avaient retenu qu'une phrase : « Les restructurations se traduiront par une diminution importante des effectifs sur six à sept ans, et une réduction du coût de fonctionnement du ministère et des Armées. »

Comme ils savaient aussi que Morin préparait une carte militaire qui allait supprimer des dizaines de régiments, de bases et de casernes à travers le pays, les militaires comprenaient que vous vouliez les

206

réduire à la portion congrue – ce qu'ils n'appré-
ciaient pas, bien sûr – alors pourtant que vous leur
demandiez, dans le même temps, de participer à de
plus en plus de missions à l'étranger – Afghanistan,
mais aussi Tchad, Darfour, Proche-Orient, etc. –, ce
qui prouvait une totale incohérence de votre part. On
ne peut pas à la fois réduire d'une manière importante les effectifs et les coûts et multiplier les missions.

Ils ne contestaient pas votre volonté de sophisti-
quer les matériels de renseignement, mais ils avaient
l'impression que vous vouliez surtout privilégier vos
amis les industriels de l'armement de pointe (Das-
sault, Lagardère, etc.) aux dépens du matériel classique indispensable à nos armées pour assurer dans des
conditions acceptables toutes ces missions que vous
leur assigniez.

L'affaire du *Ponant* était encore dans toutes les
mémoires et symbolisait toutes les raisons du malaise
de l'armée. Ce yacht de luxe avait été capturé en
avril par des pirates au large de la Somalie. Vous
aviez très vite donné ordre de lancer une opération
pour le récupérer et libérer ses passagers. Tout s'était
bien passé, le bateau et ses passagers avaient été
récupérés, et vous aviez naturellement tiré la couverture à vous en vous glorifiant du succès de l'opération, le service de presse de l'Élysée allant même

jusqu'à nous affirmer le plus sérieusement du monde que vous aviez commandé toutes les manœuvres, vous-même et en direct, depuis l'Élysée. À l'état-major de Djibouti d'où l'opération avait été dirigée, on s'était contenté de hausser un peu les épaules.

Mais tous les militaires avaient vite appris que le succès de nos commandos de marine avait tenu du miracle, et que tout ne s'était pas terminé par un abominable fiasco uniquement grâce au très grand professionnalisme de nos commandos.

En effet :

- l'un des deux avions de surveillance *Breguet-Atlantique 2* chargés de repérer *le Ponant* était tombé en panne et avait du se poser en catastrophe au Yémen ;
- en panne, les deux hélicoptères *Puma* qui devaient intervenir n'avaient pas pu décoller ;
- la frégate *Surcouf*, en panne, n'avait pas pu quitter Djibouti ;
- la frégate *Jean-Bart* avait eu des avaries avant de pouvoir rejoindre la zone ;
- la frégate *Georges-Leygues* avait eu des problèmes techniques tout au long de l'opération ;
- ainsi que le porte-hélicoptères *Jeanne d'Arc* ;
- quant au chaland de débarquement qui devait récupérer les commandos de marine, il avait tout simplement coulé devant le *Jean-Bart*...

Or, cela faisait des années que l'état-major de la Marine demandait des crédits pour entretenir, réparer, moderniser, remplacer ses navires, ses avions, ses hélicoptères à bout de souffle. La *Jeanne d'Arc* a été lancée en 1964, le *Georges-Leygues* en 1976, les *Puma* datent de 1968…

Mais les marins n'étaient pas les seuls à se lamenter sur la vétusté de leur matériel. Depuis que nos soldats sont en Afghanistan, et a fortiori depuis que vous avez multiplié leur nombre et qu'ils évoluent maintenant dans des zones particulièrement dangereuses, l'état-major de l'Armée de terre réclame des crédits pour que nos hommes puissent se protéger en face de Taliban de plus en plus offensifs. L'état-major réclame, par exemple, des blindages pour les véhicules légers, afin que les mitrailleurs servant les 12,7 soient protégés. Le dernier à l'avoir demandé à cor et à cris était justement le général Cuche, « l'amateur ».

Faute de crédits, nos mitrailleurs n'ont toujours pas reçu ces blindages pourtant indispensables, et continuent à se faire canarder par les Taliban comme au ball-trap.

Les militaires qui sont sur le terrain pensent donc que, tant que vous les enverrez aux quatre coins du monde mener des opérations classiques de lutte contre la guérilla, il serait plus utile de leur fournir le matériel indispensable pour ce genre de

209

mission plutôt que d'investir dans des satellites, aussi utiles soient-ils pour une prochaine « guerre des étoiles ».

Comme dit un général : « Nous avons souvent eu une guerre de retard dans le passé. Cette fois, avec Sarkozy qui n'y connaît rien, nous aurons peut-être trois guerres d'avance, mais nous nous ferons massacrer dans les guerres d'aujourd'hui. »

Dès le lendemain de la sortie du *Livre blanc*, le 19 juin (car vous aviez poussé l'impudeur jusqu'à faire sortir ce livre blanc sur l'armée un... 18 juin), un groupe d'officiers généraux et supérieurs avait, sous le pseudonyme collectif de *Surcouf*, fait paraître dans *Le Figaro* un article intitulé « Une espérance déçue », critiquant votre politique de défense, vos projets et votre ignorance des réalités.

Fou de rage, vous aviez demandé à la DPSD (la Direction de la protection et de la sécurité de la défense), puis à la DST de retrouver immédiatement les auteurs anonymes de ce texte. Tout le monde les connaissait au sein de l'état-major, personne ne vous les a livrés.

Mais, avec vous, on n'est jamais déçu. Vous avez une espèce de génie inventif pour aggraver les choses. Vous vous vantez souvent d'être un provocateur ; on finit par se demander si vous n'êtes pas plutôt un indécrottable gaffeur.

C'était après la publication du *Livre blanc*, après l'article de *Surcouf* (pour lequel vous aviez déclenché une véritable chasse aux sorcières au sein des états-majors), après votre esclandre de Carcassonne, et avant la sortie de la carte militaire de Morin. C'était le 14 Juillet.

Comme nous étions au lendemain de votre grand show sur l'Union pour la Méditerranée, vous aviez cru devoir inviter Bachar el-Assad, le dictateur syrien, place de la Concorde, à la tribune du défilé, pour le remercier d'avoir bien voulu venir faire de la figuration à cette conférence. Pour les militaires français, c'était évidemment une provocation, et pour un certain nombre de Français, c'était encore pire que Kadhafi à Paris.

Vous aviez d'ailleurs pratiqué l'incohérence la plus totale dans vos relations avec la Syrie. Vous aviez d'abord, au plus grand scandale de tous nos alliés, voulu remettre Damas au cœur de toutes les négociations – ce qui était une erreur –, puis, comme Assad n'avait pas répondu à vos avances, vous aviez décidé de ne plus avoir aucune relation avec Damas – ce qui était absurde –, puis vous aviez une nouvelle fois changé d'avis, et Assad était, sans qu'on sache pourquoi, redevenu fréquentable à vos yeux.

Dans la famille alaouite des Assad, on est dictateur de père en fils, on n'hésite jamais à faire tirer sur son peuple et à faire assassiner les gêneurs. Bachar el-Assad est le digne fils de son père Hafez el-Assad, et son successeur zélé. Or, non seulement Hafez el-Assad avait fait assassiner l'ambassadeur de France à Beyrouth, Louis Delamare, le 4 septembre 1981, mais, de surcroît, il avait fomenté avec les Iraniens l'attentat du *Drakkar*, le 23 octobre 1983, à Beyrouth, dans lequel 58 soldats français avaient trouvé la mort.

Certes, la diplomatie exige l'oubli, et beaucoup de temps avait passé. Mais les militaires, eux, ont de la mémoire, et le hasard, ce jour là, n'a pas joué en votre faveur.

La promotion de l'école militaire interarmes de Coëtquidan qui défilait devant vous (et donc devant Assad) ce 14 Juillet s'appelait « Promotion Lieutenant Antoine de La Bâtie », du nom d'un jeune officier tué… dans l'attentat du *Drakkar*.

Avouez que ça tombait mal ! Imaginez ce que ces jeunes officiers de la promotion de La Bâtie pouvaient penser de vous en vous voyant faire des mamours à Bachar el-Assad après vous avoir entendu les traiter d'amateurs, sachant que vous alliez supprimer des dizaines de régiments et de casernes, et qu'à l'avenir vous vouliez réduire considérablement les effectifs de l'armée, tout en les envoyant se faire tuer dans des guerres perdues d'avance aux quatre coins du monde…

*

En quelques mois, pendant cette seconde année, et en moins de temps qu'il n'en faut pour le dire, vous avez ainsi réussi à vous mettre totalement à dos :

- les militaires (en voulant jouer les grands stratèges, en ignorant les réalités du terrain et en affichant à leur égard un mépris injustifié) ;

- les magistrats (en leur imposant une réformette sans intérêt menée par une Rachida Dati incompétente, cassante et ridicule dans ses robes Dior) ;

- les enseignants (en faisant brandir par le pauvre Darcos et la malheureuse Pécresse des projets de réforme mal préparés sur le lycée ou sur le statut des enseignants-chercheurs et en réduisant le nombre des enseignants) ;

- les diplomates (en jouant l'atlantiste militant, en faisant volte-face à propos de l'Afrique, en prenant des initiatives incohérentes au Proche-Orient, en pataugeant avec les Chinois et en perdant toute dignité avec les Russes) ;

- les journalistes (en les insultant au cours de vos conférences de presse et en menaçant des pires châtiments ceux que vous n'aviez pas déjà exécutés) ;

- les fonctionnaires (en réduisant leur nombre, ce qui était pourtant en soi une bonne idée, mais en le faisant sans le moindre discernement) ;
- les syndicalistes (en leur faisant croire que vous étiez un homme de dialogue, puis en ne tenant jamais compte de ce qu'ils avaient pu vous dire, et en passant en force, comme vous l'avez fait à propos de l'assouplissement des 35 heures, alors que vous aviez soi-disant négocié avec Bernard Thibault et François Chérèque) ; etc.

Nous remarquions tout à l'heure que vous aviez tenté de vous faire apprécier par un certain nombre de groupes bien définis (les immigrés, les juifs, les communistes, les catholiques, etc.) en leur distribuant, par un savant saupoudrage, de petites gâteries. Ça n'avait généralement pas marché. Mais vous avez parfaitement réussi à mécontenter (et le mot est faible) un grand nombre de catégories professionnelles et, le plus souvent, par de simples maladresses, quand ce n'était pas par des erreurs de casting.

Vous dites souvent qu'il est normal de faire des mécontents quand on veut réformer les choses, les faire bouger, les améliorer en s'attaquant à des droits prétendûment acquis, voire à des rentes de situation, à des fromages où de gros rats pantouflent depuis des années en somnolant aux frais de la République. C'est vrai. Et vous avez aussi raison quand vous rappelez que vos prédécesseurs n'ont jamais eu le courage de s'attaquer aux réformes qui s'imposaient, de peur d'avoir à affronter les mécontentements.

Mais, en démocratie, pour faire des réformes et pour qu'elles soient acceptées ou du moins acceptables, il faut qu'elles soient expliquées, et surtout qu'elles soient cohérentes et applicables.

Or vous avez, depuis que vous êtes à l'Élysée, une fâcheuse tendance à improviser, sur des coups de tête, des réformes qui auraient, comme toutes les réformes, méritées d'être réfléchies, pesées, étudiées avec des spécialistes, débattues.

Un incident, un accident, un drame, une grève, un fait divers frappe l'opinion, et vous vous précipitez sur les lieux, vous engueulez le préfet, trois responsables, et, devant toutes les caméras de télévision, vous sortez illico de votre chapeau une réforme, un texte, une décision que vous venez d'improviser, dont vous n'aviez parlé à personne, dont personne ne sait comment on pourra la mettre en place ni la financer, et dont ceux qui connaissent le problème savent en général qu'elle est absurde.

Il vous arrive même d'improviser pour faire simplement un effet de manches, pour avoir l'ouverture d'un journal télévisé ! Vous avez improvisé l'histoire des petites victimes de la Shoah, vous avez improvisé la suppression de la publicité sur les chaînes publiques de télévision. Vous passez votre temps à improviser. C'est généralement catastrophique.

*

Prenons quelques (tout petits) exemples très révélateurs de votre méthode :

Quand les enseignants font grève (ce qui est fréquent), les parents ne savent pas comment faire garder leurs enfants. C'est un problème. Vous avez donc, un beau jour, au lendemain d'une grève qui avait choqué l'opinion, décidé de créer un « service minimum d'accueil dans les écoles », obligatoire et à la charge des mairies et de leur personnel.

La gauche vous a aussitôt accusé de vouloir remettre en cause le droit de grève. C'était absurde car, contrairement à ce que semble ainsi croire la gauche en question, la grève n'a pas pour vocation première d'« emmerder » les parents d'élèves, et votre système n'empêchait en rien les enseignants de faire grève. L'opinion semblait favorable à votre idée et les maires qui, par idéologie, comme Delanoë à Paris, refusaient de jouer le jeu, étaient plutôt condamnés par le public.

Oui, seulement voilà, votre idée… ne tenait pas la route.

Vous n'aviez pensé qu'aux grandes villes où les mairies ont d'innombrables fonctionnaires en tout genre qu'elles peuvent mobiliser pour différentes missions. Vous aviez totalement oublié que l'écrasante majorité de nos 36 500 communes étaient de petites, voire de toutes petites communes dans lesquelles se trouvent la grand majorité de nos 18 000 écoles maternelles et de nos 34 000 écoles primaires.

Or les mairies de ces petites communes n'ont évidemment pas la possibilité, les jours de grève des enseignants, de faire accueillir les enfants par un personnel municipal qu'elles ne possèdent pas.

Du coup, votre (bonne) idée était absurde, parce que vous l'aviez lancée en l'air, sur un coup de tête, sans même demander à vos services de l'étudier.

Vous avez dû le reconnaître devant le Congrès des maires de France, fin novembre, et préciser qu'aucune sanction ne serait bien sûr prise contre les maires qui ne pourraient pas assurer ce service minimum d'accueil obligatoire.

« Il y a un caillou dans mon soulier, le problème de la ruralité », avez-vous déclaré avant d'ajouter : « On ne peut pas demander la même obligation au maire d'un secteur rural qui n'a pas un seul employé titulaire du brevet d'aptitude aux fonctions d'animateur, qu'au maire de la capitale. Je fais une différence entre celui qui ne peut pas appliquer la loi et celui qui en fait un acte militant. Je comprends parfaitement le sentiment d'injustice des maires traînés devant les tribunaux alors qu'ils n'ont pas les moyens de mettre en œuvre le dispositif. »

Vous vouliez, peut-être, un peu jouer au casseur de grèves, vous qui aviez maladroitement déclaré : « Maintenant, en France, quand il y a une grève, personne ne s'en aperçoit », ce qui n'était qu'une provocation bien maladroite ; mais votre stratagème n'était pas le bon. Et vous avez dû capituler.

Autre exemple d'idée absurde, prise sur le coup, sans avoir été étudiée :

Le 14 octobre 2008, la *Marseillaise* était sifflée au stade de France par des spectateurs, lors d'un match amical France-Tunisie.

Ce n'était pas la première fois qu'un tel incident avait lieu. Notre hymne national avait déjà été sifflé, dans ce même Stade de France, lors d'un match France-Algérie, en 2001 ; lors d'un match Lorient-Bastia, en mai 2002 (et Chirac avait aussitôt quitté la tribune) ; et lors d'un match France-Maroc, en novembre 2007.

On s'attendait donc à ce que notre hymne national soit conspué une nouvelle fois lors de cette rencontre avec la Tunisie. Au point d'ailleurs que le communiqué d'indignation signé par Roselyne Bachelot et Bernard

Laporte qui se déclaraient « choqués par les sifflets qui avaient retenti au Stade de France » était daté du... 13 octobre, c'est-à-dire de la veille du match !

Vous n'aviez pas bronché aux sifflets du match France-Maroc, mais, cette fois, vous avez voulu réagir. On était en pleine crise, l'ambiance dans le pays n'était pas bonne, et vous vous souveniez que Chirac avait gagné des points dans les sondages en quittant la tribune officielle lors du match Lorient-Bastia.

Vous nous avez donc fait le grand jeu : réunion de crise à l'Élysée – ce qui était peut-être beaucoup –, envoi de Fillon sur tous les plateaux de télévision et de vos principaux ministres dans les studios de radio, pour exprimer l'indignation de l'État devant ces insultes faites à la Nation.

Mais, une fois cette indignation (légitime) exprimée, il fallait bien sûr prendre une décision. Et vous nous avez annoncé, sûr de vous et menaçant, que si jamais la *Marseillaise* était de nouveau sifflée lors d'un match, la rencontre serait... « immédiatement interrompue ».

C'était totalement absurde.

Tous ceux qui ne sont jamais allés à un match de football vous ont naturellement approuvé. Mais les autres sont tombés des nues. Vous n'aviez visiblement demandé l'avis d'aucun professionnel de la sécurité, d'aucun habitué des stades.

Personne n'avait osé vous faire remarquer qu'annuler un match avant qu'il ne commence et faire évacuer d'un stade 80 000 personnes qui ont payé leur place, qui attendaient cette rencontre depuis des semaines, qui sont complètement survoltées à l'idée de ce match, c'est évidemment la pire des provocations. C'est, à coup sûr, déchaîner toutes les violences, déclencher des affrontements avec les forces de l'ordre, une émeute dans tout le quartier, avec voitures brûlées, magasins pillés.

Bref, ce serait de la folie furieuse. Ce serait jeter la pire des étincelles dans le baril de poudre que constituent nos banlieues.

Bernard Laporte a tenté, fort maladroitement, bien sûr, de rattraper votre énorme gaffe en déclarant que, désormais, les matches avec des pays du Maghreb seraient joués « soit chez eux, soit en province », ce qui est évidemment impossible, en raison de la réglementation de la Fédération internationale de football.

En fait, le problème est quasiment insoluble, puisqu'il n'est rien d'autre que l'expression de la haine qu'éprouvent à l'égard de la France de nombreux enfants d'immigrés (et quelques Corses).

La *Marseillaise* ne sera plus sifflée dans les stades le jour où nous aurons apporté des solutions réalistes aux problèmes de l'immigration et des banlieues pourries. Ce n'est ni Éric Besson, le transfuge qui a remplacé votre ami Brice Hortefeux, ni la pauvre Fadela Amara qui y parviendront.

Quant à vous, vous avez parlé de « karcher », de « racaille », de « discrimination positive » et d'« immigration choisie », mais vous n'avez jamais dit si vous étiez favorable à l'assimilation ou à l'intégration, si vous vouliez faire des immigrés, de leurs enfants et de leurs petits-enfants, des Français « à part » (en respectant leur droit à la différence) ou des Français « à part entière » (comme l'avait pratiqué, pendant des décennies et avec succès, notre politique traditionnelle d'immigration, en refusant tout communautarisme). Or, il faudra bien un jour que la France dise ce qu'elle veut faire de ses immigrés.

Curieusement, d'ailleurs, pour un ancien ministre de l'Intérieur, vous continuez à patauger entre les notions de naturalisation, de permis de séjour et de droit d'asile.

Quand certaines associations et plusieurs personnalités organisèrent des manifestations pour réclamer qu'on accorde « des permis de séjour aux clandestins ayant un emploi », vous avez déclaré textuellement, le 26 avril 2008 : « Ce n'est pas parce qu'on travaille dans les cuisines d'un restaurant, aussi sympathique soit-on, qu'on a automatiquement le droit de devenir français. » Joli coup de menton ! Vous aviez parfaitement raison.

Si ce n'est que vous étiez une fois de plus complètement à côté de la plaque, car... ces clandestins ne demandaient absolument pas leur naturalisation. Ils ne demandaient pas de devenir français, ils demandaient simplement – et, avec eux, leurs patrons qui les employaient au noir – un permis de séjour pour pouvoir travailler officiellement en France. Mais, là encore, vous n'aviez sans doute pas demandé qu'on vous communique le dossier...

Je ne suis pas un habitué des couloirs de l'Élysée, mais j'ai bien l'impression que vous terrifiez tellement tous vos collaborateurs en les traitant de tous les noms que plus un seul d'entre eux n'ose ouvrir la bouche, même pour vous épargner le ridicule.

Un de vos conseillers a avoué au *Monde* : « Si on prend ses critiques au premier degré, mieux vaut ne pas travailler avec lui », ce qui laisse entendre que Jean-Louis Bourlanges a raison quand il affirme : « Sarkozy a moins de goût du pouvoir que de l'arbitraire. Il veut, en face de n'importe quelle situation, affirmer sa supériorité. »

Autre décision prise sur un coup de tête : le 12 novembre dernier, un schizophrène s'échappait d'un asile de Grenoble et tuait dans la rue un jeune étudiant qui passait par là. Toutes nos chaînes de télévision faisaient l'ouverture de leur journal de

20 heures avec ce dramatique fait divers qui soulevait une nouvelle fois le difficile problème des struc-
tures psychiatriques fermées.

Quelques jours plus tard, après avoir fait virer le
patron de l'asile de Grenoble, vous vous rendiez au
centre psychiatrique d'Antony, dans les Hauts-de-
Seine, et vous annonciez un « plan de sécurisation
des hôpitaux psychiatriques » en déclarant : « J'ai été
choqué par cette affaire. Voilà une personne émi-
nemment dangereuse qui bénéficiait pourtant de deux
sorties par semaine... » En fait, le fou meurtrier ne
bénéficiait pas, ce jour-là, d'une sortie autorisée,
mais il s'était échappé de son asile.

Et vous annonciez les détails de votre plan : 70 millions pour créer de nouvelles « unités pour malades
difficiles », pour aménager 200 chambres d'isolement,
pour installer des unités fermées équipées de portes et
de systèmes de vidéosurveillance, pour équiper de dis-
positifs de géo-localisation les malades autorisés à sortir dans un périmètre défini, etc. Et, en même temps,
encadrement des autorisations de sorties des malades.
Le préfet n'aura plus besoin de l'avis d'un psychiatre,
mais de trois, pour laisser sortir un malade.

Comme vous, je ne connais strictement rien aux
difficiles problèmes des soins psychiatriques, et
j'aurais eu tendance à vous donner raison quand vous
déclariez : « L'espérance ténue d'un retour à la vie

normale de ces malades ne peut primer sur la protection de nos concitoyens. »

Mais tous les spécialistes, c'est-à-dire nos plus grands psychiatres, ont hurlé dès qu'ils vous ont entendu présenter votre plan qui, selon eux, était « une régression sécuritaire inacceptable ».

Ils rappelaient alors que, contrairement à une idée reçue, les fous étaient plutôt moins dangereux que les autres, que, sur les 52 000 crimes et délits commis chaque année, 0,4 % seulement relevaient de causes psychiatriques, que, statistiquement, les 600 000 schizophrènes de France étaient beaucoup moins dangereux que les amants jaloux. Et ils affirmaient surtout qu'aucun traitement des malades psychiatriques ne pouvait se faire sans avoir pour objectif une réinsertion du malade dans la cité.

Votre initiative a été d'autant plus mal accueillie que la psychiatrie française est en pleine crise. Par mesure d'économie, 50 000 lits ont été fermés ces vingt dernières années, 1 000 postes de psychiatres sont vacants (sur les 4 500 postes des hôpitaux publics), la formation spécifique des infirmiers a été supprimée, ce qui fait que, faute de places dans les services psychiatriques, on envoie désormais de plus en plus de malades en prison.

En stigmatisant ainsi les malades mentaux et en confondant hôpitaux et prisons, vous en reveniez,

selon eux, à l'époque – avant 1792 – où l'on enchaî-
nait les fous à Bicêtre. En tout état de cause, vous
auriez dû consulter un psychiatre avant de balancer
votre plan.

Autre fausse bonne idée lancée en l'air sans avoir
été étudiée : votre projet d'héberger « de force » les
SDF par grands froids.

Il est bien sûr totalement inadmissible que des
hommes meurent de froid dans nos rues. C'est
humainement intolérable et c'est une honte absolue
pour notre société.

En novembre dernier, on a découvert en quelques
jours 4 SDF morts de froid dans le bois de Vin-
cennes, et on a alors appris que plus de 150 SDF
vivaient – survivaient – dans des huttes de carton et
de planches au milieu de ce bois parisien, et qu'à travers tout le pays il y avait peut-être 80 000, voire
100 000 de ces SDF dans les rues, dans les bois, sous
les ponts. L'hiver s'annonçant particulièrement
rigoureux, il était évident qu'on allait, au petit matin,
découvrir chaque jour des cadavres de ces malheureux pris par le froid.

Lors du Conseil des ministres du 26 novembre – et,
là encore, sans avoir consulté personne ni fait étudier
le dossier par vos services –, vous avez décidé que ces
SDF seraient « hébergés, de force s'il le fallait, lorsque
la température serait en dessous des – 6° ».

L'idée semblait excellente. Sauf que... nous n'avons pas le personnel formé pour recueillir ces milliers de SDF, nous n'avons pas les locaux décents pour les héberger, et surtout il n'est pas acceptable de considérer ces malheureux, démolis par l'existence, par des années d'errance, par l'alcool, comme des délinquants. Depuis longtemps le vagabondage ne fait plus partie des délits punissables.

Rendre l'hébergement de ces malheureux obligatoire, c'est évidemment les pousser à fuir davantage encore, à se cacher pour ne pas être repérés par la police, ou par les services sociaux, ou par les associations qui se dévouent pour eux.

Il se trouve que, pour une enquête journalistique, j'ai, il y a quelques années, « joué » pendant plusieurs nuits les SDF. J'ai vu comment ils étaient ramassés par des policiers en combinaison et en gants de caoutchouc, comment ils étaient jetés dans des cars aux fenêtres camouflées, comment ils étaient reçus dans les centres de banlieue qui leur étaient réservés, comment ils étaient déshabillés, douchés de force, installés dans des dortoirs empestant l'eau de Javel.

Tant que les SDF seront « accueillis » de la sorte, il est inutile de rendre leur hébergement obligatoire. N'importe qui préférerait crever de froid, au sens le plus exact du terme, dans la rue ou dans les bois, plutôt que d'être ainsi traité. Un semblant de liberté, le droit de choisir leur bouche de métro, de faire la manche, de finir un litron de rouge, c'est tout ce qui leur reste.

Toutes les associations spécialisées dans l'aide aux SDF ont protesté contre votre projet. Elles connaissent la fragilité psychologique de ces SDF qui sont déjà des parias de notre société et qu'il serait criminel de stigmatiser davantage encore.

Ce n'est pas en rendant obligatoire leur hébergement qu'on résoudra leur problème, mais en leur offrant des hébergements dignes de ce nom.

Autre idée idiote, lancée sans que personne y ait réfléchi une seule seconde, et comme une bravade à l'intention de nos petits loubards de banlieue, votre réponse aux voitures brûlées du Nouvel An : comme tous les ans, les soirs de la Saint Sylvestre, les loubards de banlieue ont mis le feu à des voitures. C'est devenu un jeu et une compétition pour savoir laquelle des bandes en aura le plus incendié. Cette année, record absolu : plus de 1 147 voitures brûlées au cours de la seule nuit du Nouvel An, soit 30 % de plus que le 31 décembre 2007.

C'est évidemment inadmissible. Vous avez donc décidé et annoncé vous-même que, désormais, les incendiaires ne pourraient plus... passer leur permis de conduire avant d'avoir remboursé intégralement les dégâts qu'ils avaient commis.

C'était, là aussi, totalement absurde.

Si, avant d'annoncer votre décision sur toutes les chaînes de télévision, vous vous étiez un tout petit peu renseigné, n'importe quel spécialiste de ces violences urbaines vous aurait dit :

1) qu'on n'arrête que très rarement les incendiaires de voitures,

2) que les incendiaires en question ont généralement entre 14 et 16 ans et donc qu'ils n'ont pas l'âge de passer le permis de conduire,

3) et surtout que, depuis des années, les loubards roulent sans permis de conduire (généralement dans des voitures volées ou, au mieux, achetées avec l'argent de la drogue) et que, donc, leur interdire de passer le permis était particulièrement dérisoire.

Votre décision a fait rigoler les loubards, vous a fait passer pour un guignol auprès de tous ceux qui luttent contre les violences dans ces quartiers pourris, et a laissé pour le moins sceptiques la plupart des Français.

*

Autre exemple d'idée si ce n'est absurde, du moins mal préparée : le « fichier Edvige » (pour Exploitation documentaire et valorisation de l'information générale).

Votre idée était de créer un gigantesque fichier numérisé pour, d'une part, mettre à jour et compléter le fichier des Renseignements généraux (qui venaient d'être dissous) sur les personnes « ayant sollicité, exercé ou exerçant un mandat politique, syndical ou économique, ou qui jouent un rôle institutionnel, économique, social ou religieux significatif » (2,5 millions de fiches des RG), et, d'autre part, lutter contre la montée de la délinquance juvénile en fichant aussi les jeunes, y compris les mineurs de plus de 13 ans, « susceptibles de troubler l'ordre public ».

Avec, pour les uns comme pour les autres, tous les renseignements possibles et imaginables (date et lieu de naissance, origine raciale, adresse, niveau d'études, opinions politiques, philosophiques ou religieuses, appartenance syndicale, préférences sexuelles, problèmes de santé, patrimoine, entourage, habitudes, déplacements, etc.). Vous n'avez indiscutablement pas réfléchi à ce que tout cela représentait.

C'était évidemment scandaleux sur le plan des principes. Les préférences sexuelles de nos petites personnalités n'ont pas à être notées sur des documents officiels ; les gosses de 13 ans, même s'ils sont un peu basanés, voire musulmans, n'ont rien à faire dans ce genre de fichiers ; et la notion de « susceptible de troubler l'ordre public » est aberrante, puisque, par définition, tout le monde peut être susceptible de n'importe quoi, même de troubler cet ordre public. C'est la mise en place officielle de la « présomption de culpabilité », et c'est inadmissible dans un pays de droit.

Ne soyons cependant pas trop naïfs. La police dispose déjà de... 37 (trente-sept !) fichiers différents contenant des informations – et parfois les plus indiscrètes – sur des centaines de milliers de citoyens, voire des millions, comme ce fichier des RG ou celui « sur les personnes ayant commis des infractions routières ». (Sans parler du « fichier des empreintes génétiques des auteurs de délits » que vous avez créé en 2003, quand vous étiez ministre de l'Intérieur, et qui contient déjà 800 000 noms, mais qui, lui, n'était guère contestable).

Personne n'a jamais remis en cause le fichage des criminels ou des délinquants. Ce que certains contestent, c'est le fichage des « braves gens ».

Tout le monde sait que le pouvoir peut, sans aucun problème et depuis des années, connaître l'homosexualité d'un vague conseiller municipal ou d'un magistrat, le goût pour l'alcool du responsable CGT d'une PME de province, d'un archevêque ou d'un journaliste, l'adresse des maîtresses d'un grand patron d'entreprise du CAC 40 ou d'un sénateur, et la maladie, honteuse ou pas, dont souffre un candidat à l'Académie française ou à la députation dans une circonscription de montagne.

Nous sommes depuis très longtemps totalement « fliqués ». Ne serait-ce que par nos cartes de crédit...

Mais Edvige innovait sur trois plans. D'abord, en s'attaquant officiellement aux enfants de 13 ans, ce qui est tout de même un peu jeune. Ensuite, en introduisant dans le droit français cette notion de « susceptible de... », qui est tout de même bien floue et qui permet de soupçonner tout le monde. Enfin et surtout par son... arrogance.

C'était, en effet, la première fois en France que le pouvoir se vantait ouvertement d'avoir mis au point un système digne de l'enfer d'Orwell et de Big Brother, qu'il accordait un joli nom, Edvige, à un fichier, qu'il faisait paraître un décret au *Journal officiel* pour annoncer sa naissance, et même qu'il donnait à ce sujet une conférence de presse.

Le fichier des RG n'avait jamais eu de nom et les textes qui le régissaient plus ou moins ne précisaient ni l'âge qu'il fallait avoir pour y figurer, ni les domaines qui pouvaient y être évoqués. Les policiers des RG avaient donc parfaitement le droit, sans contrevenir à quoi que ce soit, de ficher les gosses de 8 ans et de noter sur leurs fiches les origines raciales et les préférences sexuelles de chacun de leurs

« clients ». Et ils ne s'en privaient pas puisque, si ce n'était pas autorisé, ce n'était pas interdit.

C'est cette officialisation arrogante, cette publicité impudique et malsaine d'Edvige qui a le plus choqué et a provoqué une levée de boucliers générale. Sept cents organisations diverses, de la Ligue des droits de l'homme à la CFDT en passant par la Fédération des conseils de parents d'élèves, le Syndicat des avocats de France ou la Confédération nationale du logement, ont hurlé, et une pétition, « Non à Edvige ! », a recueilli plus de 130 000 signatures.

La CNIL a émis des « réserves » et même Hervé Morin – c'est dire ! – a protesté.

Du coup, vous avez reculé, Edvige a perdu son nom pour plonger dans l'anonymat, c'est-à-dire dans le secret des officines policières dont il (ou elle ?) n'aurait jamais du sortir.

Mais les dégâts de cette maladresse ont été importants. Même si, avec une élégance rare, vous avez accusé Michèle Alliot-Marie, votre ministre de l'Intérieur, d'être la seule responsable de cette initiative, les Français se sont brusquement souvenus que votre plus grand titre de gloire était d'avoir été « le premier flic de France ». Vos deux prédécesseurs à l'Élysée, Mitterrand et Chirac, l'avaient été eux aussi, mais tout le monde l'avait oublié. Vous, ça vous colle à la peau, et vous semblez vous en réjouir.

Vous avez d'ailleurs reconstitué à l'Élysée votre cabinet du ministère de l'Intérieur en faisant venir avec vous tous ceux qui vous entouraient place Beauvau. Ils n'ont eu qu'à traverser la rue : Claude Guéant, Franck Louvrier, Cédric Goubet, Samuel Fringant, Cécile Fontaine, Jérôme Peyrat, Maxime Tandonnet, Boris Boillon, Matthieu Louvot, Boris Ravignon. Ce n'est pas un cabinet présidentiel, c'est un commissariat !

Aucun président n'avait jamais été entouré d'autant d'anciens transfuges du ministère de l'Intérieur. Même si nous sommes tous d'accord pour reconnaître qu'assurer la sécurité des citoyens fait partie des premiers devoirs régaliens, cela confère une ambiance déplaisante à votre régime.

La gauche est ridicule quand elle parle de « régime policier ». Nous n'en sommes pas (encore ?) là.

Mais il est tout de même vrai :
- qu'en 2008, 577 816 personnes (un Français sur cent !) ont été mises en garde à vue dans les commissariats de police,
- que les bavures policières se multiplient,
- que, dans les cités, les policiers se permettent de plus en plus n'importe quoi,
- que, sur la route, ils tirent désormais plus vite que leur ombre,
- que, dans les villages, ils se mettent à fouiller, avec leurs chiens, des écoles primaires, devant

les enfants, à la recherche d'une drogue qu'ils ne trouvent jamais,

• qu'au lendemain d'actes de malveillance contre des lignes de TGV, en jouant une fois de plus aux cow-boys, le 11 novembre 2008, ils ont arrêté, sans preuve, 9 gauchistes dans un village perdu de Corrèze, Tarnac, avant d'inventer pour la presse une histoire de « cellule invisible » du terrorisme international qui ne tenait pas debout,

• et qu'ils n'ont pas hésité, un petit matin, le 28 novembre 2008, à arrêter chez lui, devant ses enfants, Vittorio de Filippis, l'ancien directeur de *Libération*, à l'insulter – « T'es pire que de la racaille », ce qui prouve qu'ils avaient des lettres –, à lui passer les menottes, à l'emmener au dépôt et à le fouiller au corps comme un criminel.

Filippis n'était coupable que d'avoir été le responsable légal du site web de *Libération* qui avait publié, le 27 octobre 2006, deux ans plus tôt, le commentaire d'un internaute, lequel s'était peut-être rendu coupable de diffamation envers un certain Xavier Niel, fondateur du fournisseur d'accès Internet Free et… condamné à deux ans de prison avec sursis par le tribunal correctionnel de Paris dans une affaire liée à des faits de proxénétisme.

234

La question, ici, n'est pas de savoir si le mot « diffamer » peut s'appliquer quand on évoque un type qui a été condamné dans une affaire liée à des faits de proxénétisme, mais de savoir si on peut traiter comme un truand le directeur d'un site web pour un texte écrit par un internaute.

Devant le tollé de protestations qui a suivi l'interpellation de Filippis, Michèle Alliot-Marie n'a rien trouvé de mieux à dire que « La police a suivi les procédures », et Rachida Dati est allée encore plus loin en affirmant que la procédure du mandat d'amener pour une affaire de diffamation était « tout à fait régulière ».

Sentant que l'affaire prenait des proportions fâcheuses, vous avez fait publier, le 1er décembre, un communiqué dans lequel vous prétendiez « comprendre l'émoi provoqué par l'interpellation de M. Filippis », et vous avez sans doute – du moins veux-je le croire – prié un peu sèchement votre ministre de l'Intérieur et votre garde des Sceaux de calmer l'ardeur de leurs troupes, tout en limitant au strict nécessaire leurs propres commentaires.

Mais les Français, et notamment les journalistes, se souvenaient que vous n'aviez pas compris l'émoi provoqué :

- le 16 mai 2007, par une descente de policiers dans les locaux du *Canard enchaîné* (dans le cadre de l'enquête sur l'affaire Clearstream),

- le 7 décembre 2007, par la garde à vue et la mise en examen d'un journaliste, Guillaume Dasquié (qui avait publié dans *Le Monde* des notes de la DGSE),
- le 17 juillet 2008, par la garde à vue de Bruno Thomas, journaliste d'*Auto Plus* (qui avait publié des photos inédites du prototype d'une voiture),
- le 17 novembre 2008, par la mise en examen d'un journaliste de La *Nouvelle République*, Jean-Michel Gouin (qui enquêtait sur le meurtre d'une jeune fille et aurait été coupable de « recel de violation du secret de l'instruction »), etc.

Vous n'êtes sans doute pas responsable de tous ces dérapages de la police et de la justice. Mais vous en êtes évidemment le coupable. Non seulement parce que c'est vous, le patron suprême, et qu'il vous appartient de tenir vos troupes, mais aussi et surtout parce que – sans doute pour récupérer les voix du Front national, et parce que c'était dans votre nature profonde – vous avez insufflé dans ce pays un esprit sécuritaire tel que le moindre sous-fifre affublé d'un uniforme et armé d'un revolver s'imagine qu'il a tous les droits et peut jouer impunément au cow-boy à tous les carrefours.

Quand les policiers arrêtant Filippis le traitent de « racaille », ils savent qu'ils ont la bénédiction du président de la République. C'est ça qui est grave.

Nous avons la chance d'avoir une excellente police judiciaire, mais il faut bien constater que trop d'éléments de notre police « en tenue » représentent la lie de notre administration, et il est très dommage qu'au lieu de leur apprendre à se servir du flash-ball, vous n'ayez pas donné des ordres pour qu'on leur impose, avant de les lâcher dans la nature, quelques leçons d'instruction civique et de morale puérile et honnête, pour leur faire soudain découvrir qu'ils sont au service des citoyens, que tout ne leur est pas permis, et qu'ils n'ont pas à se comporter comme les voyous qu'ils sont censés pourchasser.

Le ministre de l'Intérieur que vous étiez ne s'est sans doute jamais demandé pourquoi les flics français étaient souverainement détestés par la population, alors que leurs homologues britanniques, les *bobbies*, étaient adorés des Anglais. Vous devriez y réfléchir.

Mais c'est sans doute le 5 février dernier que vous vous êtes surpassé dans l'improvisation la plus stupéfiante en nous jetant, une fois de plus, brutalement au visage une idée à laquelle vous n'aviez visiblement pas réfléchi auparavant et pour laquelle vous n'aviez évidemment consulté aucun spécialiste. Vous pensiez nous sortir un gentil lapin de votre chapeau et vous nous avez, en fait, sorti une grenade dégoupillée qui n'a pas fini de faire des dégâts.

L'atmosphère dans le pays devenait de plus en plus mauvaise. Le 29 janvier, des centaines de milliers de manifestants (entre un et deux millions) avaient défilé dans les rues « pour le pouvoir d'achat, l'emploi et la sauvegarde du service public ». Il vous fallait donc à tout prix essayer de remonter sur votre cheval et vous nous avez alors offert un grand show télévisé intitulé « Face à la crise » avec la complicité (au sens le plus exact du terme) de quatre journalistes comme vous les aimez.

Après nous avoir rappelé que la crise était mondiale, que la situation n'était pas facile mais que, Dieu merci, vous étiez là, vous avez soudain eu une sorte d'illumination. Vous nous avez annoncé, froidement et tout à trac, que vous supprimiez… la taxe professionnelle. Vous pensiez que l'effet serait garanti. Ce n'est pas tous les jours qu'un président de la République annonce la suppression d'un impôt…

Mais nous avons tous immédiatement compris que vous ne connaissiez pas votre dossier et que vous nous racontiez n'importe quoi.

D'abord, vous nous avez dit que la taxe professionnelle représentait 8 milliards d'euros. Or, la taxe professionnelle, c'est… 28 milliards d'euros. Excusez du peu ! Il a fallu que, le lendemain, l'Élysée précise que vous ne vouliez supprimer que la partie de la TP assise sur les équipements et les biens mobiliers. Vous auriez pu nous le dire. La nuance est d'importance. Mais vous auriez surtout pu nous dire par quoi vous pensiez remplacer cette recette. Elle représente 50 % des ressources des régions et des départements et 80 % des ressources des agglomérations, lesquels financent 75 % des infrastructures du pays. Autant dire que ce n'est pas une taxe qu'on peut supprimer comme ça, à la légère, après un dîner bien arrosé et pour faire un coup médiatique un soir à la télé ! Vous avez vaguement évoqué la taxe carbone pour remplacer cette taxe professionnelle. Mais personne ne sait ce qu'est la taxe carbone, ni qui la paiera, ni quel en sera le montant. En fait, vous nous improvisiez des générosités aux frais des collectivités locales. Ce n'est pas sérieux !

Continuant à vous embrouiller dans les chiffres, vous nous expliquiez alors que la suppression de la taxe professionnelle permettrait aux entreprises françaises de faire face à la concurrence étrangère et de ne plus avoir à se délocaliser, puisque, selon vous, cette TP représentait… « un tiers du surcoût des produits français par rapport au coût des produits des pays de l'Est européen ». Et les deux tiers restants ? C'était vraiment n'importe quoi !

Il faut dire que vous étiez particulièrement en forme, ce soir-là. Interrogé très respectueusement par un de vos interviewers sur la réforme de l'audiovisuel qui va vous permettre désormais de nommer vous-même le patron des chaînes publiques de télévision, vous lui avez répondu, avec un aplomb renversant et en nous regardant droit dans les yeux, que ce ne serait pas vous qui nommeriez ce patron de l'audiovisuel public, mais... le gouvernement, et que, mieux encore, pour que le choix du gouvernement soit entériné, il faudrait qu'il ait « l'accord des trois cinquièmes des commissions de l'Assemblée et du Sénat ». Stupéfiant !

Visiblement tétanisé, votre interviewer opina du bonnet et fit mine d'être pleinement rassuré. À sa décharge, il ne savait sans doute pas que vous présidez le Conseil des ministres et il ne connaissait sûrement pas le nouvel article 13 de la Constitution : « Le pouvoir de nomination du président de la République s'exerce après avis public de la commission permanente compétente de chaque assemblée. Le président de la République ne peut procéder à une nomination lorsque l'addition des votes négatifs dans chaque commission représente au moins les trois cinquièmes des suffrages exprimés. »

Vous, vous ne pouvez pas nous raconter que vous ignorez cet article 13 de la Constitution, puisque c'est vous qui l'avez rédigé. Or, contrairement à ce que vous nous affirmiez droit dans les yeux, cet article n'exige pas que vous ayez l'accord des trois

cinquièmes des commissions du Parlement pour procéder à une nomination – ce qui, entre nous, rendrait
toute nomination impossible. Il prévoit exactement
l'inverse, c'est-à-dire que si les trois cinquièmes des
commissions s'opposent à une nomination, celle-ci
ne pourra pas prendre effet, ce qui, évidemment,
vous permet de nommer qui vous voulez, car jamais
les trois cinquièmes des parlementaires n'oseront
opposer un veto à une de vos décisions puisque, par
définition et sauf cohabitation bien improbable, vous
avez la majorité au Parlement.

Très curieusement, personne, mis à part Laurent
Fabius, ne s'est indigné de cet énorme mensonge
télévisé. C'est passé comme une lettre à la poste.
Plus c'est gros, mieux ça passe. Cette fois, c'était
énorme !

Mais passons à plus grave.

Le 1er juillet 2008, vous n'étiez plus seulement président de la République française, vous deveniez président de l'Europe pour six mois. Vous n'y aviez aucun mérite, mais ça vous a un peu tourné la tête, forcément, comme l'enfant qui reçoit soudain un nouveau jouet inespéré.

Votre empire était brusquement plus grand que celui de Charlemagne ou celui de Napoléon au meilleur moment. Il s'étendait de l'Atlantique à l'Oural, ou presque, en tout cas de la Baltique à la Méditerranée. Ça pouvait griser un ambitieux, même si, bien sûr, c'était très théorique et surtout, par définition, éphémère.

C'est curieux, vous ne maîtrisez aucune langue étrangère, vous ne connaissez réellement aucun pays, pas même la Hongrie de vos aïeux, ni l'Italie de Carla, vous n'avez aucune notion de géostratégie, la diplomatie n'est visiblement pas votre point fort, mais, depuis votre élection, on a l'impression que vous nous interprétez une célèbre scène de Charlie Chaplin jouant et jonglant dans son bureau avec une mappemonde en équilibre sur son index.

Vous êtes soudain devenu passionné par l'international et, en même temps, vous abrégez à leur plus strict minimum tous vos voyages à l'étranger, vexant généralement vos hôtes par un départ précipité, comme si vous aviez toujours peur d'attraper une maladie à cause des moustiques ou de la cuisine locale.

Souvenez-vous, par exemple, des Indiens qui avaient été scandalisés quand, lors de votre visite officielle à Delhi, vous étiez reparti beaucoup plus tôt que prévu, sitôt après avoir signé quelques contrats. Vous vouliez, nous avait-on dit alors, retrouver Carla au plus vite ! Les Indiens ne vous le pardonneront jamais.

Il est vrai que vous aviez prolongé une visite officielle en Égypte (mais c'était pour faire découvrir à Carla les charmes de Louxor) et que, depuis, vous en avez prolongé une autre au Brésil (mais c'était pour permettre à Carla de passer Noël avec son père biologique).

*

Votre règne sur l'Europe a commencé sous les meilleurs auspices, c'est-à-dire par une petite escroquerie qui n'avait rien à voir avec l'Europe.

Le 2 juillet, Ingrid Betancourt était enfin libérée après sept ans de captivité dans la jungle colombienne, détenue par les rebelles des FARC. Et, avec un culot fou, vous avez aussitôt triomphé.

À vous entendre, quand toutes nos chaînes de télévision ont interrompu leurs programmes pour vous permettre, entouré des enfants et de la sœur d'Ingrid, d'annoncer, dans les salons de l'Élysée, la bonne nouvelle à la France entière, on aurait tous dû vous féliciter.

Après avoir soi disant libéré les infirmières bulgares et le médecin palestinien des geôles de Kadhafi en juillet 2007, libéré les charlots de l'Arche de Zoé de la justice tchadienne, en mars 2008, et fait libérer les passagers et l'équipage du *Ponant* en avril 2008, vous veniez de libérer Ingrid Betancourt des mains des FARC. Bravo !

Le pouvoir d'achat ne remontait pas, la dette continuait à se creuser, la croissance patinait, mais vous étiez imbattable pour libérer tous les otages de la planète. C'était devenu votre spécialité. Sarko and Co, libération d'otages en tout genre ! À travers la planète entière, de la Somalie à la Colombie ! Vous ne pouviez pas libérer la France de toutes ses pesanteurs, mais vous libériez des otages.

Hélas, si nous ne pouvions que vous applaudir, du bout des doigts, pour les charlots de l'Arche de Zoé et (un peu) pour l'affaire du *Ponant*, nous avions rapidement appris que ce n'était pas vous qui aviez libéré les infirmières et le médecin détenus par Kadhafi, mais la négociatrice européenne, Benita Ferrero-Waldner, et nous avons tout de suite compris que vous n'étiez strictement pour rien dans la libération d'Ingrid Betancourt, malgré ce que vous tentiez de nous faire accroire.

Et même si, dès son arrivée à Bogota, Ingrid Betancourt, tout à sa joie d'être enfin libre, avait tenu à remercier « la Vierge et le président Sarkozy », nous savions tous que c'était par pure courtoisie, et que ce n'était ni la mère du Christ ni vous qui l'aviez sortie des griffes des FARC, mais, beaucoup plus prosaïquement, un commando des troupes du président colombien Uribe.

Vous avez eu tort d'essayer de vous faire mousser à ce point, car cette insistance tout à fait ridicule nous a incités à nous intéresser à toutes les péripéties de cette interminable et dramatique mésaventure. Et c'est alors que nous nous sommes aperçus que vous aviez accumulé les erreurs les plus flagrantes, les maladresses les plus invraisemblables et les pires gaffes diplomatiques, pendant des mois, en jouant la mouche du coche avec une incroyable naïveté.

Première erreur : vous avez d'abord cru que votre prestige était tel auprès de Manuel Marulanda, fondateur et chef des FARC, qu'il vous suffirait de lui demander gentiment de libérer Ingrid Betancourt pour qu'il s'exécute aussitôt. Vous avez donc envoyé là-bas plusieurs émissaires, et notamment un ancien consul de France à Bogota, Noël Saez, et un ancien porte-flingue de Pasqua, Daniel Leandri. En vain, bien sûr.

Vous n'aviez pas compris que les terroristes révolutionnaires ne font jamais de cadeau à personne, et vous ignoriez visiblement que, grâce au trafic de la drogue qu'elle pratique à grande échelle, la rébellion marxiste des FARC était totalement insensible à toutes les promesses de rançon qu'on pouvait lui faire. L'opération a raté.

Vous avez alors fait savoir à Marulanda que vous étiez prêt, en échange d'Ingrid Betancourt, à autoriser l'ouverture d'un bureau des FARC en plein Paris, autant dire une reconnaissance diplomatique.

Heureusement que Marulanda qui, dans sa jungle, se préoccupait des relations diplomatiques comme d'un guigne, vous a envoyé promener. Imaginez l'effet qu'aurait produit à travers la planète – notamment chez vos amis américains – l'ouverture d'une ambassade des FARC (qui sont en bonne place sur la liste des organisations terroristes les plus dangereuses) sur les bords de Seine ! L'opération, Dieu merci, a raté.

Vous ne compreniez pas que plus vous manifestiez d'intérêt pour Ingrid Betancourt, plus Marulanda réalisait que cette ancienne (modeste) candidate écologiste à la présidence de la République colombienne était la plus précieuse de ses 3 000 otages.

Deuxième erreur : vous avez alors essayé de rouler le président colombien Alvaro Uribe, qui est beaucoup plus malin que vous, qui connaît beaucoup mieux que vous, et pour cause, la Colombie et ses rebelles (son père, très riche propriétaire terrien de l'Antioquia, a été assassiné par les FARC), et qui a toujours estimé – à juste titre – qu'on ne pouvait parler aux FARC qu'à coups de canon.

Comme vous étiez en bons termes avec lui, vous lui avez froidement demandé de libérer un des dirigeants des FARC que ses services secrets avaient enlevé en plein centre de Caracas en décembre 2004 et qui avait été condamné à vingt ans de prison, Rodrigo Granda.

Nos services secrets connaissaient un peu ce Rodrigo Granda parce qu'il avait déjà été, en 2004, plus ou moins au cœur d'une négociation fumeuse tentée par Villepin. Vous pensiez que Granda pourrait servir d'intermédiaire, sans vous souvenir que le Granda en question s'était déjà payé la tête de Villepin.

En échange d'une libération de Granda, vous aviez promis à Uribe de soutenir la Colombie lors d'un sommet du G8 (ce que vous avez fait), et vous vous étiez engagé sur l'honneur à l'informer de toute éventuelle négociation avec les FARC. Ce que vous n'aviez pas du tout l'intention de faire.

Uribe n'était pas dupe de vos promesses, mais il savait que les FARC n'accepteraient jamais de libérer Ingrid Betancourt et, pour mieux préparer (avec les Américains) son opération militaire, il était prêt à laisser croire qu'il jouait, comme un naïf qu'il n'est pas, la carte de la négociation.

Il a donc fait libérer Granda qui, arrivé à Cuba, a aussitôt déclaré qu'il ne voulait à aucun prix jouer les messieurs Bons Offices. L'opération Granda a raté.

Troisième erreur (on ne les compte plus), vous avez ensuite pensé qu'Hugo Chavez, le président révolutionnaire vénézuélien, pourrait servir d'intermédiaire, et vous vous êtes pratiquement roulé aux pieds de cet émule de Castro pour qu'il récupère *votre* otage.

Vous saviez que le Venezuela (comme l'Équateur, de l'autre coté) servait d'asile aux dirigeants des

FARC, et même de base arrière à leurs troupes, ne serait-ce que pour l'expédition de la drogue.

Uribe a fait semblant d'accepter la médiation de son ennemi Chavez pour mieux le compromettre. C'était sans risque pour lui. Les services secrets colombiens, aidés par les Américains, avaient déjà infiltré les FARC, et Uribe pouvait donc faire capoter, dès qu'il le souhaitait, toute négociation. Ce qu'il fit en mars, en envoyant un de ses commandos exécuter dans la forêt équatorienne Raul Reyes, le numéro 2 des FARC, qui négociait avec Caracas. L'opération Chavez – un Chavez que vous aviez reçu à l'Élysée – a raté.

Vous avez alors repris vos appels dérisoires aux bons sentiments des FARC en vous adressant directement à Marulanda par le canal de la télévision, le 5 décembre 2007 : « Monsieur Marulanda, il faut sauver une femme en danger de mort », puis, le 1er avril 2008 : « Monsieur Marulanda, vous avez un rendez-vous avec l'Histoire. Libérez Ingrid Betancourt. »

Vous étiez tellement au courant de ce qui se passait dans la jungle colombienne que vous ne saviez même pas que Marulanda était mort d'une crise cardiaque, ce qui l'a empêché d'éclater de rire une nouvelle fois en vous entendant lui donner des leçons de morale et faire appel à ses bons sentiments.

Finalement ce fut, bien sûr, l'opération militaire qu'Uribe préparait depuis des mois avec les Américains qui permit de libérer Ingrid Betancourt et 14 autres otages (dont 3 Américains).

Les Français ont été choqués de vous voir vous attribuer le moindre mérite dans cette libération.

Vous aviez toujours été farouchement hostile à l'idée d'une opération militaire, et vous aviez supplié plusieurs fois Uribe de ne rien tenter. Vous vous étiez évidemment trompé en vous imaginant qu'on pouvait négocier avec les FARC, ce qui était d'une naïveté déconcertante.

Mais les Français se sont aussi aperçus qu'en vous agitant dans tous les sens, qu'en jouant successivement ou simultanément Marulanda, Uribe, Granda, Chavez, vous aviez été berné par tout le monde : Marulanda, auquel vous aviez promis une reconnaissance diplomatique, Uribe, qui, grâce à vos maladresses et à vos indiscrétions, avait pu éliminer le numéro 2 des FARC, Granda, qui, grâce à vous, avait recouvré la liberté, et Chavez, dont vous aviez fait brusquement un personnage respectable et même, d'après vous, « incontournable ».

Non seulement vous n'étiez pour rien dans la libération d'Ingrid Betancourt, mais, au surplus, vous vous étiez ridiculisé tout au cours de cette affaire. Vous ne connaissiez rien du dossier, vous aviez ignoré toutes les réalités les plus évidentes, vous vous étiez agité comme un ver coupé, et, en prime, vous avez voulu fanfaronner !

*

Quelques jours après la libération d'Ingrid Betancourt, il y a eu, le 13 juillet 2008, la grande réunion de votre Union pour la Méditerranée. Cette fois, vous étiez, pensiez-vous, vraiment au cœur du spectacle. À la fois la vedette, le metteur en scène et l'auteur du scénario. Un grand show à la Sarko !

Malheureusement – mais vous avez fait mine de ne pas vous en apercevoir, et la presse française en a fait tout autant –, quand le rideau s'est levé, le scénario n'était plus le vôtre, le décor et les figurants n'étaient plus ceux que vous aviez prévus, et la star que vous pensiez être ce jour-là était devenue… le dindon de la farce.

Cela dit, il est tout de même bien dommage que les innombrables chefs d'État et de gouvernement que vous aviez fait venir au Grand Palais aient refusé (on se demande bien pourquoi, mais toute la question est sans doute là) de poser tous ensemble pour la photo de famille, car elle aurait été superbe et vous aurait fait un bien beau souvenir pour vos vieux jours. Dans les annales des réunions internationales, ce sommet fut le seul à se terminer sans la traditionnelle photo de groupe. Curieux.

Il y avait tout le monde, ou presque. Seuls votre « ami » Kadhafi et « notre ami » le roi du Maroc avaient boudé la fête. Le premier, malgré la belle réception que vous lui aviez si maladroitement offerte à Paris quelques mois plus tôt, et en vous accusant de vouloir lancer une opération de néo-colonialisme. « Nous ne sommes ni des affamés, ni des chiens pour qu'on nous jette des os à ronger en nous humiliant », avait-il gentiment répondu à votre invitation. Le second, parce qu'il ne vous apprécie guère depuis que vous vous êtes, selon son entourage, montré « un peu cavalier » avec lui, à plusieurs reprises, notamment en lui faisant comprendre en permanence que vous préfériez l'Algérie au Maroc. Ce qui lui semble désobligeant et même incompréhensible.

Mais c'était tout de même un joli petit succès que d'avoir réuni sous la grande verrière du Grand Palais quarante-quatre chefs d'État ou de gouvernement, avec notamment, en vedettes orientales, le Syrien et le Libanais, le Palestinien et l'Israélien, le Turc et le Grec, et tout cela devant des Scandinaves qui se demandaient eux-mêmes ce qu'ils pouvaient bien faire là.

Les journalistes français se sont extasiés, avant, pendant et après le sommet, devant ce qu'ils ont appelé votre « exploit », votre « performance diplomatique » : avoir réussi à réunir ainsi, autour d'une même table, autant de frères ennemis.

À entendre nos télévisions, à lire nos journaux, on aurait presque pu croire que c'était la première fois que tous ces voisins plus ou moins en guerre du bassin oriental de la Méditerranée se serraient la main, s'asseyaient côte à côte et discutaient le bout de gras. Et ce, uniquement grâce à vous, à votre fameux volontarisme, à votre don de persuasion, à votre sens diplomatique.

Il faudrait tout de même, parfois, relativiser un peu les choses et raison garder.

La presse française semblait ignorer que Bachar el-Assad et Michel Sleiman, Ehud Olmert et Mahmoud Abbas, Costas Caramanlis et Recep Tayyip Erdogan se connaissent parfaitement depuis des années et se rencontrent très fréquemment, depuis très longtemps, dans d'innombrables réunions internationales, à l'ONU ou ailleurs, ainsi que dans de très nombreuses rencontres bilatérales, même si leurs pays sont en effet en mauvais, voire en très mauvais termes. Votre performance diplomatique était donc toute relative. Ce n'est pas vous qui avez présenté l'Israélien au Palestinien, ni le Syrien au Libanais, ni encore moins le Grec au Turc.

En vérité, cette opération Union pour la Méditerranée fut… « du Sarkozy à l'état pur, tout cru, plus vrai que nature ».

Si, un jour, les élèves de première année de Sciences Po veulent étudier la « méthode Sarkozy », il leur suffira de ressortir et d'analyser point par point cette initiative qui sera, sans aucun doute, déjà tombée dans les oubliettes depuis longtemps.

Avec vous, c'est toujours la même chose : au début, une idée un peu frelatée ; ensuite, une agitation débordante et du grand spectacle ; et enfin plus rien, un flop. Avant de passer très vite à autre chose, en recommençant avec le même scénario, une idée frelatée, une agitation débordante, etc.

Pour votre sommet méditerranéen, l'idée n'avait vraiment rien d'original, elle traînaillait déjà un peu partout depuis longtemps, avait même été émise le plus officiellement du monde par d'autres, treize ans plus tôt. Ajoutons qu'elle était totalement irréalisable.

Vous aviez cru devoir la lancer à la volée et à la cantonade, pendant votre campagne, sans visiblement l'avoir étudiée avec sérieux, mais histoire de dire quelque chose.

Puis, quelques mois plus tard, pour faire oublier un certain nombre d'échecs sur d'autres terrains, vous aviez ressorti l'idée de sa boîte de naphtaline et, avec une agitation soudain fébrile, vous aviez fait des voyages un peu partout en la brandissant, envoyé des émissaires dans toutes les capitales pour

tenter de la vendre, organisé des réunions prépara-
toires à la va-vite pour essayer de lui donner un
minimum de consistance, et multiplié les déclarations intempestives pour démontrer que vous étiez
un grand géostratège capable de redessiner la carte
du monde.

Du vrai Sarkozy. Et, bien sûr, comme souvent,
dans votre précipitation, vous aviez oublié de parcou-
rir le dossier, de déminer le terrain, de prendre en
compte un certain nombre de réalités. Le taureau
avait foncé, tête baissée, dans l'arène où tout le
monde l'attendait, banderilles à la main.

Puis, moment délicieux comme vous les adorez,
vous nous avez organisé une grand-messe qui voulait
ressembler à votre propre sacre. C'était au Grand
Palais pour le Grand Sarkozy. Vous nous avez offert
– vous vous êtes offert – un raout grandiose, majes-
tueux, avec gardes républicains, photographes et télévisions du monde entier. Et surtout avec vous, bien
sûr, au beau milieu de l'image, au premier plan, et
même en gros plan.

Le tout couronné, comme il se doit, par un communiqué de victoire triomphant mais... désespérément creux.

Et puis, les lampions de la fête à peine éteints...
« pschitt ! », pour reprendre encore un mot de
Chirac. Rien. Plus rien. Plus rien du tout. Sur les

Champs-Élysées, on avait balayé le communiqué final en même temps que le crottin des chevaux de la Garde républicaine.

Plus rien, si ce n'est qu'après s'être aperçu que l'idée de départ n'était pas la vôtre, et que vous n'aviez donc été qu'un vulgaire plagiaire, on s'apercevait que vos homologues vous avaient roulé dans la farine et vous avaient imposé exactement le contraire de ce que vous vouliez faire.

L'idée, c'était de réunir dans un cadre institutionnel tous les pays riverains de la Méditerranée, cette « mer intérieure » qui a baigné la plupart des grandes civilisations (l'égyptienne, la grecque, la romaine, la chrétienne, la musulmane), etc., et de la transformer en un « lac de paix », de fraternité, de prospérité, etc. C'était « gentil » et ça devait s'appeler l'Union méditerranéenne.

Guaino, qui vous avait sans doute soufflé l'idée, en rajoutait, comme toujours, dans le lyrisme à bon marché en s'écriant : « C'est le rêve d'Auguste et celui d'Alexandre qui se réalise ! » Il vous comparait donc, sans même s'en rendre compte, du moins je l'espère, à d'illustres prédécesseurs. On n'en est plus à ça près, dans votre entourage. Hélas, il prouvait par la même occasion qu'il ignorait tout de la vie et des rêves du brave Alexandre. Le Macédonien avait en effet toujours préféré l'Orient et les rives de l'Indus aux rivages méditerranéens. On apprend ça en 4ᵉ. Mais ce n'est là qu'un détail.

Le plus grave était ailleurs. Vous et Guaino, vous aviez simplement oublié – excusez du peu ! – que, le 28 novembre 1995, on avait déjà créé un « truc » officiel du même genre avec cette idée-là. Ça s'appelait le « Processus de Barcelone euro-méditerranéen » ou, pour les intimes, « Euromed ».

Les ministres des Affaires étrangères des Quinze (nous n'étions pas encore Vingt-Sept) et leurs homologues des douze pays du sud de la Méditerranée s'étaient réunis à Barcelone et avaient, le plus officiellement du monde, décidé de créer un « partenariat global » qui devait conduire à l'ouverture, en 2010, d'« une zone de libre-échange » entre ces vingt-sept pays.

Votre Union méditerranéenne avait donc des allures d'un *remake* réchauffé, voire d'un indécent plagiat.

Ce Processus de Barcelone avait naturellement sombré corps et biens dans les flots de la Belle bleue, depuis belle lurette. Car, et c'est en cela que votre projet, comme celui de Barcelone treize ans plus tôt, étaient voués à l'échec dès le début, cette mer intérieure n'est pas un lac de paix, mais le fossé le plus profond qui sépare deux mondes que tout oppose : au nord, le monde chrétien, qui possède toutes les

richesses, et notamment la plus précieuse, la démocratie ; au sud, le monde musulman qui, malgré son
pétrole, croupit dans la misère et les dictatures.

Il n'y a pas de barrière plus infranchissable que
cette Méditerranée. Ce lac de paix est la véritable
ligne de front de l'affrontement entre le Nord et le
Sud.

Sans oublier, bien sûr, que les rives de ce lac de
paix sont aussi le théâtre de l'éternel conflit qui
oppose Israéliens et Arabes, et de ceux, larvés mais
tout aussi éternels, qui voient s'entredéchirer Grecs
et Turcs, Chypriotes grecs et Chypriotes turcs,
Serbes et Albanais, etc.

Mais Angela Merkel vous a immédiatement vu
venir avec votre projet et vos gros sabots. Elle a parfaitement compris que vous aviez évidemment une
arrière-pensée. Ça crevait les yeux.

Au-delà des rêves d'Auguste et des élucubrations
de Guaino, il s'agissait en fait, pour vous, de tenter
de riposter plus ou moins à la nouvelle Europe telle
qu'elle se dessinait à vingt-sept, avec son élargisse-
ment vers l'Est qui nous marginalisait et accordait
une primauté évidente à l'Allemagne, laquelle
bénéficiait désormais de sa position géographique et
de ses liens historiques et culturels avec tous les
nouveaux pays de l'Europe centrale et de la Baltique.

À vingt-sept, la France n'était plus au centre de l'Europe, et c'était l'Allemagne, au cœur des vingt-sept, qui devenait l'évident pays de référence de l'Union, et Berlin, sa capitale.

Avec votre Union méditerranéenne que vous aviez bien sûr l'intention de diriger, vous pensiez pouvoir créer un contre-poids à cette nouvelle Union européenne désormais dominée par l'Allemagne, en entraînant avec vous les pays européens du Sud, l'Espagne, le Portugal, l'Italie, la Grèce. Les pays que les gens du Nord appellent avec mépris « les pays Club Med », parce que, s'il y fait bon vivre, on y est tout de même moins sérieux. Autant dire que vous vouliez faire éclater, d'une certaine manière, l'Europe. Angela Merkel ne pouvait le tolérer.

Immédiatement, la Chancelière allemande a torpillé votre projet en faisant remarquer à tout le monde que si on voulait tisser des liens avec les pays du sud de la Méditerranée, il n'y avait qu'à relancer le Processus de Barcelone en sommeil.

Elle a déclenché un tir de barrage à l'artillerie lourde, vous traitant de tous les noms, évoquant votre ambition démesurée, votre rêve de vouloir tout diriger, vous accusant de vouloir, par pure ambition personnelle, faire éclater l'Union européenne, et, pis encore, de vouloir faire financer des projets africains avec des fonds prévus pour des investissements en Europe.

À ses yeux, une Union méditerranéenne telle que vous la proposiez, c'est-à-dire avec uniquement les pays riverains, était un *casus belli*, et, pour elle, au pire, il ne pouvait être question d'autre chose que d'en revenir purement et simplement au Processus de Barcelone et, cette fois, avec non pas quinze pays européens, comme en 1995, mais avec les vingt-sept d'aujourd'hui, ce qui redonnait évidemment à l'Allemagne toute sa primauté.

Vous avez alors tenté d'expliquer à tous vos interlocuteurs que si l'Euromed avait lamentablement échoué, c'était précisément parce qu'on avait voulu englober toute l'Europe dans un projet qui n'aurait dû concerner que les riverains de la Méditerranée, et que vous, avec votre Union méditerranéenne, vous vous limitiez aux pays riverains, c'est-à-dire, pour le nord : le Portugal (même s'il n'est pas vraiment méditerranéen), l'Espagne, la France, l'Italie, la Grèce et la Turquie. Ce qui, d'après vous, était autrement plus réaliste.

Vous n'avez convaincu personne, car tout le monde avait compris qu'il s'agissait d'une opération purement personnelle, d'un gadget que vous sortiez de votre poche pour vous faire mousser. Or, les autres, d'un côté de la Méditerranée comme de l'autre, ne vous aiment pas. Cela faisait des mois qu'ils vous voyaient jouer les donneurs de leçons ; ils décidèrent de vous en infliger une.

Vous aviez lancé officiellement votre idée et vos invitations aux Dix-sept (les Cinq du Nord, les Douze du Sud) le 23 octobre 2007 à Tanger. Le 3 mars 2008, à Hanovre, vous étiez obligé de capituler piteusement devant le diktat allemand. Angela Merkel avait réussi à convaincre tous les Européens, mais aussi une bonne partie des gens du Sud, que votre projet ne tenait pas la route.

Pour sauver votre « truc », ou du moins le show que vous aviez prévu, vous acceptiez alors, toute honte bue, d'inviter à la table méditerranéenne tous les pays de l'Union européenne, les vingt-sept (plus l'Albanie, la Croatie, la Bosnie-Herzégovine, le Monténégro et même Monaco, qui, eux au moins, sont riverains), et, du coup, le nom de votre « machin » changeait, et, d'Union méditerranéenne, devenait « Union pour la Méditerranée ». Et même, officiellement : « Processus de Barcelone, Union pour la Méditerranée », car Angela Merkel avait voulu vous faire manger complètement votre chapeau en démontrant clairement que votre idée (qu'elle vous avait obligé à changer) n'était rien d'autre qu'un simple *remake* du Processus de Barcelone.

Vous aviez sauvé votre fiesta du Grand Palais – c'est ce qui comptait le plus à vos yeux – ; mais, en passant de dix-sept à quarante-quatre participants, votre Union méditerranéenne devenue Union pour la Méditerranée n'avait plus aucun sens, puisqu'on trouvait désormais dans cette association des riverains de la Méditerranée, les riverains de... la Baltique et de la mer du Nord qui s'intéressent sans doute peu à la pollution de la Méditerranée, à la création de nouvelles liaisons maritimes entre les ports du nord et ceux du sud de la Méditerranée, ou à la création d'une université méditerranéenne, les trois premiers objectifs que vous aviez désignés pour votre nouvelle Union.

Sur les quarante-quatre chefs d'État ou de gouvernement présents au Grand Palais pour porter sur les fonts baptismaux votre Union pour la Méditerranée, vingt-deux seulement (en comptant Monaco) pouvaient se vanter d'être méditerranéens.

Pis encore, votre rêve de contrebalancer le pouvoir de l'Allemagne au sein de l'Union européenne avec cette Union pour la Méditerranée était réduit à néant puisque, à quarante-quatre, l'Allemagne arrivait ainsi avec ses bataillons d'Europe centrale et de l'Est sur les bords de la Méditerranée. Comme pour l'Union européenne, c'était encore Berlin qui allait dominer l'Union pour la Méditerranée ! Vous étiez bel et bien le dindon de la farce que vous aviez voulu jouer à Angela Merkel !

Pour retomber sur ses pieds, Guaino s'écriait : « La philosophie allemande me parle, parce qu'elle est l'héritière de la philosophie grecque. » Ce qui est parfaitement vrai. Mais c'était ce que les philosophes (grecs ou allemands) appellent un... sophisme.

Ce n'est qu'à Marseille, le 4 novembre, lors de la réunion des ministres des Affaires étrangères du Processus de Barcelone, Union pour la Méditerranée, que vos partenaires acceptèrent, par charité pour vous, de supprimer la référence à ce fameux Processus de Barcelone. Votre « truc » devenait donc simplement l'Union pour la Méditerranée, mais il était devenu une copie conforme et aggravée du Processus de Barcelone, puisqu'il n'y avait plus seulement quinze pays européens, mais trente-deux. Il était donc évident qu'il aurait le destin du Processus de Barcelone de 1995 : une mort rapide et programmée.

Pour vous accorder cette petite satisfaction, Angela Merkel vous fit boire votre verre jusqu'à la lie. Elle vous obligea à accepter que le siège de l'Union soit à... Barcelone (comme l'avait été celui du Processus) alors que vous l'aviez déjà promis aux Tunisiens qui, du coup, firent grise mine.

Mais tout le monde se désintéressait déjà totalement de ce « machin de plus », comme aurait dit de Gaulle. Vous aviez réussi votre *show*, vous racontiez que c'était vous qui..., vous que..., et vous ne répondiez pas aux questions quand on vous interrogeait sur votre fantastique reculade et sur l'écrasant succès des Allemands, lesquels vous avaient imposé exactement le contraire de ce que vous vouliez faire.

Vous étiez déjà passé à autre chose.

Les Français, eux, étaient dubitatifs, pour ne pas dire totalement indifférents. Vous leur aviez d'ailleurs longuement expliqué que si le Processus de Barcelone avait pitoyablement échoué, c'était parce qu'on y avait mis tous les membres de l'Union européenne d'alors. Or, vous aviez été obligé d'accepter bien pire encore.

Seul Kouchner déclarait que vous veniez d'écrire « une page de l'Histoire »… C'était l'histoire d'un type qui s'était cru plus malin que les autres, qui ne connaissait rien ni au dossier ni aux réalités, qui avait voulu faire un joli petit coup, et auquel les autres avaient infligé une cruelle leçon de diplomatie élémentaire.

« Encore un bide », auraient murmuré certains de vos amis.

*

Mais on était en effet très vite passé à autre chose. Chirac disait : « L'avantage de faire connerie sur connerie, c'est que la nouvelle connerie fait oublier celle d'avant. » Vous avez visiblement fait vôtre ce précepte.

Et à un rythme tellement endiablé que le public n'a même pas le temps de réaliser que vous venez de faire une connerie, qu'il vous voit déjà débouler sur scène avec un nouveau numéro. C'est comme au cirque où les numéros se succèdent à un train d'enfer pour que les spectateurs n'aient pas le temps de s'apercevoir que la trapéziste s'est écrasée au sol et que le dompteur s'est fait dévorer par un tigre.

On est donc passé à la révision de la Constitution.

Là encore, vous n'aviez pas été avare de promesses, et là encore ça a fait « pschitt ! », tout simplement parce que vous n'avez pas voulu aborder le fond du problème, que vous vous êtes contenté de faire une mini-mini-réformette qui ne change pratiquement rien à ce qui existait déjà et qui n'était pourtant pas satisfaisant, de l'avis unanime.

D'ailleurs, interrogez aujourd'hui les Français sur cette grande réunion solennelle et historique du Congrès, à Versailles, le 21 juillet 2008. Elle devait réécrire la Constitution du Général pour la mettre au goût du jour et en conformité avec votre conception du pouvoir présidentiel. Vous verrez que nos concitoyens ne se souviennent – au mieux – que d'une seule chose : une anecdote, le fait que votre réforme ne soit passée qu'à une seule voix de majorité, et, qui plus est, la voix de... Jack Lang !

Le reste, la réforme elle-même, ils l'ont totalement oublié, et on les comprend. Cette réforme du texte fondamental de la République n'a été qu'une blague, presque une imposture.

La veille encore, vous déclariez au *Monde*, pour ne pas dire au monde entier : « Cette réforme est importante. Elle modifie quasiment la moitié des articles de la Constitution. Elle vise à faire émerger une démocratie exemplaire. Je veux dégager la pratique du pouvoir de l'esprit de clan, de secte, de "partisannerie", en donnant plus de pouvoir au Parlement, plus de possibilités de recours aux citoyens, et en encadrant davantage les pouvoirs du président de la République. »

Deux choses nous avaient fait sursauter en lisant cette longue interview. D'abord, que vous affirmiez froidement que le pouvoir avait jusqu'à présent été marqué par « un esprit de clan, de secte, de partisannerie ».

Que vous vouliez rompre avec le passé et déblatérer en permanence sur Chirac était une chose, mais vous oubliiez là un peu vite que, pendant des années, vous aviez bel et bien fait partie de ce « clan », de cette « secte », de ces « partisans » pleins de « partisanneries ». Et que c'était grâce à ce clan que vous aviez été élu à la présidence. D'ailleurs, le mot « secte » était tout de même un peu excessif, même si vous aviez, un temps, joué les gourous de ladite secte.

Ensuite, que vous prétendiez vouloir « encadrer davantage les pouvoirs du président de la République », voilà qui avait tout de même de quoi estomaquer. Depuis votre arrivée à l'Élysée, vous aviez affirmé à maintes reprises – et je cite au hasard – que c'était vous qui « gouverniez », qu'il n'était pas question que vous vous contentiez d'« arbitrer », que vous étiez le seul responsable de tout, car c'était vous qui aviez été élu, que votre Premier ministre était un simple « collaborateur », etc.

Vous aviez par exemple – et c'était très révélateur d'une volonté de tout commander – pris vous-même en main les services secrets, qui étaient jusqu'alors placés sous l'autorité du Premier ministre : la Direction générale de la sécurité extérieure, 4 500 agents, la Direction centrale du renseignement intérieur, 4 000 agents, la Direction du renseignement militaire, 1 800 agents, la Direction de la protection et de la sécurité de la défense, 1 400 agents, la Direction nationale du renseignement et des enquêtes douanières, 747 agents. Vous aviez nommé auprès de vous, et ne dépendant que de vous, un « coordonnateur des services », Bernard Bajolet, ancien ambassadeur de France à Bagdad et à Alger.

Vous aviez aussi précisé que ce serait désormais vous – et non plus le CSA – qui nommeriez le patron des chaînes publiques de télévision, etc.

Dans le même temps, chacun avait de ses yeux vu que vous court-circuitiez allègrement le gouvernement avec vos collaborateurs élyséens, le Parlement avec vos commissions, et le peuple français… avec votre Traité simplifié !

Bref, on ne pouvait guère imaginer, en vous voyant à l'action depuis des mois, que vous souhaitiez réellement donner davantage de pouvoir au Parlement, davantage de possibilités de recours aux citoyens, ni surtout que vous aviez la moindre intention d'encadrer – c'est-à-dire de limiter – vos propres pouvoirs !

En fait, tout le monde avait pensé à l'origine que vous vouliez transformer le régime de la Ve République en un véritable régime présidentiel. Et ça n'aurait rien eu de scandaleux.

Il faut bien reconnaître que, depuis le Général et mis à part, bien sûr, pendant les quelques périodes de cohabitation, le système français tel qu'il était appliqué ressemblait furieusement à un régime présidentiel, avec un président qui avait tous les pouvoirs, qui nommait le gouvernement, qui décidait de la politique du pays, et une assemblée aux ordres qui votait ce que le président lui disait de voter. Le quinquen-

nat, avec des législatives dans la foulée des présidentielles, avait encore aggravé cette soumission du
Parlement au président.

Il aurait donc été plus sain d'officialiser dans les
textes cet état de fait. Balladur, qui avait présidé la
commission de réflexion sur les institutions, tout
comme son vice-président, qui n'était autre que Jack
Lang, mais aussi François Fillon, votre Premier
ministre, et beaucoup d'autres, étaient résolument
favorables à cette présidentialisation officielle du
régime.

En fait, il fallait avant tout s'attaquer à deux articles de la Constitution du Général qui n'avaient
jamais été mis en pratique (sauf en période de cohabitation) et que tout le monde avait violés. L'article 5 : « Le président de la République veille au
respect de la Constitution. Il assure, par son arbi-
trage, le fonctionnement régulier des pouvoirs
publics, ainsi que la continuité de l'État... », et l'article 20 : « Le gouvernement détermine et conduit la
politique de la Nation. Il dispose de l'administration
et de la force armée... »

Vous aviez clairement annoncé, on l'a vu, votre
intention de violer ces deux articles – vous ne vouliez pas être un simple « arbitre », et vous étiez bien
décidé « à déterminer et à conduire » la politique de
la Nation –, et c'est ce que vous aviez fait dès votre

arrivée à l'Élysée. Vous n'aviez pas une seule seconde l'intention de laisser votre gouvernement déterminer et conduire cette politique.

Tous vos prédécesseurs en avaient d'ailleurs fait tout autant, à commencer par le Général lui-même qui ne s'était jamais contenté de jouer les arbitres et qui ne s'était jamais privé de déterminer et de conduire la politique du pays. Pompidou, Giscard, Mitterrand et Chirac en avaient fait tout autant, chacun à sa manière.

Et les deux seuls Premiers ministres qui avaient tenté de jouer le rôle que leur attribuait cet article 20 de la Constitution n'avaient pas fait de vieux os à Matignon : Chaban, qui avait voulu imposer sa « Nouvelle Société », avait été viré aussitôt par Pompidou, et Chirac, en désaccord avec Giscard, avait dû démissionner.

Mis à part, bien sûr, les périodes de cohabitation, aucun chef du gouvernement n'a jamais pu « déterminer » ni même « conduire » la politique de la Nation. Curieusement, cette Constitution du Général semblait avoir été faite pour la... cohabitation – cohabitation dont l'idée même l'aurait pourtant sûrement indigné !

Personne n'aurait donc pu protester contre une réforme qui aurait corrigé l'incohérence de ces articles 5 et 20, incohérence qu'on retrouve d'ailleurs dans d'autres articles comme, par exemple, l'article 15 : « Le président de la République est le chef des armées », et l'article 21 : « Le Premier ministre est responsable de la défense nationale. »

Mais, à la surprise générale, en tous cas à celle de Balladur, Lang et Fillon, vous vous êtes opposé farouchement à cette reconnaissance de la présidentialisation du régime pratiquée pourtant depuis un demi-siècle.

Pourquoi ? Par réflexe républicain ? Pas du tout.

Vous vous y êtes opposé pour deux raisons très précises : d'abord parce que, dans un régime présidentiel, la fonction de Premier ministre disparaît, évidemment ; ensuite parce que dans un régime présidentiel, le président n'a bien sûr plus le droit de dissoudre l'Assemblée.

Or, vous ne vouliez à aucun prix ni renoncer à avoir un Premier ministre, ni vous priver de ce droit « divin » qui permet à tout moment au chef de l'État de renvoyer tous les députés devant les électeurs.

Avant d'entrer à l'Élysée, l'idée de supprimer le poste de Premier ministre ne vous déplaisait pas. Et, plus curieusement, Fillon, votre Premier ministre, était lui aussi favorable à la suppression de son propre poste. Il est vrai que ce poste est ambigu. Nommé par le président, le chef de gouvernement ne trouve sa véritable légitimité que dans la confiance du Parlement.

Mais, à l'usage, vous avez fini par trouver des charmes si ce n'est à Fillon, du moins à sa fonction. Après tout, ce n'est pas désagréable d'avoir sous la main, en permanence, un souffre-douleur qui peut aussi éventuellement servir de victime expiatoire et de bouc émissaire.

Il ne fait aucun doute que vous usez et abusez de Fillon comme souffre-douleur. Vos rapports sado-masochistes avec votre Premier ministre réjouissent la classe politique, et visiblement Fillon adore que vous le malmeniez et le traitiez plus bas que terre. Parfois, dans ses yeux qui semblent au beurre noir, tant vous avez dû le rouer de coups, on peut lire, quand il vous regarde, un éclair de haine, celui de l'esclave consentant qui se dit dans une sorte de sursaut qu'un jour, ce sera lui qui rossera son maître bien-aimé.

Mais, par votre faute, Fillon ne pourra jamais vous servir de victime expiatoire ou de bouc émissaire. Il aimerait bien, sûrement. Mais votre goût effréné d'être toujours la seule vedette du spectacle est tel que jamais personne ne pourra croire que c'est lui le responsable de quoi que ce soit. Vous l'avez tellement discrédité qu'il ne pourra jamais recevoir à votre place les crachats de la colère populaire. Il est sans doute le premier de tous nos Premiers ministres qui ne pourra jamais, quelle que soit sa bonne volonté et son goût du martyre, jouer le rôle de fusible. Il ne vous servira jamais à rien de le sacrifier sur l'autel de la présidence. Tant pis pour lui, mais surtout tant pis pour vous.

Beaucoup plus que vos prédécesseurs, vous avez totalement siphonné tous les pouvoirs du Premier ministre en en faisant un simple collaborateur, en allant même, suprême raffinement, jusqu'à lui retirer sa résidence secondaire officielle, *La Lanterne*, à Versailles, que vous vous êtes attribuée en même temps que ses ultimes prérogatives.

Mais vous voulez conserver un Premier ministre comme si vous aviez besoin, pour votre gymnastique du matin, d'avoir un punching-ball à votre disposition. Peut-être redoutiez-vous qu'on vous accuse de césarisme.

Et puis, vous vouliez aussi garder votre pouvoir de dissolution.

Cette envie est tout à fait curieuse de votre part. En effet, on ne voit pas ce qui, d'ici 2012, pourrait vous pousser à dissoudre l'Assemblée. Même si Copé fait mine, par moments, de vouloir jouer les grands garçons indépendants, même si certains derniers chiraco-villepinistes lâchent parfois de petites phrases qui vous agacent, vous n'avez évidemment pas à craindre la moindre rébellion de votre majorité qui, comme toutes les majorités, sera toujours prête à toutes les docilités.

Et il est tout aussi évident que vous prendriez vous-même un risque fou en prononçant une dissolution. Personne n'a oublié l'expérience pour le moins malheureuse de Chirac, en 1997, qui a sans doute fait remiser à tout jamais au magasin des accessoires inutiles l'idée même de dissolution.

Et si vous étiez réélu en 2012 pour un nouveau quinquennat, la situation serait la même, à moins que les législatives, au lendemain de votre réélection, ne donnent une majorité à la gauche, ce qui n'est techniquement pas impossible, mais est totalement invraisemblable et serait une grande première dans l'histoire de notre République.

Alors, pourquoi tenez-vous tant à conserver cette arme de la dissolution ? Vous n'avez jamais répondu à cette question ni à Balladur, ni à Fillon quand ils vous ont interrogé.

Mais je suis convaincu que vous nourrissez un tel mépris pour vos propres parlementaires, et ce mépris peut bien souvent devenir si méchant que vous tenez plus que tout à avoir sous la main cette arme suprême de dissuasion. Pas pour vous en servir, non, pour le plaisir de pouvoir la brandir. C'est le principe même de l'arme nucléaire.

On vous aurait entendu à plusieurs reprises vous écrier : « Si ces cons m'emmerdent trop, je dissous ! » Personne n'a jamais été dupe. Vous ne le ferez jamais. L'idée seule de prendre le risque – fût-il minime – d'avoir à demander à Martine Aubry d'aller s'installer à Matignon calmera toujours vos pires colères. Et ce n'est pas quand on a été, comme vous, le président le plus mal aimé des Français, qu'on a envie de jouer à la roulette russe.

Mais si vous êtes prêt à renoncer au droit de grâce, vous n'êtes pas prêt à renoncer à ce droit de dissolution qui, dans l'absolu, vous permet de fusiller tous vos députés, même si vous savez que vous ne vous en servirez pas. Il y a des gens comme ça, qui aiment avoir une arme de gros calibre dans le tiroir de leur bureau. Ça les rassure, ils se sentent par là plus forts que tout le monde.

Or, dès l'instant où vous ne vouliez pas modifier les article 5 et 20 de la Constitution qui définissent les pouvoirs du président et ceux du Premier ministre, où vous vouliez garder un Premier ministre et où vous ne vouliez pas vous priver du droit de dissolution, il n'était plus question de faire basculer la Ve République dans le régime présidentiel. Du coup, votre réforme de la Constitution n'avait plus grand intérêt.

Une fois de plus, comme pour les 35 heures, comme pour la Justice, comme pour tout, vous alliez vous contenter de surfer sur le dossier, de faire du pointillisme, des broutilles, de petits riens par petites touches. Autant dire une fausse réforme dont le vide serait maquillé par quelques gadgets.

Heureusement que toute réforme de la Constitution doit être approuvée par les trois cinquièmes du Parlement, ce qui a provoqué un peu d'animation avec un petit débat chez les radicaux de gauche et chez certains socialistes. Sinon, personne n'aurait jamais parlé de cette énième réforme qui n'en était pas une.

Ce petit débat ne portait naturellement pas sur la réforme constitutionnelle – personne ne pouvait être contre, puisqu'il ne s'agissait que de broutilles –, mais sur le point de savoir si on devait voter un texte pour lui-même, ou en fonction de qui le proposait.

Les radicaux n'ont jamais beaucoup d'états d'âme, et vous aviez acheté sans pudeur leurs quelques voix en nommant une des personnalités de ce parti désormais croupion, Jean-François Hory, au Conseil d'État.

Lors du Congrès qui, à Versailles déjà en décembre 1953, avait eu à élire un successeur à Vincent Auriol, le frère de Joseph Laniel, lui-même sénateur et marchand de bestiaux, qui soutenait bien sûr son frère candidat, se promenait dans les couloirs du château en demandant : « Ça vaut combien, un député radical sur pieds ? » ; là, avec vous, on a su combien valaient les voix radicales : un siège au Conseil d'État.

Les socialistes, eux, hésitaient. Fallait-il, à propos de ce texte sans grand intérêt, et contre lequel il n'y avait rien à dire, puisqu'il ne disait rien, vous faire un petit plaisir en l'approuvant, ou fallait-il voter contre, simplement parce que c'était vous qui le présentiez ?

Finalement, seul Lang a eu le courage de ses opinions. À moins que ça n'ait été celui de ses ambitions. Il avait participé aux travaux de la commission Balladur, il trouvait qu'il y avait tout de même certaines « avancées » dans le texte, il était en plus ravi de faire un pied de nez à ses camarades de parti, il estima donc qu'il était de son « devoir » de voter le texte. L'ennui, c'est que votre texte ne passa qu'à une voix près, ce qui fit que Lang apparut, pendant quarante-huit heures, comme le traître absolu.

Cela dit, que reste-t-il de cette fameuse réforme de la Constitution ? Quelles sont les grandes nouveautés ?

Le Président « ne peut exercer plus de deux mandats consécutifs ». Cette limitation n'était pas inscrite dans la Constitution, mais personne, jusqu'à présent, n'avait jamais tenté un troisième mandat, et tout le monde savait que « dix ans, ça suffit ». D'ailleurs, l'adjectif « consécutif » pourra toujours vous permettre, au cas où vous auriez été réélu en 2012, d'être de nouveau candidat en 2022. Vous n'aurez jamais que 67 ans.

Le président ne préside plus le Conseil supérieur de la magistrature. Bon...

« Le pouvoir de nomination du président de la République s'exerce après avis public de la commission permanente compétente de chaque assemblée. Le président de la République ne peut pas procéder à une nomination lorsque l'addition des votes négatifs représente au moins les trois cinquièmes des suffrages exprimés » Bon... Nous venons de le voir, les trois cinquièmes, cela vous laisse tout de même une marge de liberté importante avant de vous heurter à un veto des trois cinquièmes. D'autant plus que vous pourrez toujours nommer comme auparavant et comme vous l'entendez « les conseillers d'État, les ambassadeurs, les préfets, les officiers généraux, les recteurs d'académie, les directeurs des administrations centrales, le grand chancelier de la Légion d'Honneur, les conseillers maîtres à la Cour des comptes et les représentants de l'État dans les collectivités d'outre-mer ».

Le Président « peut prendre la parole devant le Parlement réuni à cet effet en Congrès. Sa déclaration peut donner lieu, hors sa présence, à un débat qui ne fait l'objet d'aucun vote ». Jusqu'à présent, le président pouvait adresser au Parlement des messages qu'il faisait lire, et il n'y avait pas de débat. Maintenant, vous pourrez lire vous-même vos « discours du trône », et il pourra y avoir débat après votre départ. Mais un débat qui n'est pas suivi d'un vote n'a jamais beaucoup de signification. Il est vrai qu'on imagine mal qu'un président de la République puisse être mis en minorité, en quelque sorte renversé par l'Assemblée !

« Le gouvernement informe le Parlement de sa décision de faire intervenir les forces armées à l'étranger au plus tard trois jours après le début de l'intervention. Cette information peut donner lieu à un débat », mais…. « ce débat n'est suivi d'aucun vote ». Il est donc totalement inutile.

« Lorsque la durée de l'intervention excède quatre mois, le gouvernement soumet sa prolongation à l'autorisation du Parlement. » Bonne disposition sur le papier, mais on imagine mal des parlementaires exiger l'arrêt d'une intervention extérieure sans avoir l'air de poignarder dans le dos nos soldats sur le terrain depuis quatre mois. Il aurait mieux valu demander un vote du Parlement avant l'envoi de ces troupes. D'ailleurs, avec notre système, on imagine mal une majorité désavouer son gouvernement sur une telle question.

Les parlementaires devenus ministres ou secrétaires d'État retrouvent automatiquement leur siège après leur départ du gouvernement. Voilà qui va leur faire plaisir, qui va transformer les suppléants en simples intérimaires, et qui vous évitera d'avoir scrupule – si tant est que vous en ayez jamais eu – à virer vos ministres du gouvernement. Ils ne se retrouveront pas au chômage. C'est sans doute la modification à laquelle nos parlementaires ont été le plus sensibles.

« La discussion en séance des projets de loi se fera désormais sur le texte adopté en commission », et non plus sur le texte du gouvernement (sauf le projet de loi de finances et les projets de loi de financement de la sécurité sociale). Bonne disposition qui évitera d'avoir en séance publique les débats qui s'étaient déjà déroulés en commission.

« Deux semaines de séance sur quatre sont réservées (...) à l'examen des textes dont le gouvernement demande l'inscription à l'ordre du jour », ce qui sous-entend que deux semaines sur quatre seront réservées à l'examen des textes proposés par les parlementaires qui pourront ainsi retrouver leur fonction de législateurs. Cela dit, le gouvernement ayant toujours et par définition une majorité à sa disposition au Parlement, il pourra toujours faire inscrire les textes de son choix à l'ordre du jour, quitte à trans-

281

former subrepticement des projets de loi en propositions de loi. Ça s'est déjà vu.

« Un jour de séance par mois est réservé à un ordre du jour arrêté à l'initiative des groupes d'opposition ainsi que des groupes minoritaires. » Bonne disposition pour permettre à l'opposition de s'exprimer plus librement, un jour par mois, soit neuf jours par an, le Parlement siégeant d'octobre à juin. Ce n'est pas beaucoup. Et d'autant moins que, quelques semaines plus tard, on apprenait que le droit d'amendement, essentiel par définition à la vie parlementaire, allait être minuté, rogné, encadré. Ce qui a poussé nos députés socialistes à quitter l'hémicycle après avoir chanté la *Marseillaise* au pied de la tribune.

Les parlementaires peuvent prendre l'initiative d'un référendum. Bonne idée. Si ce n'est que, pour déclencher un référendum, il leur faut réunir un cinquième des membres du Parlement (185 parlementaires), un dixième du corps électoral (4,4 millions d'électeurs), avoir l'accord du Conseil constitutionnel, et à condition que ce référendum ne porte pas sur l'abrogation d'un texte adopté depuis moins d'un an. On voit mal, sous ce jour, comment les parlementaires pourront exercer ce nouveau droit. (On avait parlé d'un référendum d'initiative populaire ; ç'aurait pu être une bonne idée. Elle avait été naturellement complètement oubliée.)

Enfin, un poste de « défenseur des droits » est créé. « Il peut être saisi par toute personne s'estimant lésée par le fonctionnement d'un service public. » Il regroupe les fonctions du Médiateur de la République, de la Commission nationale de déontologie de la sécurité, et du Contrôleur général des lieux de privation de liberté.

Voilà pour l'essentiel. Pas un mot sur la définition même du régime, présidentiel ou parlementaire – on ne sait toujours pas qui détermine et qui dirige la politique du pays –, rien sur une éventuelle réforme du Sénat et de son mode d'élection, rien sur le maintien ou la suppression du département pris entre la région et la kyrielle de communautés de communes, d'agglomérations de communes, de pays, ni sur le nombre astronomique de nos élus locaux (503 000 conseillers régionaux, généraux ou municipaux !), rien sur le cumul des mandats.

La montagne a bel et bien accouché d'une souris. Édouard Balladur ne cachait pas sa déception. Les quelques Français qui se passionnent pour le droit constitutionnel non plus. C'était une réforme-gadget de plus.

*

Mais vite était-on passé à autre chose, et vous aviez aussitôt remis votre couronne de président de l'Union européenne sur la tête, car ça bardait en Géorgie.

L'affaire de Géorgie fait encore aujourd'hui, selon la presse française, partie de vos grands... « faits d'armes » ! C'est stupéfiant.

Tous nos éditorialistes – même ceux qui, en principe, ne devraient pas être du nombre de vos thuriféraires attitrés – continuent d'affirmer que vous avez joué là de main de maître, que votre activisme débordant a su renverser tous les obstacles, que vos dons de persuasion ont fait reculer Medvedev, Poutine et les chars russes. Certains sont même allés jusqu'à vous comparer à ... Talleyrand. On croit rêver !

Pendant ce temps, toute la presse étrangère – je dis bien toute la presse étrangère – considère, depuis ce fameux « accord en six points » que vous prétendez avoir obtenu à Moscou, que vous avez totalement capitulé devant l'impérialisme russe, que vous vous êtes fait berner par Medvedev et Poutine, au fond que vous vous êtes couché, et que vous n'avez été, dans cette affaire, qu'une sorte de nouveau Daladier, voire, pour les anglophones, de nouveau Chamberlain qui serait allé à un nouveau... Munich.

Le premier à avoir évoqué Munich et donc à vous avoir affublé du chapeau ridicule du « Taureau du Vaucluse » de sinistre mémoire, n'est autre, d'ailleurs, que le Président lituanien lui même, Valdas Adamkus (qui connaît bien les Russes), et sa comparaison, bien peu flatteuse pour vous, a eu un tel succès à travers toutes les chancelleries qu'elles l'ont aussitôt toutes reprise en chœur avant que la presse internationale ne s'en empare.

Il faut bien dire, hélas, que les faits leur donnent à tous raison.

On est bien obligé de constater que vous avez accepté que les Russes annexent purement et simplement, après les avoir envahies, deux provinces géorgiennes, soi-disant « au nom du droit des Russes à protéger les russophones », exactement comme Daladier et Chamberlain avaient, en 1938, accepté qu'Hitler envahisse et annexe les Sudètes de Tchécoslovaquie, soi-disant, lui aussi, au nom de son droit à défendre les germanophones.

Les similitudes sont frappantes. Si ce n'est, ce qui aggrave votre cas, que les habitants des Sudètes parlaient l'allemand – quand ils n'étaient pas carrément allemands – alors que les Ossètes et les Abkhazes ne sont pas russophones, mais russophiles, ce qui n'est pas tout à fait pareil.

Je vous ai souvent reproché de mal connaître vos dossiers, de vouloir ignorer les réalités les plus évidentes, et de croire que votre volontarisme vous suffirait, avec quelques tours de piste et quelques tours de passe-passe, pour imposer une solution que vous aviez échafaudée à la va-vite sur un coin de table.

Là, je vous accorde que l'affaire géorgienne était particulièrement compliquée. Sur le fond et sur la forme.

Sur le fond, il était difficile de s'y retrouver au milieu de toutes ces ethnies caucasiennes, et de savoir s'il fallait défendre le principe des frontières internationalement reconnues – de la Géorgie – ou celui du droit des peuples – les Ossètes du sud et les Abkhazes – à disposer d'eux-mêmes.

Sur la forme, personne n'était vraiment capable de dire qui avait eu tort dans cette affaire, des Russes qui avaient poussé les Ossètes et les Abkhazes à faire de la provocation, puis qui avaient envahi la Géorgie, ou des Géorgiens qui avaient indiscutablement attaqué les premiers l'Ossétie du sud en réponse à ces provocations.

On peut vous reprocher d'avoir cru devoir vous mêler de cette affaire bien compliquée, et, plus encore, d'avoir osé nous raconter que vous aviez emporté la partie, mais, à dire vrai, on ne peut guère vous reprocher de vous être fait rouler dans la farine par les nouveaux tsars de toutes les Russies. C'était plus que prévisible. Vous ne faisiez pas le poids, loin s'en fallait.

Mais qu'êtes-vous donc allé faire dans cette galère caucasienne ? Vous ne pouviez que vous y ridiculiser.

Le Caucase, entre la Caspienne et la mer Noire, est sans doute l'une des régions les plus incompréhensibles et les plus explosives de la planète, et aucune chatte ne retrouverait jamais ses petits entre le Daghestan, la Tchétchénie, l'Ossétie du nord, l'Ingouchie (russes), l'Ossétie du sud, l'Abkhazie (en principe géorgiennes) et le Haut-Karabakh (azerbaïdjanais), pour ne citer que quelques-uns des innombrables barils de poudre de cette zone maudite.

Tous ces peuples sont différents, parlent des langues différentes, se détestent souverainement, et sont toujours prêts à faire le coup de feu. À la frontière de l'Europe et de l'Asie, du monde orthodoxe et du monde musulman, de l'empire des tsars et de l'empire ottoman, ils ont tous eu une histoire incroyablement mouvementée. Avec de rares moments d'indépendance grâce à de petites principautés éphémères dont ils sont toujours nostalgiques, mais, surtout, avec des siècles d'oppression turque, perse et surtout russe sous les tsars, puis sous le régime communiste.

L'éclatement de l'empire soviétique qui, en 1991, libéra notamment les républiques socialistes soviétiques de Géorgie et d'Azerbaïdjan en leur rendant une indépendance qu'elles avaient perdue en 1921 (quand l'armée Rouge les avait envahies), avait laissé espérer à toutes ces petites « tribus » qu'elles pourraient accéder elles aussi à l'indépendance au milieu d'une espèce de balkanisation généralisée de toute la région.

Mais elles s'étaient retrouvées, comme par le passé, les unes en Russie, les autres en Géorgie ou en Azerbaïdjan et, pis encore, elles avaient perdu l'autonomie dont elles avaient souvent plus ou moins bénéficié du temps des Soviétiques.

On sait comment Eltsine puis Poutine réglèrent les velléités d'indépendance des Tchétchènes, et on se souvient que la proclamation d'une république indépendante du Haut-Karabakh, en 1991, provoqua une guerre sans merci entre l'Azerbaïdjan, qui refusait cette sécession, et l'Arménie voisine, qui soutenait les sécessionnistes du Haut-Karabakh, Arméniens eux-mêmes.

En Géorgie, les choses furent quelque peu différentes. En 1991, le président géorgien Zviad Gamsakhourdia, un nationaliste pur et dur (et fou furieux), avait, tout en proclamant l'indépendance de la Géorgie, supprimé l'autonomie de l'Abkhazie et celle de l'Ossétie du sud, accordées jadis par Staline. Gamsakhourdia s'était alors écrié : « Les Ossètes sont des déchets dont nous allons nous débarrasser en les expulsant vers la Russie ; les Abkhazes sont des plaies sur la Nation que nous allons supprimer ! » On voit l'ambiance.

Aussitôt, les Abkhazes et les Ossètes (du sud) avaient donc proclamé leur indépendance, et Gamsakhourdia avait tenté de mater dans le sang ces deux sécessions. De véritables guerres, d'une sauvagerie inouïe, s'en étaient ensuivies, qui avaient fait 17 000 morts en Abkhazie et 3 000 morts en Ossétie du sud, aussi bien du côté des troupes loyalistes géorgiennes que du côté des troupes rebelles sécessionnistes.

Contrairement à ce qu'on aurait pu prévoir, les Géorgiens furent battus à plates coutures sur les deux fronts, les milices sécessionnistes ossètes et abkhazes ayant reçu une aide massive de « leurs frères » russes, voisins du Nord.

Tbilissi, la capitale géorgienne, avait dû capituler et accepter la présence de « contingents de la paix » russo-géorgiens, aussi bien en Ossétie du sud qu'en Abkhazie. La population géorgienne des deux régions avait fui ses villages – 250 000 Géorgiens d'Abkhazie et 25 000 Géorgiens d'Ossétie du sud s'étaient réfugiés à Tbilissi. Et les 230 000 Abkhazes comme les 60 000 Ossètes avaient tous reçu de Moscou des passeports... russes, ce qui leur avait permis de participer à toutes les élections russes – législatives de décembre 2007 et présidentielles de mars 2008 – comme de véritables citoyens russes à part entière.

Autant dire que les deux régions géorgiennes avaient été, de fait, annexées par Moscou, mais, il faut le souligner, avec le plein accord des Abkhazes et des Ossètes eux-mêmes qui préféraient de beaucoup être sous protectorat russe que sous domination géorgienne. Les Ossètes du sud étant ravis, au surplus, de retrouver ainsi leurs cousins les Ossètes du nord qui, eux, avaient toujours été sous domination russe.

Entre-temps, Gamsakhourdia, qui avait fait tirer sur la foule à Tbilissi, avait été renversé, s'était enfui vers la Tchétchénie et avait été remplacé à la tête de la Géorgie par Edouard Chevardnadze, l'ancien ministre des Affaires étrangères d'URSS du temps de Gorbatchev, qui n'avait pas, à l'égard de Moscou, la haine qu'avait toujours manifestée Gamsakhourdia.

L'opinion internationale s'était totalement désintéressée de ces conflits particulièrement meurtriers et de cette purification ethnique qui avait entraîné un gigantesque déplacement de populations.

On se retrouvait alors en face d'un certain nombre de réalités... contradictoires :

- L'obligation de « respecter les frontières internationalement reconnues », ce qui donnait raison à Tbilissi ;
- L'obligation de « respecter le droit des peuples à disposer d'eux-mêmes », ce qui donnait raison

aux Abkhazes et aux Ossètes et, du même coup, aux Russes qui les soutenaient ;
• Le désir des Géorgiens de se raccrocher à l'Occident, et même d'adhérer à l'OTAN pour mieux oublier leur passé soviétique ;
• La volonté des Russes, nostalgiques de leur empire, de conserver, voire de récupérer sous leur coupe leurs vassaux limitrophes historiques.

Sans parler des pipe-lines qui traversent la région : deux pipes évacuent le pétrole et le gaz de Bakou en traversant la Géorgie, l'un vers Poti, port géorgien de la mer Noire, l'autre vers Ceyan, terminal turc sur la Méditerranée.

En 2003, la « révolution des roses », sans doute organisée en grande partie par la CIA, avait amené au pouvoir à Tbilissi un homme des Américains, Mikheïl Saakachvili, ancien étudiant à Columbia University, farouche partisan de l'Occident et haïssant souverainement la Russie.

Saakachvili avait aussitôt reçu une aide massive de Washington, assortie notamment de conseillers militaires américains et de matériel militaire, entre autres des chars flambants neufs.

En guise de remerciement, il avait envoyé 2 000 soldats géorgiens en Irak se battre aux côtés des Américains. C'était, après les contingents américain et britannique, le contingent allié le plus nombreux et de loin le plus fort par tête d'habitant. Il était évident que la Géorgie basculait alors résolument du côté de l'Occident, ce qui, bien sûr, ne pouvait que déplaire à Moscou.

Convaincu de compter sur un soutien sans réserve de ses « amis américains », Saakachvili n'avait jamais caché son intention de mettre un terme aux sécessions abkhaze et ossète, tout en accusant – à juste titre – Moscou de soutenir à bout de bras les milices sécessionnistes des deux régions.

En fait, cette affaire géorgienne était la première réapparition des conflits de la guerre froide de jadis, quand les deux Grands s'affrontaient à travers le monde par « indigènes » interposés. Aux yeux de Moscou, Saakachvili était une marionnette des Américains ; aux yeux de Washington, les indépendantistes ossètes et abkhazes, des pantins entre les mains des Russes.

Nos diplomates n'avaient pas compris qu'avec Poutine, la Russie avait bien l'intention de redevenir un très Grand, et qu'en tout état de cause elle ne tolérerait plus qu'on vienne la chatouiller dans ce qu'elle avait toujours considéré comme sa chasse gardée.

Quand, lors de plusieurs de vos rencontres avec Poutine, faisant allusion au soutien que Moscou apportait aux séparatistes abkhazes et ossètes, vous aviez évoqué le droit international qui rend intangibles les frontières reconnues des États, le maître du Kremlin vous avait toujours répondu sèchement que les affaires du Caucase ne regardaient pas l'Occident, et que, d'ailleurs, cet Occident avait approuvé le dépeçage de la Yougoslavie et la création du Kosovo, ce qui, en effet, anéantissait tout vos arguments en faveur du respect des frontières et de l'intégrité de la Géorgie.

Si Saakachvili rêvait de récupérer l'Ossétie et l'Abkhazie, Moscou aurait parfaitement pu se contenter de la situation telle qu'elle était. La population géorgienne avait évacué les deux provinces contestées ; les Abkhazes et les Ossètes du sud, maîtres chez eux, étaient devenus, de fait, des citoyens russes ; les militaires russes patrouillaient officiellement dans les deux provinces en tant que forces du contingent de la paix, et encadraient et armaient les milices locales. L'Abkhazie et l'Ossétie étaient devenues sur le terrain deux protectorats russes.

Mais Poutine et Medvedev voulurent donner une leçon à tout le monde : à Saakachvili qui les narguait en s'imaginant déjà qu'il faisait partie de l'OTAN, qu'il était donc intouchable et qu'il pourrait, un jour, retrouver ses deux provinces perdues ; aux Américains qui piétinaient depuis trop longtemps leurs plates-bandes en ironisant sur l'ancienne grande puissance soviétique déchue.

Poutine et Medvedev tendirent donc un piège (énorme) à Saakachvili, lequel s'y précipita tête baissée avec une naïveté confondante.

Ils ordonnèrent aux milices abkhazes et ossètes de faire un peu de provocation, de tirer sur quelques villages géorgiens, d'attaquer quelques patrouilles géorgiennes « afin d'exciter la bête idiote », comme l'a dit un diplomate qui suivait le dossier. Mieux encore, plus machiavéliques, ils firent mine en même temps de désapprouver les séparatistes ossètes et leur chef, Edouard Koiboty, qu'ils affirmèrent ne « plus pouvoir contrôler ». Saakachvili s'imagina donc qu'il pourrait attaquer l'Ossétie du sud de Koiboty et briser la sécession sans que Moscou réagisse.

Début août, Washington prévint Saakachvili (qui faisait une cure d'amaigrissement en Italie) que les satellites US avaient repéré 150 chars russes massés à la frontière, une activité anormale de la flotte russe dans le mer Noire et une mobilisation de l'aviation russe dans toute la région. C'était donc clair : si jamais les Géorgiens répliquaient aux provocations des milices abkhazes ou ossètes, les Russes accourraient immédiatement au secours de leurs amis séparatistes. Et Washington ajoutait qu'il n'était bien sûr pas question pour les États-Unis de faire la guerre à la Russie pour protéger la Géorgie.

Saakachvili n'en tint aucun compte. Rentré précipitamment à Tbilissi, il sauta à pieds joints dans le piège et lança ses troupes à la reconquête de l'Ossétie du sud pour écraser les milices ossètes qui l'avaient provoqué. C'était le 7 août au soir.

Vous étiez alors à Pékin pour l'inauguration des Jeux olympiques (nous en reparlerons), et, ne doutant de rien, vous avez aussitôt demandé à Poutine de ne surtout pas réagir à l'offensive géorgienne, vous faisant fort d'obliger Saakachvili à arrêter immédiatement son offensive et à se replier. « En moins de vingt-quatre heures », avez-vous même précisé. Or, vous n'aviez évidemment aucun moyen de pression sur Saakachvili.

Poutine, qui n'a pas le rire facile, se contenta de sourire et de vous répondre en détachant chacun de ses mots : « Maintenant, nous allons punir les Géorgiens et ce criminel de Saakachvili. » On était le 8 août.

Le 9 août, l'armée russe envahissait la Géorgie, non seulement l'Ossétie du sud, mais aussi l'Abkhazie (que Saakachvili n'avait pas fait attaquer). Moscou avait le beau rôle : les troupes russes se précipitaient au secours des minorités géorgiennes que Saakachvili faisait massacrer.

Avec 20 000 hommes, 2 000 chars, leur aviation et leur marine de la mer Noire, les Russes déferlaient sur la Géorgie moins de trente-six heures après l'attaque géorgienne. Cette rapidité de la riposte russe prouvait, à elle seule, que les Russes avaient tout préparé, convaincus qu'ils étaient que Saakachvili tomberait dans le piège qu'ils lui avaient tendu.

Les 30 000 soldats géorgiens, entraînés par 2 000 bérets verts américains, furent tout de suite débordés, battus, écrasés, en débandade. L'aviation russe détruisit toutes les installations militaires géorgiennes et bombarda même les environs de Tbilissi. La marine russe pilonna les ports géorgiens de la mer Noire et notamment le terminal pétrolier de Poti. Les Russes s'en donnèrent à cœur joie : il fallait que la leçon infligée à Saakachvili (et, par la même occasion, à ses amis américains) soit exemplaire.

Comprenant qu'il s'était fait piéger comme un enfant, Saakachvili donna l'ordre à ses troupes de se replier en catastrophe d'Ossétie du sud. On imaginait alors que les troupes russes qui avaient dépassé de beaucoup les limites des deux régions contestées allaient entrer dans Tbilissi et en chasser Saakachvili que les organes officiels de Moscou accusaient déjà d'avoir commis un « génocide » en attaquant l'Ossétie du sud.

C'est à ce moment que vous avez décidé d'intervenir en tant que président de l'Union européenne. Sans que personne ne vous ait rien demandé. Sans avoir reçu le moindre mandat de personne. Au bluff. Et sans vous rendre compte que vous alliez évidemment à l'échec, puisque vous n'aviez rien à proposer à Moscou, et que cette affaire était essentielle pour les dirigeants russes qui l'avaient préparée depuis des mois.

Le dimanche 10 août, vous envoyez Kouchner à Tbilissi puis à Moscou. Il a un plan non pas de paix, mais de cessez-le-feu. Il demande l'instauration d'un corridor humanitaire, le retrait des troupes géorgiennes et des troupes russes, la reconnaissance de la souveraineté de la Géorgie sur tout son territoire, puis une médiation internationale.

À Tbilissi, Saakachvili accepte tout ce qu'on veut : les Russes ont lâché des bombes à moins de dix kilomètres de sa résidence.

À Moscou, alors que les troupes russes continuent leur avancée foudroyante en Géorgie, Medvedev sourit quand Kouchner lui parle de la souveraineté de la Géorgie sur l'Ossétie du sud et sur l'Abkhazie, et de l'intégrité du territoire géorgien.

Poussant son avantage un peu plus loin et reprenant les arguments que Poutine vous avait déjà jetés au visage, le président russe demande à votre ministre des Affaires étrangères où en est l'intégrité du territoire yougoslave et la souveraineté de la Serbie sur le Kosovo. Devant le silence de Kouchner, Medvedev lui rappelle que les Ossètes et les Abkhazes ont, comme tous les peuples, parfaitement le droit de disposer d'eux-mêmes, et lui signale, pour terminer, que c'est Saakachvili l'agresseur, et que les troupes russes n'ont fait que répondre, pour des raisons humanitaires, à l'appel au secours des Ossètes et des Abkhazes.

Voyant que Kouchner a fait chou blanc et que les Russes lui ont ri au nez, vous décidez de prendre vous-même les choses en mains et de vous rendre en personne à Moscou, le lundi 11 août. Medvedev, évoquant un emploi du temps chargé, vous demande de retarder votre visite de 24 heures. Vous n'avez pas le choix. Medvedev voulait que ses troupes aient atteint les objectifs qu'il leur avait fixés avant de faire semblant de discuter avec vous.

Le 12, Medvedev annonce la fin des combats quelques heures avant votre arrivée à Moscou, afin que personne ne puisse jamais s'imaginer que vous auriez pu jouer un rôle quelconque dans ce cessez-le-feu.

Au Kremlin, votre discussion avec Medvedev (à laquelle se joint le nouveau Premier ministre russe, un certain... Poutine) est tendue. Les Russes, qui vous regardent de haut, ne cèdent sur rien. Vous n'avez rien à leur proposer, et pas même la moindre menace à formuler. Ils veulent que leur victoire soit éclatante. Pas question pour eux d'évoquer l'intégrité territoriale de la Géorgie, pas question qu'ils soient considérés comme des agresseurs, puisque c'est Saakachvili qui a attaqué le premier (même si, mais on l'a oublié, il n'a jamais attaqué que son propre territoire pour le libérer d'une rébellion sécessionniste soutenue par une puissance étrangère).

Et vous déclarez alors publiquement que.... « les Russes ont le droit de défendre les intérêts des russophones à l'extérieur de la Russie » ! Votre entourage dira plus tard que cette fabuleuse maladresse avait pour seul but de tenter d'amadouer Poutine et Medvedev. Vous ne les avez pas amadoués, vous leur avez donné raison. C'était bel et bien Munich !

L'accord en six points auquel vous finissez par parvenir est une victoire totale de Moscou. C'est Poutine qui l'a dicté, et vous n'avez pu qu'opiner tristement du bonnet.

Ce texte est tout à fait étonnant :

1) Ne pas recourir à la force,

2) Cesser les hostilités de façon définitive,

3) Donner libre accès à l'aide humanitaire,

4) Les forces militaires géorgiennes devront se retirer dans leurs lieux habituels de cantonnement,

5) Les forces militaires russes devront se retirer sur les lignes antérieures au déclenchement des hostilités. Dans l'attente d'un mécanisme international, les forces de paix russes mettront en œuvre des mesures additionnelles de sécurité,
6) Ouverture de discussions internationales sur les modalités de sécurité et de stabilité en Abkhazie et en Ossétie du sud.

Pas un mot sur l'intégrité de la Géorgie ; on parle de l'Ossétie du sud et de l'Abkhazie comme de deux entités déjà indépendantes ; les forces géorgiennes qui sont considérées comme ayant envahi ces zones doivent se retirer (de deux territoires officiellement géorgiens !) ; et, pour ce qui est des forces russes, on établit un subtil distinguo entre « les forces militaires russes » qui doivent se retirer et... « les forces de paix russes » qui, elles, peuvent se renforcer avec « des mesures additionnelles de sécurité ».

En clair, il y a eu un envahisseur, la Géorgie, qui doit se retirer de deux régions (géorgiennes) qu'elle abandonne et dans lesquelles les Russes peuvent s'installer comme ils l'entendent pour y établir à leur guise la paix et la sécurité.

Le piège tendu à Saakachvili a parfaitement fonctionné, et comme Daladier et Chamberlain abandonnèrent les Sudètes à Hitler, vous abandonnez l'Ossétie du sud et l'Abkhazie à Medvedev et à Poutine.

Il est vrai que les Ossètes et les Abkhazes le souhaitaient, mais, en 1938, les habitants des Sudètes souhaitaient eux aussi leur rattachement à l'Allemagne nazie. Il est vrai aussi qu'à la différence de Daladier et de Chamberlain qui pouvaient parfaitement déclarer la guerre à Hitler, vous ne pouviez pas, vous, déclarer la guerre à la Russie.

Vous ne pouviez que constater une évidence : la Russie avait repris son sabre impérial et pouvait de nouveau s'offrir le luxe de défier toutes les règles internationales et de mépriser ostensiblement le reste de la planète.

Le 25 août, le Parlement russe reconnaissait officiellement l'indépendance des républiques d'Ossétie du sud et d'Abkhazie. Le soir même, les « présidents » des deux républiques, l'Ossète Edouard Koiboty et l'Abkhaze Sergueï Bagapch, annonçaient leur intention d'adhérer à la Communauté des États Indépendants, la CEI qui regroupe, sous la tutelle de Moscou, une dizaine d'anciennes républiques de l'ex-URSS et que venait bien sûr de quitter la Géorgie.

Le « mécanisme international » et les « discussions internationales » prévus dans l'accord en six points étaient totalement oubliés.

Le 26, Medvedev déclarait qu'il était parfaitement « prêt à faire face à une nouvelle guerre froide », ce

qui anéantissait tous vos espoirs d'obtenir une résolution de condamnation des Russes à l'ONU.

Kouchner, le va-t-en-guerre avouait alors sur
France 2 : « Nous avons peur d'une guerre, et nous
n'en voulons pas. » Il voulait bien faire la guerre à
l'Iran, mais pas à la Russie. Et, en tant que président de l'Union européenne, vous publiiez un communiqué dans lequel vous affirmiez : « L'Europe
condamne fermement la décision des autorités
russes qui est contraire aux principes d'indépendance, de souveraineté et d'intégrité territoriale de
la Géorgie. »

Il paraît que cette « ferme condamnation » européenne a beaucoup fait rire Medvedev et Poutine, qui
apprenaient au même moment que deux navires de
guerre américains qui se dirigeaient, menaçants, vers
les côtes géorgiennes, venaient de... changer de cap.

Le 8 septembre, vous rencontriez Medvedev à
Moscou. Il vous affirmait que les troupes russes
« allaient » évacuer la Géorgie. Le 8 octobre, vous le
rencontriez à Évian. Il vous affirmait que les troupes
russes « avaient » évacué la Géorgie. (Cette réunion
d'Évian était sponsorisée par Total qui avait obtenu
un accès à l'immense champ pétrolifère russe de
Shtokman.)

En fait, quand Medvedev parlait des troupes russes, il ne parlait que des « forces militaires russes »,

et non pas, bien sûr, des « forces de paix russes » qui venaient d'être considérablement renforcées. Et quand il évoquait la Géorgie, il faisait allusion aux « zones tampons » que ses troupes avaient établies entre ce qu'il restait de la Géorgie et les républiques d'Ossétie du sud et d'Abkhazie. Dès l'instant où Moscou avait reconnu l'indépendance de l'Ossétie du sud et de l'Abkhazie, les troupes russes qui s'y trouvaient n'étaient plus… en Géorgie.

Le 14 novembre, vous rencontriez de nouveau Medvedev à Nice. Et cette fois, c'était vous qui, à la surprise générale, déclariez contre toute évidence : « La Russie a largement rempli ses engagements. »

Cette contre-vérité flagrante vous permettait d'annoncer que « les négociations sur le partenariat (entre l'Union européenne et la Russie) reportées tant que le retrait des troupes russes n'était pas réalisé (selon une décision prise le 1er septembre lors d'un sommet européen à Bruxelles), allaient pouvoir reprendre ». Comme si de rien n'avait jamais été.

Pendant ce temps, les troupes russes avaient installé des postes militaires, creusé des fossés, élevé des lignes de barbelés électrifiés, construit des fortins tout au long des nouvelles frontières qu'elles avaient dessinées entre la Géorgie et les républiques désormais indépendantes d'Ossétie du sud et d'Abkhazie (reconnues par Moscou et… le Nicaragua). Elles avaient même fait sauter le seul pont ferroviaire reliant l'Abkhazie à la Géorgie.

Les troupes russes avaient d'ailleurs poussé leur avantage et profité du cessez-le-feu pour grignoter encore un peu de territoire géorgien. Elles s'étaient installées au-delà d'Akhalgori, c'est-à-dire à moins de cinquante kilomètres de Tbilissi et à portée de canon du gazoduc Bakou-Tbilissi-Erzeroum et de l'oléoduc Bakou-Tbilissi-Ceyhan.

Il est tout de même curieux que vous vous soyez vanté d'avoir réglé la crise géorgienne. Vous avez simplement accepté le fait du tsar : l'annexion de l'Ossétie du sud et de l'Abkhazie par la Russie. Vous avez capitulé purement et simplement devant le nouvel impérialisme de Moscou. Talleyrand aurait sans doute fait mieux !

Mais le reste de l'Europe – mis à part, peut-être, les Polonais et les pays Baltes – n'avait guère montré plus de dignité. Si tout le monde avait été d'accord pour envoyer des vivres et des aides à la Géorgie, tout le monde avait surtout été d'accord pour faire savoir à la Géorgie qu'il n'était plus question qu'elle espère jamais adhérer un jour à l'OTAN. Il n'était plus question d'accorder à Tbilissi, comme prévu en décembre, un « plan d'action pour l'adhésion ».

On n'allait tout de même pas prendre le risque de mécontenter Moscou maintenant qu'on avait compris que la Grande Russie était remontée sur ses grands chevaux.

Votre Premier ministre, François Fillon, annonçait d'ailleurs officiellement, toute honte bue, que les candidatures géorgienne et ukrainienne à l'entrée dans l'OTAN étaient rejetées « par souci du respect d'un équilibre entre grands puissances... »

Vous qui, après nous avoir affirmé que vous seriez le président des droits de l'homme, vous disiez désormais adepte de la realpolitik, vous auriez pu, avec ce même « souci du respect des grandes puissances », vous éviter de faire ce numéro géorgien. Votre intervention n'a en effet eu qu'un seul résultat : permettre aux Russes de démontrer qu'ils méprisaient aussi ce que pouvait bien penser l'Europe.

Pendant votre campagne présidentielle, vous aviez déclaré textuellement : « Je ne crois pas à la realpolitik qui fait renoncer à ses valeurs pour gagner des contrats. Je n'accepte pas ce qui se passe en Tchétchénie. » Devenu président, vous avez parfaitement accepté ce qui se passait en Géorgie...

Depuis, vous vous êtes vanté à plusieurs reprises d'avoir empêché les Russes d'aller jusqu'à Tbilissi et d'envahir toute la Géorgie. L'invasion de *toute* la Géorgie n'a jamais été (jusqu'à présent du moins) dans les projets du Kremlin, et Medvedev avait fait arrêter ses chars, avant votre arrivée à Moscou, là où il l'avait décidé.

Votre grande erreur (enfantine) dans cette affaire géorgienne est de ne pas avoir compris qu'elle symbolisait la renaissance, au grand jour, de l'impérialisme de Moscou. Le 4 février dernier, Medvedev réunissait à Moscou les chefs d'État de Biélorussie, d'Arménie, du Kazakhstan, du Kirghizstan, du Tadjikistan et de l'Ouzbékistan. Les sept chefs d'État annonçaient alors la création d'une « force d'action rapide » commune sous le commandement de Moscou. Quelques heures plus tard, le président kirghize, Kourmanbek Bakiev, annonçait qu'il faisait fermer la base américaine de Manas, en pleine Kirghizie, où se trouvent 1 200 soldats américains qui acheminent renforts et matériel vers l'Afghanistan.

En Asie centrale, les Russes sont en train de recréer l'URSS de jadis ou, si vous préférez, l'empire des tsars. Vous n'aviez rien vu venir. La géostratégie n'est décidément pas votre truc.

*

Vous vous étiez occupé de cette affaire géorgienne, pendant l'été 2008, en étant à Paris, Pékin, Moscou, Bruxelles, au Cap Nègre, à Kaboul et Damas, et tout en vous occupant en même temps, notamment :

- des débuts de la crise économique – Christine Lagarde répétait inlassablement : « Les fondamentaux de l'économie française sont sains. Nous tiendrons nos prévisions de 1,7 % à 2 % de croissance », mais nous avions eu 41 000 chômeurs de plus en un mois,
- de la situation en Afghanistan – nous venions d'avoir dix soldats tués dans une embuscade tendue par les Taliban,
- de la préparation des élections sénatoriales qui ne s'annonçaient pas fameuses,
- de la pelouse corse de Christian Clavier,
- d'une histoire inextricable de... tout-à-l'égout au Cap Nègre, qui préoccupait particulièrement votre belle-mère et pour laquelle vous n'aviez pas hésiter à convoquer, le matin même de votre départ pour Kaboul, le préfet, les élus locaux, les responsables de toutes les administrations du département, et les propriétaires de la presqu'île,
- et de Carla, un peu déçue par les ventes de son troisième disque qui venait de sortir.

On comprend donc que vous n'ayez pas été au mieux de votre forme face à Medvedev. Mais c'est sans doute votre voyage à Pékin qui vous avait le plus ébranlé.

Ce voyage à Pékin pour l'inauguration des Jeux olympiques ne vous emballait pas. Vous saviez qu'il vous faudrait marcher sur des œufs, et comme, en terrain diplomatique, vous avancez toujours avec de gros sabots, vous pressentiez qu'il pourrait y avoir de menus dégâts.

Les Russes ne vous avaient pas encore donné la leçon de savoir-vivre qu'ils allaient vous infliger, mais vous commenciez tout de même à vous demander s'il suffisait vraiment de faire des mamours aux grands pour leur faire oublier leur supériorité, leurs intérêts et leurs ambitions.

Si, contre toute évidence, votre entourage continue aujourd'hui encore à faire votre éloge à propos de la Géorgie, personne, même parmi vos plus proches amis, n'ose plus nous raconter que vous avez été brillant avec la Chine.

Et, en effet, le moins qu'on puisse dire est que, dans ce dossier des relations entre Paris et Pékin, vous avez été particulièrement lamentable, faisant preuve à la fois d'une incompétence rare et d'une maladresse de tous les instants.

Voulant jouer au plus fin, vous avez réussi à nous fâcher avec les Chinois, ce qui n'est pas rien, à nous brouiller avec le Dalaï Lama, ce qui est tout de même très regrettable, à sidérer toutes les capitales de la planète qui n'ont toujours pas compris qu'on puisse être aussi maladroit que vous l'avez été, et à vous mettre à dos une bonne partie de l'opinion publique française, aussi bien les pragmatiques que les utopistes.

Le 25 novembre 2007, vous aviez fait un premier voyage officiel à Pékin et vous en étiez revenu, tout content, avec 20 milliards d'euros de contrats (160 Airbus, deux réacteurs nucléaires EPR, etc.). Du coup, vous étiez persuadé, dans votre naïveté habituelle, qu'en emmenant votre maman avec vous (c'était votre brève période de célibat, entre Cécilia et Carla), vous aviez réussi à mettre les Chinois dans votre poche. Vous ne doutez jamais de rien, surtout pas de votre charme personnel.

Rama Yade, votre secrétaire d'État chargée des droits de l'homme, ne vous avait pas accompagné. C'était une belle concession que vous aviez offerte aux Chinois. Certains vous l'avaient reproché. Ils avaient sans doute oublié que la France de François Mitterrand avait été le premier pays occidental à reprendre des relations parfaitement normales avec Pékin, peu après le massacre de la place Tian'an men, en 1989.

Il faut savoir si on veut vendre des centrales nucléaires, des TGV et des Airbus aux Chinois ou si on préfère, à coups de déclarations intempestives, prendre sans illusion la défense des innombrables prisonniers politiques chinois qui croupissent dans des camps de rééducation. Avec Pékin – comme avec d'autres, d'ailleurs – il faut toujours choisir entre ses intérêts commerciaux et la défense des droits de l'homme. Vous sembliez avoir choisi.

Et puis, soudain, vous avez perdu pied et, à force de gesticulations contradictoires, vous vous êtes noyé vous-même. Désespérément, piteusement, lamentablement. Vous avez multiplié les déclarations inconséquentes, vous êtes monté sur vos grands chevaux, vous vous êtes pris les pieds dans tous les tapis, vous avez menacé, vous avez mis des conditions, des exigences, puis vous avez fait volte-face sur volte-face, avant... d'aller à Canossa, pieds nus et la corde au cou, en perdant, à force de volte-face, la face, ce qui ne se pardonne pas, ni, bien sûr, dans l'Empire du Milieu, ni même sur la scène internationale.

Tout ça à cause du Tibet et du Dalaï Lama.

Le Dalaï Lama est un personnage à part sur notre planète, une sorte d'extraterrestre qui, sans qu'on comprenne très bien pourquoi, enthousiasme les foules et encombre les dirigeants.

Rares étant ceux qui sont allés au Tibet, et plus rares encore ceux qui ont entrouvert un livre sur la sagesse tibétaine, l'opinion publique internationale a fait de ce petit bonhomme, au bon sourire et à la tenue exotique, le symbole d'une liberté persécutée, en exil permanent, mais d'une liberté doucement convaincue de l'emporter un jour par sa seule bonne parole et sa non-violence.

Il est « le gentil » par excellence, ne serait-ce que parce qu'il est persécuté par des « méchants ».

Cela dit, il suffit d'être allé un jour à Lhassa, son ancienne capitale, ou à Dharamsala, la capitale de son exil indien, sur les pentes de l'Himalaya, pour comprendre que le régime qu'avec ses partisans il rêve de voir réinstaurer au Tibet serait la pire des théocraties féodales, et ferait sans doute regretter à tous le modernisme et les progrès en tous genres imposés sans pitié par les occupants chinois du Tibet. Mais là n'est pas la question.

Le Dalaï Lama, ce n'est ni l'avenir, ni le progrès, ni la démocratie, ni la liberté, ni les droits de l'homme (et encore moins de la femme), mais c'est la résistance, dérisoire et donc admirable, à une occupation odieuse imposée depuis plus d'un demi-siècle par l'une des pires dictatures de la planète. Cela suffit à faire du Dalaï Lama un héros de notre mauvaise conscience d'Occidentaux.

En mars 2008, alors que vous félicitiez encore Pékin pour son rôle « constructif » dans un certain nombre de dossiers comme le Darfour ou le changement climatique, il y a eu brusquement des émeutes à Lhassa et sans doute dans plusieurs autres villes du Tibet.

Les gentils moines (il en resterait environ 10 000, il y en avait 500 000 en 1960) attaquaient les postes de police chinois et s'en prenaient aux immigrés chinois que Pékin, depuis des années, envoie coloniser, siniser le Tibet. Aujourd'hui, à Lhassa même, on compterait plus de 100 000 nouveaux venus chinois pour moins de 50 000 Tibétains.

Les téléphones portables et Internet ont aussitôt permis au monde entier d'apercevoir ces moines au crâne rasé et en robe safran attaquer à mains nues quelques échoppes chinoises et les chars chinois ouvrir le feu sur les manifestants.

Ce n'était ni la première fois que les Tibétains saccageaient des magasins chinois et incendiaient les commissariats des occupants, ni la première fois que les chars de l'armée chinoise tiraient sur la foule. Mais tout le monde avait compris que, dans leur désespoir, les petits moines tentaient de se servir de la prochaine ouverture des Jeux olympiques à Pékin pour attirer l'attention du monde sur leur triste sort, ce que, bien sûr, les Chinois, pour lesquels ces Jeux olympiques allaient être une sorte de sacre de leur suprématie, ne pouvaient tolérer. Les émeutes et la répression étaient tout aussi prévisibles.

Si le Dalaï Lama n'est pas un personnage comme les autres, la Chine n'est pas non plus un pays comme les autres. Curieusement, tous les vieux lieux communs qu'on emploie à son sujet sont encore des réalités quotidiennes.

La Chine est toujours « l'Empire du milieu » qui considère tous ceux qui sont au-delà de sa grande muraille comme des « barbares au nez long » qu'elle peut ignorer ; ses dirigeants sont toujours des « fils du Ciel » ; la Cité interdite est toujours le saint des saints inaccessible où l'empereur, entouré de quelques mandarins-apparatchiks et d'une ribambelle d'eunuques-fonctionnaires, décide du sort de ses sujets jusqu'à ce qu'une mystérieuse révolution de palais le fasse disparaître au profit d'un autre.

On ne débat pas, on ne discute pas, on ne négocie pas avec ces gens-là. Tout est rapport de forces, et ce sont eux, désormais, qui ont la force. Jadis, on envoyait des canonnières pour se faire ouvrir leurs ports et leur imposer d'acheter notre opium. Aujourd'hui, au mieux, on frappe respectueusement à leur porte, comme de modestes commis voyageurs, pour essayer de leur vendre quelque chose, à leurs conditions. Ils ont le nombre, le temps et l'argent pour eux. Ils ont donc gagné d'avance et peuvent s'offrir le luxe de mépriser tous les longs-nez qui, en caravanes innombrables, se pressent à leur porte avec leurs verroteries en tout genre.

Vous n'aviez rien compris à la Chine, et vous avez cru que vous pouviez menacer l'Empereur et le faire

313

céder. Vous avez confondu Hu Jintao, qui règne sur un milliard et demi d'êtres humains, qui commande la plus nombreuse armée du monde et qui, surtout, est devenu le plus grand créancier de la planète, avec un vulgaire Idriss, le roi nègre tchadien auquel vous pouvez imposer ce que vous voulez parce que vous êtes le seul garant de son régime.

Vous avez commis une faute impardonnable. Vous avez menacé le Fils du Ciel.

Comprenant que vos amis de la gauche-caviar parisienne étaient – à juste titre – scandalisés par la violence de la répression au Tibet qui, en quelques jours, avait fait 200 morts, 1 000 blessés et entraîné plus de 6 000 arrestations, vous avez osé hausser le ton.

Le 26 mars, en visite à Londres (c'était votre voyage avec Carla), vous avez soudain déclaré que, vu ce qui se passait au Tibet, vous ne saviez plus si vous iriez ou non à la cérémonie d'ouverture des Jeux olympiques, alors qu'au cours de votre voyage à Pékin de novembre 2007, vous vous étiez engagé à être présent pour cette ouverture des Jeux.

Mais les manifestations anti-chinoises se multipliaient à travers le monde, notamment dans chaque capitale que traversait la flamme olympique. À Paris, le 6 avril, la flamme était chahutée, une athlète infirme chinoise un peu bousculée sur sa chaise roulante, et la fête de l'olympisme avait dégénéré en happening à la gloire du Dalaï Lama.

Sentant que l'opinion se mobilisait de plus en plus pour le Dalaï Lama et ses petits Tibétains, le 24 avril, à la télévision, vous franchissiez un pas de plus, vous affirmiez que vous n'iriez à Pékin pour l'ouverture des JO « que si, d'ici là, un véritable dialogue » s'était ouvert entre les Chinois et les représentants du Dalaï Lama.

C'était absurde. Comment Jean-David Levitte, votre conseiller diplomatique et sherpa officiel, diplômé de chinois aux Langues O, ancien secrétaire à l'ambassade de France à Pékin, ou même Bertrand Lortholary, de votre cellule diplomatique élyséenne, lui aussi spécialiste de la Chine et ancien conseiller à notre ambassade à Pékin, vous ont-ils laissé commettre une gaffe pareille ?

En revenant sur votre promesse du mois de novembre précédent, en mettant ainsi des conditions à votre réponse à l'invitation qu'il vous avait faite, vous insultiez Hu Jintao et vous saviez très bien qu'aucun « véritable dialogue » ne pourrait jamais s'instaurer entre Pékin et le Dalaï Lama, que les Chinois considèrent officiellement, depuis des décennies, comme « un loup en robe de moine, un moine à l'activité séparatiste, un ennemi de la Chine ».

En diplomatie, il ne faut jamais imposer à l'autre des conditions inacceptables pour lui. Sinon, ou on va droit vers la rupture, ou on sera inévitablement obligé de se désavouer.

Angela Merkel, Gordon Brown et même Silvio Berlusconi, soumis eux aussi à la pression de leurs opinions, se contentaient alors de faire savoir qu'ils n'iraient pas à l'ouverture des Jeux olympiques. Sans émettre de menaces, de chantage ni de tartarinades.

Là-dessus – vous n'aviez vraiment pas de chance – on annonçait une visite en France du Dalaï Lama pour le mois d'août, et l'Élysée faisait savoir que vous le recevriez, comme Bush, comme Angela Merkel, comme Gordon Brown l'avaient reçu.

Mais, le 8 juillet, vous faisiez volte-face et vous vous désavouiez totalement en capitulant. À Tokyo, lors du sommet du G 8, vous confirmiez à Hu Jintao en personne que vous iriez bien sûr à l'ouverture des Jeux, puisqu'il vous avait si gentiment invité. Vous saviez pourtant pertinemment qu'aucun « vrai dialogue » ne s'était instauré entre Pékin et les représentants du Dalaï Lama.

Oui mais, quelques heures plus tôt, l'ambassadeur de Chine à Paris avait froidement déclaré : « Nous sommes convaincus que la rencontre entre M. Sarkozy et le Dalaï Lama ne doit pas avoir lieu. Dès lors que l'on reconnaît que le Tibet est une partie de la Chine, ce qui est le cas de la France, on ne doit pas recevoir ce moine politique à l'activité séparatiste, adepte du double langage, qui dirige un gouvernement en exil. Le Tibet est une question purement chinoise. » Et Kong Quan ajoutait, menaçant : « Si un entretien était organisé, il aurait des conséquences graves sur le plan bilatéral entre la Chine et la France. »

Vous aviez compris l'avertissement chinois. Ce n'était plus vous qui menaciez, qui posiez vos conditions, vos exigences, mais Pékin, et vous vous êtes totalement « dégonflé », à Tokyo, devant Hu Jintao.

Après avoir convoqué Kong Quan au Quai d'Orsay, Kouchner déclarait : « J'ai demandé à l'ambassadeur de Chine à Paris d'expliquer sa position qui, pour la France, apparaît difficile à accepter. » Et alors qu'au même moment, à Tokyo, vous cédiez sans la moindre dignité devant Hu Jintao, votre ministre des Affaires étrangères, à Paris, ajoutait sans crainte du ridicule : « La France prendra ses décisions dans l'indépendance la plus complète, et rejette toute pression d'où qu'elle vienne. »

Deux jours plus tard, de retour de Tokyo, alors que l'affaire était entendue, nouvelle volte-face ! Vous osiez vous écrier dans un bel élan oratoire, bien pathétique : « Ce n'est pas à la Chine de fixer mon agenda ! » Mais... vous annonciez en même temps que vous ne rencontreriez pas le Dalaï Lama lors de son séjour en France.

Le 8 août au matin, vous étiez à Pékin pour l'ouverture des Jeux olympiques, sagement assis dans la tribune, sur votre petite chaise, comme un commis voyageur attendant d'être reçu par un bon client. Et les Chinois, grands maîtres en supplices en tout genre, vous les ont tous fait subir.

Dans l'immense stade en nid d'hirondelles, la délégation sportive française a été la seule à être sifflée par la foule chinoise toujours très disciplinée. La presse officielle chinoise a publié un sondage affirmant que 85 % des Chinois ne souhaitaient pas vous voir à Pékin. Et les officiels chinois ont alors affirmé à la télévision – je cite textuellement – que « la Chine méprise toujours et fait toujours plier les tigres en papier, adeptes des rodomontades ridicules ».

Bref, avant même l'ouverture des Jeux olympiques, vous aviez gagné non seulement la médaille d'or de la lâcheté, mais aussi celle de l'incompétence diplomatique.

Heureusement, l'affaire de Géorgie vous a alors permis de ne plus entendre les commentaires chinois sur votre attitude. Vous êtes parti précipitamment pour Moscou vous faire ridiculiser par Medvedev et Poutine en jouant les petits Daladier.

Mais vous n'en aviez pas fini pour autant avec le Dalaï Lama qui, comme un fantôme vous rappelant sans cesse vos reculades, continuait à déambuler à travers la France avec son bon petit sourire narquois qui devait vous sembler un brin diabolique.

Le 22 août, sans doute dans l'espoir de vous débarrasser à bon compte du fantôme, vous avez envoyé Carla et accessoirement Kouchner rencontrer le Dalaï Lama qui inaugurait un nouveau temple bouddhiste à Roqueronde, en Lozère. C'était doublement absurde car, pour les Chinois, vous commettiez « la » faute impardonnable, et, pour le Dalaï Lama, ce n'était évidemment pas suffisant.

Le 24 octobre, vous étiez de nouveau à Pékin. Les Chinois vous battirent froid. Faisant mine de ne pas vous en apercevoir, vous déclariez contre toute évidence : « Tous les malentendus ont été dissipés » et « le partenariat privilégié entre les deux pays est remis sur les rails ». Votre sourire malheureux ne déridait pas le visage de vos interlocuteurs.

Puis, le 13 novembre, nouvelle volte-face. Recevant – ce qui était un comble – le « Prix du courage politique » (ça ne s'invente pas !) qui vous était généreusement attribué par la revue *Politique internationale*, vous déclariez : « Les Tibétains ont droit à la liberté, et j'aurai l'occasion de rencontrer prochainement le Dalaï Lama. » L'Élysée précisait même que la rencontre aurait lieu le 10 décembre à Paris, à l'occasion du 60ᵉ anniversaire de la Déclaration des droits de l'homme.

Aux yeux du monde entier – et notamment, bien sûr, des Chinois – vous apparaissiez comme un fou furieux.

Le 26 novembre, Pékin vous punissait sèchement en annulant purement et simplement le sommet annuel Chine-Union européenne qui était prévu le 1ᵉʳ décembre à Lyon. C'était pour vous une catastrophe, car, en tant que président de l'Union européenne, vous aviez, par votre inconséquence, gravement compromis les intérêts économiques de l'Europe. Ai-je besoin de vous dire qu'Angela Merkel se fit un plaisir de le faire remarquer à toutes les capitales européennes en affirmant que vous étiez, comme elle l'avait toujours dit, « un danger public ».

Piteusement, l'Élysée faisait alors savoir que la rencontre avec le Dalaï Lama prévue pour le 10 décembre à Paris était annulée. Nouvelle volte-face.

Mais, deux jours plus tard, nouvelle volte-face : l'Élysée faisait savoir que vous rencontreriez le Dalaï Lama non plus le 10, mais le 6 décembre, non plus à Paris, mais à Gdansk, en Pologne, non plus à l'occasion du 60ᵉ anniversaire de la Déclaration des droits de l'homme, mais à l'occasion du 25ᵉ anniversaire de l'attribution du Prix Nobel de la paix à Lech Walesa.

On le voit, vous avez eu tout faux d'un bout à l'autre de cette affaire. Vous allez me dire que vous avez tenté de ménager à la fois nos intérêts économiques en Chine et nos grands principes sur les droits de l'homme, et qu'en plus, étant alors président de l'Union européenne, il vous était difficile de prendre une position tranchée.

Je vous rappelle que vos deux grands alliés européens, Angela Merkel et Gordon Brown, ont reçu tous les deux le Dalaï Lama, ne sont allés ni l'un ni l'autre à l'inauguration des Jeux de Pékin, et que ni la Grande-Bretagne ni l'Allemagne n'ont eu à subir la moindre sanction de la part des Chinois.

Pourquoi alors cette différence de traitement ? Tout simplement à cause de votre attitude. Jouant alternativement les matamores, puis les petits garçons bien soumis et respectueux, vous êtes apparu, aux yeux des Chinois, comme n'étant, en effet, qu'un vulgaire « tigre de papier » qu'ils pouvaient piétiner tout à loisir.

Je vous disais à l'instant qu'en face de la puissance chinoise et de la renaissance russe, il n'y avait pas grand-chose à faire, et rien à obtenir. Mais on peut toujours tenter de... se faire respecter, et se refuser à céder à tous leurs caprices. En vous agitant, en vous contredisant, en multipliant les contre-vérités flatteuses (« Le dialogue a commencé entre les Chinois et les Tibétains », « Les forces russes ont commencé à évacuer la Géorgie »), vous n'avez su vous faire respecter ni par les Chinois ni par les Russes.

Pour les Chinois, vous êtes un « tigre en papier » ; pour les Russes, un « ours en peluche » ! Vous devriez rendre votre Prix du courage politique. Vous ne le méritez vraiment pas !

Et à Gdansk, quand vous avez enfin rencontré le Dalaï Lama (en catimini), avez-vous remarqué combien son gentil sourire, en vous regardant, était méprisant ?

La crise économique a naturellement fait oublier la Géorgie, désormais amputée de deux provinces annexées par la Russie, et le Tibet, abandonné de nouveau à son triste sort sous la chape de plomb chinoise. Tant mieux pour vous. Quand à votre Union pour la Méditerranée, lancée en juillet, plus personne n'en parlait depuis déjà longtemps quand, fin décembre, la guerre reprenait à Gaza. Tant mieux pour vous aussi.

Aujourd'hui, la plupart de vos courtisans affirment que c'est grâce au tsunami économique qui dévaste la planète que vous avez pu rendre « flamboyante » (c'est le terme souvent employé) votre présidence de l'Union européenne entre le 1er juillet et le 31 décembre 2008.

Et que les Français auraient – enfin – compris que vous aviez l'envergure d'un grand chef d'État.

Tout ça, ce ne sont que des billevesées ! Les Français ont parfaitement compris que vous aviez tout raté en tant que président de l'Union européenne : l'Union méditerranéenne, l'affaire géorgienne, les relations avec Pékin et toutes vos tentatives de mettre sur pied une politique commune face à la crise. Pis : qu'avec vos méthodes, vous avez laissé une Europe désarticulée, sur le flanc et qui ne veut plus entendre parler de Paris. L'axe Paris-Berlin n'existe plus, les Anglais nous battent froid, et nous sommes fâchés avec la plupart des autres qui ont tous été ravis de vous voir remplacé par un Tchèque qui s'en sort beaucoup mieux que vous (comme l'a prouvé l'affaire du gaz russe), et, lui, sans faire la moindre esbroufe.

En prenant, le 1er juillet 2008 à l'aube, la présidence de l'Europe, vous aviez quatre dossiers sur votre bureau : la lutte contre le réchauffement climatique, les flux migratoires, la sécurité commune et la politique agricole. Quatre sujets certes importants, mais qui avaient, il faut le dire, des allures de serpents de mer.

Nous nous attendions donc, vous et nous, à six mois d'une présidence chargée, mais, somme toute, très technique, pour ne pas dire technocratique. Avec la Géorgie et, plus encore, avec la crise mondiale qui prenait soudain des proportions que personne n'avait prévues, l'actualité s'est chargée de tout changer, et a été d'une certaine manière une chance pour vous.

Les technocrates bruxellois allaient devoir céder la place aux politiques !

Tout a commencé, nous l'avons évoqué, par le lancement de l'Union pour la Méditerranée. Il était curieux de voir le tout nouveau président de l'Union européenne en personne tenter de mettre sur pied « un truc » dont le but à peine caché était de faire éclater l'Europe, ou du moins de lui créer un contrepoids.

Mais, nous l'avons vu, Angela Merkel a immédiatement mis le holà à toutes vos velléités et a totalement torpillé votre projet en lui faisant perdre sa raison d'être.

L'attitude de la Chancelière allemande face à votre rêve d'une Union méditerranéenne a permis à tous de comprendre que vos six mois de présidence allaient être marqués par une évidente détérioration des relations entre Paris et Berlin et par un pilonnage systématique, à la Grosse Bertha, de toutes vos initiatives par Angela Merkel.

C'est bien dommage pour le couple franco-allemand, pivot de l'Europe, mais vous vous détestez, Angela et vous. À dire vrai, c'est surtout elle qui n'a jamais pu vous supporter. Votre façon de lui faire du rentre dedans à coups de baisers tonitruants et de violentes tapes dans le dos lui soulève le cœur, et elle ne comprend pas que vous vous entêtiez à répéter, comme pour lui faire plaisir, qu'elle est née en Allemagne… de l'Est (ce qui est faux) et à appeler son mari « Monsieur… Merkel », alors que Merkel est son nom de jeune fille !

Mais il y a bien sûr plus grave. L'Allemande, comme beaucoup d'Allemands, estime que son pays étant, et de loin, la première puissance économique européenne, se doit évidemment de diriger le Vieux Continent, éventuellement avec Londres, première puissance financière européenne. Elle considère la France, avec ses déficits, sa dette, sa balance commerciale de plus en plus négative, son système et ses grèves à répétition, comme un pays « Club Med » dans lequel on peut sans doute aller passer des vacances, mais avec lequel on ne peut rien faire de sérieux. Et l'image de la France que vous représentez vous-même n'améliore pas, c'est le moins qu'on puisse dire, les choses à ses yeux.

Cette profonde antipathie n'a rien à voir avec les désaccords qui purent un temps séparer Mitterrand et Helmut Kohl, ou Chirac et Gerhard Schröder. Elle compromettait dès l'origine votre présidence européenne. Même si vous aviez l'intention de faire cavalier seul, loin devant, et de contraindre ainsi l'escadron européen à vous suivre dans votre folle chevauchée, les uhlans n'avaient pas du tout l'intention de galoper avec vous.

Dès le 1er juillet, il était clair qu'au-delà de son antipathie personnelle à votre endroit, et du peu d'estime qu'elle portait à la France, Angela Merkel allait faire de son hostilité envers Paris l'un des grands thèmes de sa pré-campagne électorale, qui avait déjà commencé, en vue des élections allemandes de 2009.

Je ne vais pas vous imposer un rappel détaillé de vos six mois de présidence européenne. Restons simples. Il y a eu l'affaire géorgienne, que vous avez voulu traiter seul et qui s'est terminée par un fiasco total puisque, on l'a vu, les Russes ont eu tout ce qu'ils voulaient. Et puis il y a eu la crise.

Je n'entre pas non plus dans le détail des innombrables réunions que vous avez cru devoir organiser : six sommets européens en quatre mois, des sommets du G 4 (les 4 européens du G 8), des sommets de l'Eurogroup en veux-tu en voilà.

Il y a eu, en fait, cinq réunions importantes :
• le 23 septembre à l'ONU,
• le 4 octobre, le Sommet du G 4 (Allemagne, Grande-Bretagne, Italie et France),
• le 12 octobre, le Sommet de l'Eurogroup, donc à 15 + 1, puisque vous aviez invité Gordon Brown,
• le 15 novembre à Washington : le Sommet des 20,
• et le 12 décembre à Bruxelles, le Sommet européen à 27.

Au cours de ces réunions, vous n'aviez qu'une idée en tête : obtenir une « mobilisation générale », avec des « décisions concrètes », pour une « politique économique commune » de la planète, de l'Europe ou à tout le moins de l'Eurogroup.

Cette idée fixe n'avait aucune chance de l'emporter, tout simplement à cause des réalités qu'une fois de plus vous vouliez ignorer.

Tout bonnement parce que c'était le « sauve-qui-peut » général à travers le monde entier, et que, quand un immense paquebot coule au milieu de la plus effroyable tempête, chacun essaie, dans la panique, de s'en sortir comme il peut, sans se souvenir des règles de la solidarité ni se soucier du sort des autres. Le sauve-qui-peut, c'est toujours le « chacun pour soi ».

Au reste, si tout le monde était touché de plein fouet par la crise économique et financière, la situation n'était pas la même chez les uns et chez les autres, ne serait-ce que parce que certains avaient les moyens financiers d'élaborer de véritables plans de relance, quand d'autres ne pouvaient le faire. Certains avaient des embarcations de sauvetage ; d'autres, des gilets de sauvetage ; d'autres, rien du tout et allaient se noyer.

Or, hélas, tout président de l'Europe que vous fussiez, vous faisiez évidemment partie des pauvres, de

ceux qui, à cause de leur endettement, de leurs déficits, de l'état de leur économie, n'avaient pas les
moyens de réagir. Tous vos appels à la solidarité prenaient donc automatiquement des allures d'appels
à... la charité.

Chaque fois que vous avez évoqué une politique
commune, un fonds commun, Angela Merkel vous a
très clairement déclaré qu'elle ne voyait pas pourquoi, dans cette situation difficile pour tous, l'Allemagne paierait pour la France.

Nous évoquions tout à l'heure les *Fables* de La
Fontaine : la fourmi allemande, qui venait de faire
des efforts considérables chez elle pour redresser une
situation difficile, ne voulait pas payer pour la cigale
française.

Il vous était d'ailleurs d'autant plus difficile de
plaider pour un quelconque plan commun qu'en
France vous sembliez n'avoir vous-même aucune
idée précise sur ce qu'il fallait faire.

À Paris, c'était la cacophonie la plus complète.
Vous refusiez farouchement toute idée d'un plan de
rigueur, vous ne vouliez même pas entendre
prononcer le mot « rigueur », alors que votre Premier ministre, François Fillon, estimait que nous
n'avions « pas le choix » et que la rigueur s'imposait. Fillon était pour une réforme immédiate de
l'ISF, alors que vous étiez contre. Vous étiez pour

une nouvelle taxe sur le capital, alors que Fillon était contre. Vous étiez pour une croissance verte, alors que Fillon était contre.

Et sur le point (fondamental) de savoir s'il fallait ou non laisser filer les déficits pour tenter de colmater les brèches qui s'ouvraient les unes après les autres, c'était pis encore.

Le 4 octobre, votre « gourou » Henri Guaino déclarait : « Les critères de Maastricht ne sont pas la priorité des priorités. » Deux heures plus tard, votre ministre du Budget, Eric Woerth, répliquait : « La France ne peut pas faire fi des critères de Maastricht. C'est une règle commune. Le laisser-faire, le laisser-aller dans le domaine des déficits ne peuvent exister. » Mais, une heure plus tard, Fillon reprenait : « Nous allons laisser filer, un peu, le déficit, nous n'avons pas le choix. » (À propos de n'importe quoi – l'avez-vous remarqué ? –, Fillon affirme toujours que nous n'avons pas le choix.) Et Guéant terminait cette journée délirante qui avait ridiculisé Paris aux yeux de toutes les capitales en affirmant : « Nous continuerons à tenir la dépense, c'est une priorité. »

Comment, dans ces conditions, pouvoir faire croire au reste du monde qu'il y avait un plan français, sérieux et cohérent ?

Huit jours après la faillite de Lehman Brothers, le 23 septembre, à l'ONU, vous aviez demandé l'organisation d'une réunion de tous les dirigeants de la planète pour refonder tout le système monétaire. Vous vouliez « un nouveau Bretton Woods ». C'était la grande idée soudain à la mode. Ce sera votre seul succès. Certes, vous n'aurez pas un nouveau Bretton Woods, mais vous aurez, le 15 novembre, sans d'ailleurs qu'on vous en attribue ni la paternité ni le moindre mérite, un G 20 à Washington... qui ne donnera rien !

Entre-temps, vous avez essuyé rebuffade sur rebuffade, et le plus souvent de la part d'Angela Merkel.

Fin septembre, la FED met 70 milliards de dollars de liquidités à la disposition des banques américaines en difficulté, la Banque centrale européenne met 30 milliards d'euros à la disposition des banques européennes, et la Banque d'Angleterre met 6,3 milliards de livres à la disposition des banques britanniques.

Vous imaginez donc, avec les Hollandais, pour tenter de coordonner toutes ces initiatives, un « plan Paulson à l'européenne » (le Sénat américain vient d'approuver la seconde mouture du plan Paulson : 700 milliards de dollars pour sauver les banques américaines). Votre plan européen est plus modeste : 300 milliards pour sauver nos banques.

Immédiatement, Peer Steinbrück, le ministre allemand des Finances qui, dans la perspective des élections allemandes, s'est lancé dans une surenchère antifrançaise avec sa Chancelière, future concurrente, se met à hurler et jure qu'il n'est pas question une seule seconde que l'Allemagne accepte qu'on lui impose un tel plan européen.

Aussitôt Christine Lagarde affirme sur l'honneur qu'il n'y a pas et qu'il n'y a jamais eu de plan franco-hollandais. Malheureusement, elle avait, une heure plus tôt, longuement expliqué, dans une interview au journal économique allemand *Handelsblatt*, le plan franco-hollandais en question dans ses moindres détails. Interview qu'*Handelsblatt* se fait naturellement un plaisir de publier aussitôt in extenso.

Le 4 octobre, vous réunissez à l'Élysée le Britannique Gordon Brown, l'Allemande Angela Merkel, l'Italien Silvio Berlusconi, le président de la Commission européenne, José Manuel Barroso (qui est devenu votre garde du corps et vous suit comme une ombre, mais avec qui vous êtes aujourd'hui fâché), le président de la Banque centrale européenne, Jean-Claude Trichet (que vous aviez traîné dans la boue pendant des mois, mais qui a brusquement retrouvé grâce à vos yeux) et le président de l'Eurogroup, le Premier ministre luxembourgeois Jean-Claude

Juncker (que vous prenez ostensiblement pour un imbécile).

La veille, vous aviez sauvé in extremis le groupe franco-belge Dexia de la faillite. Ça vous avait coûté 1 milliard d'euros ; François Fillon avait déclaré : « Le monde est au bord du gouffre » ; les Irlandais avaient scandalisé l'Europe entière en sauvant leurs propres banques sans en avoir parlé à personne ; et tout le monde savait que Gordon Brown préparait dans l'urgence un plan de sauvetage des banques britanniques.

Pensant donc que les choses avaient évolué, vous ressortiez devant les 3 du groupe des 4 votre idée d'un plan européen de sauvetage des banques. Angela Merkel s'y opposa immédiatement. Ce sommet des 4 fut un échec total.

Mais, deux jours plus tard, Angela Merkel doit renflouer en catastrophe la 4ᵉ banque allemande, la Hypo Real Estate : 1,7 milliard d'euros. Vous pensez alors qu'elle va changer d'avis. Et, sur vos ordres, Fillon crée une structure juridique pour gérer d'éventuelles participations de l'État dans les banques françaises en difficulté. Vous imaginez que vous allez ainsi pouvoir démontrer à l'Allemande que nous sommes tous dans le même bateau, et qu'il serait absurde de continuer à prendre, chacun de son côté, des dispositions pratiquement identiques.

Le 11 octobre, vous retrouvez Angela Merkel à Colombey-les-Deux-Églises pour célébrer le 50ᵉ anniversaire de la première rencontre de Gaulle-Adenauer. Vous croyez la séduire ou du moins la convaincre. Vous lui affirmez une nouvelle fois qu'il est incohérent, alors qu'elle a maintenant elle-même des difficultés avec ses banques, de laisser les Britanniques, les Irlandais, les Hollandais et même les Français tenter de se débrouiller chacun avec ses propres moyens.

Elle ne cède sur rien. Le cadre de Colombey, les évocations historiques des grandes amours franco-allemandes, la situation catastrophique ne pèsent rien face aux réalités. Elle répète indéfiniment : « Les difficultés différentes appellent des réponses différentes. »

Quand vous tentez de lui faire comprendre que les difficultés sont les mêmes, elle se contente de sourire. Puis, comme vous faites mine de ne pas comprendre, elle précise sa pensée : « Les difficultés sont peut-être les mêmes, mais disons alors que les situations ne sont pas les mêmes, ce qui fait que les réponses que chacun peut apporter à ces difficultés qui sont les mêmes sont, elles, différentes les unes des autres. »

Vous vouliez « une politique commune, des réponses communes ». Devant l'entêtement d'Angela Merkel, vous proposez plus modestement... « au moins une doctrine commune », ce qui ne veut pas dire grand-chose. Elle n'en veut toujours pas, mais finit par accepter qu'on évoque... « une boîte à outils commune », ce qui ne veut plus rien dire du tout.

Le lendemain, le 12 octobre, à l'Élysée, c'est le Sommet des Quinze, les 15 de la zone euro. Mais l'invité surprise et surtout vedette, c'est le 16e homme de ce sommet à quinze, Gordon Brown.

La Grande-Bretagne ne fait pas partie, on le sait, de la zone euro, mais, quatre jours plus tôt, Gordon Brown a nationalisé partiellement toutes les banques britanniques. Et c'est lui, depuis toujours l'ennemi le plus farouche de l'euro, qui offre à l'Europe de l'euro son propre plan qui prévoit : 1) que les États empêchent qu'aucune banque fasse faillite, 2) que les États garantissent les prêts interbancaires, 3) que les États injectent des fonds publics dans le capital des établissements financiers en difficulté.

Tous les pays de l'euro acceptent ce plan Gordon Brown, même Angela Merkel, puisqu'il ne s'agit en effet de rien d'autre qu'une « boîte à outils » dans laquelle chaque État pourra puiser à sa guise les solutions de son choix.

Une boîte à outils et non pas un fonds commun. Une boîte à idées... que chacun aurait pu avoir.

Pour vous, c'est évidemment un échec. Il n'y aura pas de gouvernance économique européenne, et l'Allemagne ne paiera pas pour la France.

Le 15 novembre, vous êtes à Washington pour ce G 20 que vous aviez tant souhaité. Il y a là les deux-tiers de la population du globe et 85 % des richesses mondiales.

Vous faites alors deux erreurs. D'abord, vous croyez vraiment que c'est vous et vous seul qui avez réuni les deux tiers de la planète, alors que c'est bien sûr sur une idée des secrétaires généraux des Nations unies, du FMI et de la Banque mondiale, que George Bush a lancé ses invitations. Votre attitude un rien arrogante choque les uns et fait sourire les autres.

Ensuite vous, l'homme des Américains, vous attaquez bille en tête les États-Unis et le capitalisme. Il est vrai que, depuis votre discours de Toulon du 25 septembre 2008, vous n'êtes plus le libéral qu'on croyait, mais tout de même !

Vous commencez par vous écrier, un doigt vengeur tendu vers votre « ami » Bush, qui n'en revient pas : « La crise est mondiale, mais on sait très bien d'où elle vient ! » Après avoir accusé les patrons voyous, les *stock-options*, les parachutes dorés et les bonus, vous accusez maintenant l'Amérique toute entière.

Ce n'était ni le lieu, ni le temps de rabâcher cette contre-vérité. Tout le monde autour de vous sait maintenant parfaitement qu'on a affaire à une crise économique (et non pas financière) mondiale, et que l'histoire des *subprimes* est dépassée depuis longtemps.

Puis, croyant sans doute que vous étiez rue de La Boétie, devant des militants de l'UMP, vous demandez froidement « une refondation du capitalisme ». Excédé, Bush finit par se lever et laisse tomber : « Cette crise n'est pas l'échec du capitalisme, et la réponse à cette crise n'est pas de réinventer le système. »

Avant de monter à la tribune, vous aviez affirmé : « Je veux obtenir une gouvernance économique mondiale, une relance économique coordonnée et concrète, une régulation des marchés financiers. »

Vous n'obtenez rien du tout. Personne n'a d'ailleurs prêté la moindre attention à vos propos enflammés. À votre décharge, il faut préciser que tous les participants à ce sommet « mondial » ne sont d'accord que pour reconnaître une seule évidence : tant que le nouveau président américain, Barack Obama, n'aura pas pris ses fonctions, aucune décision ne pourra être envisagée. Jamais la domination des États-Unis n'aura été aussi évidente, puisque la planète entière reconnaissait que, sans eux, il n'était même pas question d'ouvrir un seul dossier.

On s'est donc séparé en décidant de... se revoir, en avril, à Londres, chez Gordon Brown et avec Barack Obama. Vous n'étiez pas vraiment dans le coup.

Un mois plus tard, le 12 décembre, c'est le sommet européen, à vingt-sept, à Bruxelles. Pratiquement la fin de votre présidence européenne.

Là, je vous l'accorde bien volontiers, vous allez remporter – enfin – un petit succès, une sorte de lot de consolation qui permettra peut-être, un jour, à vos amis de démontrer que votre présidence européenne ne fut pas totalement inutile.

Les Vingt-Sept se mettent en effet d'accord sur le projet écologique que tout le monde avait totalement oublié au milieu de la tempête.

L'accord adopté à l'unanimité est précis. D'ici à 2020, l'Europe devra réduire les gaz à effet de serre de 20 %, consommer 20 % d'énergies renouvelables, économiser 20 % d'énergie.

Belles promesses qu'il sera sans doute impossible de tenir. Mais l'intention est louable. En pleine crise, personne ne peut imaginer ce que sera l'Europe en 2020. On peut donc prendre n'importe quelle belle résolution pour cet avenir qui semble si lointain dans des jours aussi incertains.

Naturellement, pour obtenir l'accord de tous, il a fallu faire des concessions, notamment aux pays de l'Est auxquels, vu les circonstances, on pouvait difficilement demander de renoncer à tout espoir de progrès économique au nom de la sauvegarde de la planète. L'accord prévoit donc d'innombrables « dérogations », notamment pour les centrales à charbon, polonaises et autres, et instaure un très curieux « marché des droits à polluer » ! Pour mieux lutter contre la pollution, on légalise des... droits à polluer qu'on pourra monnayer !

Pas question, au cours de cet ultime sommet que vous présidez, d'une quelconque gouvernance économique européenne. Autant dire que vous êtes bredouille.

Angela Merkel n'a cédé sur rien. Elle vous aura gâché vos six mois de présidence, du premier jour jusqu'au dernier. Mais il est vrai qu'elle n'avait a priori aucune raison de vous faire plaisir. Je vous le disais : la politique est une chose sérieuse, et l'histoire est sans pitié avec les hâbleurs, les bonimenteurs, les bluffeurs.

C'est le 16 décembre, devant le Parlement européen de Strasbourg, que vous avez fait vos vrais adieux à la présidence européenne. On voyait que vous étiez bien triste à l'idée de devoir rendre ce sceptre que vous aviez brandi dans tous les sens pendant six mois.

Le Monde écrivait : « À écouter les députés européens, la présidence française de l'Union européenne fut un vrai conte de fées, et Nicolas Sarkozy un prince charmant qui arrêta la guerre dans le Caucase, prit à bras le corps la crise financière, et redonna de l'élan à l'Europe. »

C'était, bien sûr, au deuxième degré. L'Europe n'avait pas vécu un conte de fées, mais un épouvantable cauchemar dont elle était loin d'être sortie ; vous n'aviez pas arrêté la guerre dans la Caucase, elle s'était arrêtée d'elle-même après la victoire des Russes ; vous n'aviez pas pris à bras le corps la crise financière, c'était elle qui vous avait étranglé, comme elle avait d'ailleurs étranglé le monde entier.

Et l'« élan » n'avait servi à rien.

Certes, en court-circuitant totalement la Commission, les institutions et les technocrates de Bruxelles, en redorant un peu le blason du Parlement de Strasbourg que vous aviez particulièrement ménagé, en vous démenant en permanence dans tous les sens comme jamais aucun président de l'Union européenne ne l'avait fait avant vous, vous aviez offert à l'Europe, étonnée, un spectacle permanent qui avait duré six mois, sans un seul jour de relâche.

Certains voulaient bien applaudir l'artiste, son numéro et sa performance physique. D'autres, plus exigeants, tentaient de dresser un vrai bilan de ces six mois d'Europe à la sarkozienne.

Au fond, c'était toute la « méthode de Sarkozy » qu'on avait vue grandeur nature et en représentation pendant six mois. Oui, en vous agitant dans tous les sens, avec une fébrilité permanente, des coups de menton par-ci, des roulements de tambour par-là, vous aviez imprimé un certain « élan ». Mais... pour aller où ? Et quels en étaient les résultats ?

L'Union pour la Méditerranée était déjà oubliée ; en Géorgie, les Russes avaient définitivement annexé l'Ossétie du sud et l'Abkhazie ; nous étions brouillés avec la Chine, puisque Pékin avait annulé, par votre faute, la rencontre annuelle Chine-Union européenne ; et personne n'avait voulu de la moindre gouvernance commune pour faire face à la crise, chacun ayant préféré se débrouiller avec les moyens du bord, quitte à piocher dans la fameuse « boîte à outils »... Pis : en voulant forcer la main à tout le monde pour tenter d'obtenir cette gouvernance commune, vous aviez accentué les différences, réveillé les antagonismes, les nationalismes, et fait éclater le vernis européen.

La méthode Sarkozy avait peut-être été spectaculaire, flamboyante, surprenante, ébouriffante, et même, bien souvent, iconoclaste, mais elle n'avait servi à rien, n'avait rien donné.

Il était incontestable que vous aviez su faire parler de vous, vous mettre chaque jour en avant, envahir

les unes de la presse et attirer les objectifs des photographes. Ça, tout le monde vous l'accordait. Mais
vous n'alliez tout de même pas entrer pour autant
dans l'Histoire.

Et tout le monde savait que votre successeur sur le
trône européen, le Tchèque Vaclav Klaus, un euros-
ceptique, pour ne pas dire un farouche adversaire de
l'idée européenne (il compare l'Union européenne à
l'URSS de jadis, et refuse qu'on installe le drapeau
européen dans son bureau du Château de Prague),
n'allait pas, comme vous, occuper le devant de la
scène.

Mais nombreux étaient ceux qui se demandaient
si une présidence européenne plus discrète, avec
moins d'esbroufe, de coups d'éclat, d'initiatives
intempestives et trop souvent à contre temps, ne
serait pas tout aussi utile, ou plus exactement... tout
aussi inutile !

*

Le 31 décembre 2008 au soir, il vous a bien fallu
revenir sur terre tout en essayant de retomber sur vos
pieds. C'est-à-dire redevenir un « simple » président
de la République française confronté sur le terrain à
la crise, à l'augmentation du chômage, des faillites,
des fermetures d'usines, des plans sociaux, à la

baisse généralisée du pouvoir d'achat, à une croissance qui devenait négative, à des déficits qui
s'aggravaient encore, et donc, bien sûr, à un mécontentement populaire de plus en plus visible.

En nous présentant vos vœux, vous avez d'abord
fait preuve de lucidité : « Pour tous les Français,
cette année 2008 a été difficile. La crise économique
et financière mondiale est venue ajouter son lot de
peines et de souffrances. Les difficultés qui nous
attendent en 2009 seront grandes. » Là, vous ne nous
appreniez pas grand-chose.

Puis vous vous êtes lancé dans les banalités démagogiques : « Les difficultés, nous avons les moyens
de les affronter à condition d'être solidaires les uns
des autres. Dans l'épreuve, la solidarité doit jouer
sans que le travail soit découragé. Pour nous en sortir, chacun devra faire des efforts. » La solidarité
peut être mise à toutes les sauces, mais là, les Français ne voyaient pas ce que vous vouliez dire, ni en
quoi la solidarité permettrait de faire redémarrer
l'économie, la croissance.

Et vous avez conclu en vous raccrochant à vos
fameuses réformes : « De cette crise va naître un
monde nouveau auquel nous devons nous préparer
(...) en poursuivant les réformes qu'il n'est pas question d'arrêter. Nous réformerons l'hôpital, (...) notre
organisation territoriale, (...) notre procédure pénale.

Toutes ces réformes, je les mènerai non par esprit de système, mais parce qu'elles sont la condition qui permettra à la France de se faire une place dans ce monde nouveau qui se construit. Ainsi nous deviendrons plus compétitifs, plus innovants. (...) Nous avons des atouts considérables, nous allons sortir renforcés de cette crise. »

Si les Français étaient sans doute d'accord avec vous pour souhaiter des réformes de l'hôpital, de l'organisation territoriale et de notre procédure pénale, rares étaient ceux qui pensaient que nous avions « des atouts considérables », et plus rares encore ceux qui comprenaient en quoi ces réformes-là permettraient à la France de devenir « plus compétitive » et de « sortir renforcée de la crise ».

Le mot « réforme » commençait à nous sortir par les yeux. Nous avions été trop déçus par le tombereau de réformes que vous nous aviez fait miroiter et qui n'avaient rien changé à notre existence quotidienne.

Et nous commencions à trouver ridicule votre volontarisme pour préparer « le monde nouveau » de demain.

En vous écoutant, nous avons eu l'impression que vous perdiez pied, et, en tout cas, que vous aviez perdu la main. Que vous nous rejouiez le candidat en campagne, avec ses promesses alléchantes, avec ses

« demain, on rasera gratis », ses « Ensemble, tout devient possible », alors que vous étiez au pouvoir avec une crise sans précédent et qu'on n'en était donc plus à l'heure des slogans.

Il était évident que la crise avait tué toutes les réformes qui, soudain, n'apparaissaient plus que comme des gadgets totalement hors de propos. Quand un pays re-dépasse la barre des deux millions de chômeurs et qu'on sait que des centaines de milliers de salariés vont être jetés à la rue dans les mois qui viennent, la réforme de l'organisation territoriale du pays ou même celle de la procédure pénale perdent de leur acuité et de leur urgence. Ce n'était plus du tout ça que les Français attendaient de vous.

Après l'enregistrement de vos vœux, vous avez déclaré à vos courtisans présents dans la bibliothèque de l'Élysée : « La France n'est pas le pays le plus simple à gouverner. » Peut-être, mais il se trouve que c'est celui que vous avez à gouverner. Cette réflexion un rien désabusée laissait entendre que vos belles certitudes commençaient à s'effilocher.

Vous deviniez que vos meilleurs slogans n'avaient plus aucun sens. « Travailler plus pour gagner plus » devenait un mot d'ordre ridicule, alors que le chômage recommençait à dévaster le pays. Et vos promesses les plus solennelles apparaissaient sans doute soudain, à vos propres yeux, comme des impostures.

François Fillon, toujours parfait en oiseau de mauvais augure, reconnaissait le 15 janvier 2009, que « ni le plein emploi, ni l'équilibre des comptes publics ne seront atteints en 2012, comme nous l'espérions ». Adieu, croissance ! Adieu, plein emploi ! Adieu, pouvoir d'achat ! Adieu, équilibre des comptes ! Adieu, baisse des prélèvements obligatoires ! Bonjour la crise, bonjour les dégâts !

Des émeutes particulièrement violentes éclatèrent alors en Grèce. C'était une insurrection du désespoir. Une jacquerie au pied du Parthénon, à Delphes, à Salonique, partout. Les étudiants, les jeunes, mais aussi beaucoup de moins jeunes, n'en pouvaient plus. Ils n'avaient plus de travail, plus d'argent, plus d'avenir surtout. Il ne leur restait que des pierres à jeter sur les forces d'un ordre qui chancelait.

Dans toutes les capitales européennes, on comprit l'avertissement lancé par les Grecs. La crise économique qui avait provoqué la crise financière risquait fort de dégénérer en crise sociale. Et ce serait alors autrement plus grave que les 42,68 % que le CAC 40 avait perdus au cours de l'année 2008.

Les démagogues ont un avantage sur les autres : ils sentent mieux l'ambiance d'un pays, surtout quand cette ambiance se dégrade. Et vous avez flairé que l'atmosphère devenait malsaine.

Vous avez donc essayé de reprendre vos voyages à travers la France pour aller « au devant des Français » et tenter de les rassurer, même si vous n'aviez pas grand-chose à leur dire et encore moins à leur offrir.

Le 12 janvier, à Saint-Lô, dans la Manche, vous avez été sifflé, hué, conspué par une foule en colère qui vous a même jeté des chaussures, comme un Irakien venait de le faire contre Bush. Le préfet a sauté.

Le lendemain, le 13, vous alliez à Nîmes. Le préfet, tenant sans doute à son poste, avait, dès 6 heures du matin, bouclé et fait évacuer tout le centre ville. Les habitants ne pouvaient pas sortir de chez eux. Il n'y a pas eu d'incident, vous avez pu traverser une ville déserte, et le préfet n'a pas été viré.

Mais le 29 janvier, à l'appel de tous les syndicats, un million, peut-être deux millions de gens défilaient dans les rues de la plupart des villes de France, pour le pouvoir d'achat, l'emploi et la défense du service public. Cela faisait des années qu'on n'avait pas vu une manifestation de mécontentement de cette ampleur. La foule immense vous interpellait par un vacarme de cris hostiles. Vous étiez forcément responsable de tout. C'est la règle du jeu, et vous l'aviez voulu vous-même ainsi.

Vous aviez – vous aviez eu raison – commencé à reculer. Si vous vous êtes entêté avec votre réforme de la télévision publique (la publicité disparut des écrans, à partir de 20 heures, avant même que la loi n'ait été votée au Sénat !), vous avez eu la sagesse d'ajourner sine die la réforme du lycée préparée par Xavier Darcos, celle de l'université préparée par Valérie Pécresse, et d'oublier le travail le dimanche. Vous aviez compris que vous ne pouviez plus vous permettre de faire de la provocation ni avec les jeunes, ni avec les syndicats. Certains commençaient à évoquer mai 68.

Vous avez aussi réorganisé votre « dispositif ». Le gouvernement disparaissait complètement, et c'étaient « vos hommes de l'Élysée », votre garde rapprochée, qui prenaient presque officiellement le pouvoir. Claude Guéant dirigeait Matignon, Jean-David Levitte le Quai d'Orsay, Raymond Soubie les Affaires sociales, Patrick Ouart la Justice, etc.

Ne survivaient – et encore – parmi vos ministres que ceux qui formaient depuis quelque temps ce qu'on appelait « le G 7 de Sarko », c'est-à-dire vos chouchous, que vous réunissiez une ou deux fois par semaine : Brice Hortefeux que vous aviez nommé ministre du Travail, Xavier Darcos qui commençait pourtant à vous décevoir, Eric Woerth, Laurent Wauquiez, Nadine Morano, Nathalie Kosciusko-

Morizet et Luc Chatel. C'était un mini-gouvernement « privé », le dernier carré des fidèles, qui semblait n'avoir d'autre raison d'être que de rendre hystériques François Fillon et les autres bannis.

Vous repreniez aussi en main l'UMP en nommant Xavier Bertrand, le faux gentil aux vraies dents longues, le faux fidèle et vrai franc-maçon, secrétaire général de votre formation, mais en l'encadrant de près. En fait, Bertrand avait moins pour mission de redynamiser l'UMP (vous pensiez vous en charger vous-même) que de contrer à l'Assemblée le petit Copé, puisqu'il allait retrouver son siège de député en ayant quitté le gouvernement.

Et, soudain, vous sembliez bien seul. Le charme avait disparu depuis longtemps, et Carla n'y pouvait plus rien. Les rats ne quittaient pas encore le navire qui prenait un peu l'eau, mais ça commençait à murmurer dans les rangs. On était encore loin du deuxième anniversaire de votre entrée à l'Élysée, et on commençait pourtant à faire des bilans.

La crise, qui avait pendant quelques mois servi d'alibi, n'était plus une excuse.

Vous pensiez avoir fait et réussi mille choses au pas de course en rudoyant les vôtres et en prenant de vitesse les autres, et on s'apercevait que vous n'aviez pas fait grand-chose, si ce n'est quelques petits tours de prestidigitation qui n'épataient plus personne.

Il n'y avait pas eu de « rupture », et vos réformes-réformettes n'avaient rien changé à la vie quotidienne des Français : pas de croissance, pas d'emploi, pas d'amélioration du pouvoir d'achat, pas de baisse des prélèvements obligatoires ; ni la justice, ni l'école, ni l'hôpital ne s'étaient améliorés...

Certains de vos amis nous affirmaient que vous aviez changé – ou que vous alliez le faire –, que vous étiez parfaitement conscient des inquiétudes, des angoisses, du désespoir des Français. Mais vous nous aviez vous-même si souvent annoncé que vous aviez changé que cela ne nous changeait pas beaucoup et que nous peinions à le croire.

Et puis il y a eu l'affaire de la Guadeloupe et, là, nous avons compris que vous aviez vraiment perdu la main, que, dépassé par trop d'événements depuis trop longtemps, vous ne saviez plus à quel saint vous vouer, et que vous étiez pratiquement KO debout, les bras ballants.

Vous qui, à propos du moindre fait divers, du moindre drame local, vous précipitiez toujours sur les lieux, qui, à propos du moindre incident, faisiez des déclarations tonitruantes devant toutes les télévisions, viriez des fonctionnaires et annonciez un plan de n'importe quoi, là, soudain, vous avez fait le mort pendant un mois. Il n'y avait plus d'abonné à l'Élysée, au 01 42 92 81 00...

Or, ce qui se passait en Guadeloupe, une grève dure, des manifestations violentes, des barrages routiers, des incidents, des saccages, une semi insurrection, était évidemment très grave.

C'était quelques jours après ce qui s'était déroulé en Grèce, et c'était la même chose. Une jacquerie du désespoir. Certes, les descendants des esclaves des plantations de cannes à sucre n'ont rien à voir avec les descendants des inventeurs de la démocratie, et pourtant c'était, du fond de la Méditerranée au fin fond des Caraïbes, la même colère, la même rage, la même désespérance, les mêmes pierres jetées contre un système devenu insupportable parce qu'il avait laissé trop de monde sur le bord de la route à regarder passer le joyeux cortège des gens heureux.

Les gamins des faubourgs miséreux de Pointe-à-Pitre ressemblaient soudain aux petits bourgeois des contreforts de l'Acropole. Vous ne vous en êtes pas aperçu.

Vous n'avez jamais rien compris à l'Outre-mer. Et c'est vrai que c'est un peu compliqué. Ca n'a rien à voir avec Neuilly, le Cap Nègre ou le bassin d'Arcachon. Tout se mélange, la haine de la France et la fierté d'être français, l'habitude de l'assistanat et les souvenirs de l'esclavage, le manque de formation et l'envie de devenir fonctionnaire, la douceur des alizés et l'odeur du rhum, la misère et l'orgueil, la rage contre les blancs et l'éclat de rire fraternel, les plages paradisiaques, avec des palaces pour milliardaires et vacanciers, et les bidonvilles scandaleux à perte de vue. C'est un peu comme si la Promenade des Anglais traversait le 93.

Dire que « les Antilles, c'est la France » est évidemment absurde. Mais dire que les Antilles ce n'est pas la France, l'est tout autant. Tout le problème est là. Les velléités d'indépendance sont oubliées depuis longtemps. Ils ont trop vu ce qu'était devenu Haïti. Ils sont tous redevenus français de cœur, parce qu'ils rêvent tous que leurs enfants deviennent douaniers à Roissy ou aides-soignantes à la Pitié. L'indépendance des Antilles, il n'y aurait plus éventuellement que les Français de France pour l'évoquer, voire la souhaiter.

Les Antilles, ce n'est pas la France, c'est une caricature de la France. C'est-à-dire une poignée de riches qui n'arrêtent pas de s'enrichir toujours plus, et une masse de pauvres qui sombrent chaque jour davantage dans la misère parce qu'ils n'ont guère de formation, mais surtout parce qu'il n'y a pas de boulot là-bas, rien à faire d'autre que s'assourdir avec de la musique reggae et se saouler à la bière, le rhum étant trop cher.

Tout se complique encore, bien sûr, parce que, comme par hasard, les riches sont blancs et descendants de négriers, et que les pauvres sont noirs et descendants d'esclaves.

La Guadeloupe, la Martinique, la Guyane, la Réunion sont des miroirs déformants dans lesquels nous pouvons déjà apercevoir ce que risque bien de devenir la métropole avant longtemps : une société qui n'en est plus une, brisée en deux, dont la fracture s'élargit de plus en plus d'année en année, sans aucune classe intermédiaire, sans petite ou moyenne bourgeoisie, et donc sans espoir pour les pauvres de pouvoir jamais sortir de leur ghetto. Deux univers que tout sépare, avec un assistanat généralisé qui a permis, depuis de décennies, de tenir sous perfusion, hors de l'eau, les exclus, les oubliés, les crève-la-faim, la grande majorité de la population. Mais qui, à la moindre tempête, est noyée par les flots.

Nos DOM et nos TOM sont un concentré de tous nos problèmes économiques, sociaux, culturels. Le chômage y est deux à trois fois plus important qu'en métropole (23 % en Guadeloupe, 22 % en Martinique, 21 % en Guyane, 25 % à la Réunion), le PIB par habitant presque moitié moindre qu'en métropole (17 000 euros en Guadeloupe, 19 000 en Martinique, 12 000 en Guyane, 16 000 à la Réunion, contre 30 000 euros en métropole) et le nombre des RMistes y est infiniment plus considérable (Guadeloupe : 33 000 pour 400 000 habitants, Martinique : 32 000 pour 400 000 habitants, Guyane : 12 000 pour 200 000 habitants, Réunion : 69 000 pour 800 000 habitants).

Il faudrait donc s'attaquer aux problèmes de la formation, de la création d'entreprises, de leur compétitivité, de la protection sociale, de la fiscalité, de la répartition des richesses, du logement social, etc. On nous « tanne » avec les souvenirs de l'esclavage, mais les Antillais ne se souviennent de l'esclavage que parce que beaucoup ne survivent encore et toujours que dans des cabanes miséreuses.

Débordé par la crise mondiale, par les enseignants et les étudiants qui protestaient contre les lois Darcos et Pécresse, par les syndicats qui haussaient le ton et rameutaient les foules, vous n'avez rien compris au climat pré-insurrectionnel qui régnait à Pointe-à-Pitre, alors pourtant que tous ses ingrédients commençaient aussi à apparaître en métropole. Vous pensiez qu'il n'y avait qu'à laisser pourrir la situation pour qu'elle se règle d'elle-même. Vous étiez devenu... radical-socialiste, façon Queuille : « Il n'y a pas de problème que l'absence de solution ne finisse par régler. » Mais ça ne marche plus, de nos jours !

Il a fallu attendre plus de trois semaines avant que vous ne vous décidiez à envoyer sur place votre secrétaire d'État à l'Outre-mer, Yves Jégo. À Pointe-à-Pitre, il a réussi à trouver un semblant d'accord. Vous l'avez aussitôt rappelé à Paris pour le faire désavouer. On a alors vu Fillon ressortir du néant pour nous affirmer qu'il n'était pas question une seule seconde que l'État subventionne des entreprises pour qu'elles puissent augmenter les salaires de leurs salariés. Ridicule !

Il a fallu qu'il y ait un mort, que des émeutiers-loubards se mettent à tirer à balles réelles sur les forces de l'ordre, pour que, finalement, vous fassiez volte-face, pour que vous en reveniez à cet accord mais en ayant l'air, cette fois, de capituler face à la rue.

Vous n'avez rien trouvé de mieux que d'organiser une table ronde avec les élus (qui n'étaient pas dans le coup), de débloquer des centaines de millions (comme le réclamaient les « insurgés ») et d'annoncer des... « États généraux de l'Outre-mer ». Pourquoi pas un Grenelle des DOM-TOM ?

Vous leur avez jeté 580 millions d'euros pour qu'ils rentrent dans leurs bidonvilles ! 580 millions d'euros qui s'ajoutaient ainsi aux 16,5 milliards d'euros que coûte l'Outre-mer à la métropole.

Ces événements de Guadeloupe resteront sans aucun doute comme un tournant dans votre quinquennat. Pour la première fois, on ne pouvait vous reprocher ni votre agitation, ni vos déclarations intempestives, ni vos décisions prises à la va-vite. Mais on pouvait vous accuser de la plus stupéfiante inertie, alors qu'un département français basculait dans l'anarchie et le chaos, et que l'incendie commençait à se propager dans les autres départements d'outre-mer.

Juppé, droit dans ses bottes, avait été « tué » par une grève à l'automne 1995, Raffarin par la canicule, Villepin par le CPE. On avait l'impression que la Guadeloupe vous avait mis à terre. Le roi était nu.

Toutes vos belles promesses de 2007 – la rupture, la croissance, le pouvoir d'achat, le plein emploi, la réduction des déficits – étaient devenues dérisoires, et vous étiez sans doute le premier à ne plus y croire. En deux ans, vous aviez tout raté – votre politique d'ouverture, vos réformes gadgets, votre présidence de l'Union européenne, votre politique étrangère – et vous le saviez aussi. Vous pataugiez au fin fond des sondages, plus impopulaire que ne l'avait jamais été aucun président.

Aujourd'hui, il vous reste trois ans. Il ne s'agit plus pour vous de rompre avec le passé, de réformer la France, mais de faire face à une crise épouvantable qui va dévaster le monde et qui ne fait que commencer. Or vous êtes seul à la barre sans aucun fusible, vous n'avez aucune marge de manœuvre, pas la moindre vision, et les Français ne vous font plus confiance.

Vous leur avez trop raconté de balivernes, et ils ne supportent plus vos fanfaronnades.

Photocomposition Nord Compo
Villeneuve-d'Ascq